아카이브와 민주주의

아카이브와 민주주의

초판   1쇄 발행 2014년 10월 17일
신장판 1쇄 발행 2019년 5월 17일

지은이 곽건홍
펴낸이 윤관백
펴낸곳 도서출판선인

등록   제5-77호(1998.11.4)
주소   서울시 마포구 마포대로4다길 4(마포동 324-1) 곳마루빌딩 1층
전화   02)718-6252 / 6257
팩스   02)718-6253
E-mail   sunin72@chol.com
Homepage   www.suninbook.com

정가   27,000원
ISBN   979-11-6068-267-0   93020

· 잘못된 책은 바꾸어 드립니다.

아카이브와 민주주의

ARCHIVES & DEMOCRACY

곽건홍 지음

도서출판 선인

한평생 고향을 그리워하셨던
아버지께 이 책을 바친다.

책머리에

1.

유네스코 아카이브(UNESCO Archives) 누리집에 접속하면 가장 먼저 '민주주의(democracy), 거버넌스(governance), 투명성(transparency), 역사(history), 보존(preservation)'이라는 단어들과 만난다. 이 말들은 현대 아카이브의 특징을 잘 드러내는 단어이다.

아카이브는 우리 사회의 기억이다. 아카이브가 사라지는 것은 곧 공동체의 집단적 기억상실을 의미한다. 아카이브의 가장 기본적인 기능은 인간의 권리를 보장하는 것이다. 아카이브는 기록에 대한 시민의 접근을 보장한다. 아카이브는 공공의 기록을 보호하고 보존한다. 이를 바탕으로 인류의 지식을 풍요롭게 하며, 민주주의를 증진시키고, 삶의 질을 높인다. 따라서 사회는 아카이브가 인간의 권리를 보호하고, 설명책임성과 투명성을 높이고, 기록에 대해 접근할 수 있도록 보장해야 한다.

필자는 예전에 쓴 『한국 국가기록 관리의 이론과 실제: 기록이 없으면 역사도 없다』(2003년, 역사비평사 간행)에서 "제도 개혁과 기록문화운동의 방향을 제시"하려 했다. 다행히 그 책은 기록학에 입문하는 사람들에게 널리 읽혔다. 언론에서도 기록관리 문제를 다룰 때 참고했다.

그리고 필자는 참여정부 대통령비서실에 근무하면서 그 책에서 주장했던 정책들을 제도화할 기회도 얻었다. 기록관리 혁신 과정에서 제도적 대안들은 상당 부분 현실화되었다. 정부는 기록전문직을 공공기관에 배치하기 시작했다. 대통령기록관리법을 제정하고, 대통령기록관을 설치했다. 기록관리법 개정을 통해서는 지방기록관리기관 설립을 의무화했다.

그로부터 10년이 지났다. 외형적으로 발전한 듯 보이는 기록관리는 여전히 행정의 기본적인 기능으로 취급받지 못한다. 지방기록관리기관은 단 한 곳도 설립되지 않았다. 기록전문직은 시간제 계약직으로도 채용되는 등 편법을 동원한다. 기록관리 국제표준을 수용했으나, 기록관리 현장은 과거의 잘못된 관행을 극복하지 못했다. 기록관리법은 형식화하거나 사문화되고 있다.

거기에 덧붙여 기록을 정치적으로 악용하는 사례가 하나둘 축적되었다. 이명박 정부는 출범 직후부터 대통령기록 유출 논란을 확대 재생산했다. 급기야 국가기록원을 동원해서 전직 대통령을 고발하는 데까지 나아갔다. 국가기록원은 이명박 정부의 성장주의에 편승하여 기록관리 정책을 희화화했다. 이명박 정부는 대통령기록을 투명하게 이관하지 않았다. 실적 부풀리기를 통해 그럴싸하게 포장했지만, 대통령기록이 제대로 이관되었는지 지극히 의심스럽다.

2012년 대통령선거 과정에서 새누리당의 일부 인사들은 '2007 남북정상회담 회의록' 내용을 유포하여 선거에 활용했다. 국가정보원은 전격적으로 그 회의록을 비밀 해제하여 공표했다. 보호받아야 할 대통령 지정기록은 국회 의결로 파헤쳐졌다. 이 과정에서 참여정부 대통령기록은 부관 참시되었다. 이제 어떤 대통령이 기록을 제대로 남기려 하겠는가?

1999년 기록관리법 제정 이후 한국의 현대 기록관리 체제는 매우 큰 변동과정을 겪고 있다. 대한민국은 '기록이 없는 나라'라는 오명을 뒤집어썼지만, 근본적인 혁신은 이루어지지 않았다. 아카이브 문화는 여전히 저발전 상태에 있다. 토대가 취약한 가운데 기록을 교묘하게 정치적으로 악용하는 사례까지 더해져 전보다 기록관리 개혁은 더 지난한 과제가 될 것이다. 그 짧은 역사에서 무엇을 배웠을까? 결국 민주주의를 공고하게 하지 않으면 언제든 과거로 회귀할수 있다는 뼈아픈 교훈을 얻은 것은 아닐까?

아카이브(archives)는 역사적 가치가 있는 기록이라는 의미와 그 기록을 보존하는 기관을 말한다. 그 두 가지 의미로서의 아카이브는 민주주의 진전에 기여할 수 있다. 공공기관에서 기록이 생산되고 이용될 때는 설명책임성과 투명성이라는 무기로, 아카이브로 이관되어 당대의 기록 유산이 되었을 때는 진실을 밝히는 엄중한 역사사료로 기능할 수 있기 때문이다. 또 조직으로서의 아카이브는 대표적인 기억기관으로서 민주주의 제도의 파수꾼으로서 우리시대 기록문화 유산을 창조하는 역할을 하기 때문이다.

민주주의 진전이 아카이브와 그 문화를 발전시킬 수 있듯이 역으로 아카이브가 민주주의 제도에 기여해야 한다. 따라서 민주주의 전진을 위해 국가기록 관리 체제 개혁은 멈출 수 없다. 이 책은 이와 같은 문제의식을 바탕으로 기록관리 민주화를 향한 짧은 역사, 민주주의를 위한 기록관리의 과제를 서술했다. 아울러 과거 권위주의 정권

에서 우연히 살아남은 기록이 국가 아카이브에 영구히 보존될 자
격이 있는지 지극히 의심스러운 상황에서, 민주주의 시대는 어떤 기
록을 남겨야 하는지에 대해 문제를 제기했다.

ㄹ.

필자는 1999년부터 2008년까지 국가기록원에 근무했다. 그곳에서
겪은 10년의 경험은 소중한 자산이었고, 새로운 책 쓰기의 동기를 부
여했다. 이 책은 한남대학교로 직장을 옮긴 이후 『기록학연구』(한국기
록학회 발간)에 발표한 글들을 목차에 맞추어 배치하거나, 새롭게 쓴 글
들로 구성되어 있다. 크게 세 가지 주제를 다루고 있다.

첫째, 기록관리 민주화로 나아가는 역사적 전개 과정에 대해 서술
했다. 참여정부의 기록관리 혁신은 성과와 한계를 동시에 지니고 있
다. 참여정부의 기록관리 혁신이 노무현 전 대통령의 강한 혁신 의
지로부터 비롯되었지만, 그 이면에는 기록관리법 제정 이후 축적된
기록학계·시민사회의 개혁운동과 역량에 기반했음을 서술했다. 기
록관리 혁신의 한계는 국가 아카이브의 독립성 문제를 해결하지 못
한 것이다. 그 원인은 관료사회를 관리하지 못한 때문이며, 향후 관
료제도의 근본적인 개혁 없이 기록관리 개혁 또한 이루어질 수 없음
을 주장하였다.

이명박 정부의 참여정부 '흔적 지우기'는 기록관리 분야라고 예외
일 수 없었다. 참여정부의 '기록관리 혁신 로드맵'은 제대로 된 평가

과정 없이 '국가기록관리 선진화전략'으로 바뀌었다. 청와대는 국가기록관리위원회, 대통령기록관리위원회 위원 구성에 적극 개입했다. 참여정부 대통령기록 유출 문제를 의도적으로 쟁점화 했다. 이로부터 시작된 대통령기록의 파행적 관리는 정치가 기록을 악용하는 결과를 가져왔다. 따라서 앞으로의 기록관리 역사는 이를 극복해 가는 과정이 될 것이다.

둘째, 민주주의 진전을 위한 국가기록 관리 체제 개혁 과제를 서술했다. 그 방향은 국가 아카이브 중심의 중앙 집중화를 배격하고, 자율과 분권의 원칙에 따라 지역 등에 '더 많은' 아카이브를 설립하는 것이다. 또한 사회 각 분야의 '다양한' 아카이브 설립을 장려하고, 삶의 현장에서 '더 작은' 아카이브를 만드는 것이다. 또 이러한 아카이브들 사이의 연대를 통해 새로운 기록문화가 창출될 수 있다고 주장하였다.

한국에서 국가기록 관리 체제 개혁을 논할 때 가장 시급하고 중요한 과제는 국가기록원 개혁 문제이다. 필자는 수평적 설명책임성, 다원주의, 자율성 등의 관점에서 국가기록원 개혁 방향을 서술하고, 법제화 방안을 제시하였다. 또한 공공기관의 기록관 재설계 방안을 검토하였다. 기록의 공개는 근대 아카이브 제도의 핵심이며, 기록관리가 민주주의와 접촉하는 제일선이기도 하다. 서울시 사례를 중심으로 기록 공개와 소통 혁신 문제를 서술하였다.

서구에서는 문화유산기관인 아카이브, 도서관, 박물관 사이의 협력이 디지털시대의 도래와 함께 적극적으로 이루어지고 있다. 그러나 한국의 경우 문화유산기관의 위상은 매우 낮고, 협력의 경험은

일천하다. 여기에서는 문화유산기관들의 발전전략을 비교하고 협력
방안을 제시하였다.

셋째, 민주주의시대에는 어떤 기록을 남겨야 하는지에 대해 문제
제기했다. 과거 권위주의 정부가 남긴 파편적 기록들에 대해 살펴보
고, 이들 기록을 연구자와 시민들이 이용하기 위해서는 재조직이 필
요하다고 주장했다. 권위주의 시대는 정부뿐만 아니라 사회 전체를
기록이 '없는' 시대로 만들었다. 그 사례를 노동조합 기록을 통해 살
펴보았다.

민주주의시대는 보통사람이 주인인 시대이다. 따라서 보통사람들
의 고단한 삶의 기록들, 곧 비조직 노동자, 비정규직 노동자, 영세 자영
업자 등 서민들의 기록이 아카이브에 축적되어야 한다. 따라서 한국
사회에는 다양한 층위의 아카이브가 구축되어야 한다.

권위주의 정부에서 국가정보원, 검찰청, 경찰청 등 권력기관의 중
요 기록은 국가 아카이브에 이관되지 않았다. 이 책은 민주주의시대
에는 이들 권력기관의 기록이 국가 아카이브에 이관되어야 한다고
주장한다. 그것이 한국 사회의 민주주의 수준을 가늠하는 잣대이기
때문이다.

3.

이 책 출간을 준비하는 과정에 세월호 참사가 발생했다. 그 일로
사람들은 "이것이 국가인가?"라고 되묻고 있다. 그러나 이내 기억에

서 사라지고 있다. 정부·여당은 철저한 진상조사와 책임자 처벌을 외면하고 있다. 언론도 부추긴다. 광화문 광장에서는 수십일 째 유가족의 목숨을 건 단식이 계속되고 있다.

어린 학생들의 희생이 헛되지 않도록 기록학계의 여러 사람들이 안산과 진도에서 노란 리본, 애도의 쪽지, 영상, 사진 등 기록과 기억을 수집하고 정리하는 자원봉사를 했다. 한국기록학회·한국국가기록연구원 등 여러 단체들이 「세월호를 기억하는 시민네트워크」를 조직했다. 몇 사람들은 「세월호 기억저장소」를 만들기 위해 고군분투하고 있다. 세월호를 기억하고, 행동하는 기록학계의 모든 분들께 간절한 마음을 담아 존경과 지지를 보낸다.

끝으로 척박한 환경에서도 기록학 관련 책들을 출판해주시는 선인출판사의 윤관백 사장님과 직원 여러분께 감사드린다.

2014년 여름
한남대학교 연구실에서
곽 건 홍

차례

3부 민주주의시대 기록

"민주주의가 여기서 시작한다" — NARA

1부
기록관리 민주화

1장 빛바랜 서막

　20세기 한국 사회를 설명해주는 중요 기록은 국가의 무관심과 방치, '조직적' 폐기 등의 악순환 속에서 역사에서 사라졌다. 일부 기록은 개인 소유물이 되기도 했다. 공공기록을 철저하게 관리해야 한다는 의식과 노력은 없었다. 그것을 관리하는 주체 또한 없었다. 대한민국의 근대국가 형성과정은 곧 '기록을 통해서 자신을 온전히 드러내는 형태가 아니라, 철저하게 자신의 모습을 은폐·왜곡하는 형태로 이루어졌다.'[1]

　대한민국 정부 수립 이후 2000년 '공공기관의 기록물 관리에 관한 법률'(이하 기록관리법)이 시행될 때까지 "기록하지 않고, 관리하지 않으며, 공개하지 않는" 관행이 지속되었다.[2] 공공기관에 기록관리 전문기구는 물론 기록을 체계적으로 관리할 기록관리 전문가도 없었다. 공공기관의 기록 대부분은 사무실·창고 등에 방치했다. 그 결과 역대 정부의 행정 행위를 제대로 설명해줄 수 있는 기록이 존재하지 않게 되었다. 또한 국가 아카이브(National Archives)[3]는 공공기관이 보관 중이던 영구기록 가운데 단지 6%만을 이관 받았을 정도로 제 기능을 발휘하지 못했다. 이 과정에서 대통령기록 등 정부의 중요기록은

유출되어 개인적으로 소유하거나 또는 소재를 알 수 없게 되었다.[4]

1999년 제정된 기록관리법은 국가기록 관리 체제 변화의 출발점이었다. 곧 공공기관에서 생산한 모든 기록의 등록, 회의록 등 중요기록에 대한 생산의무 부과, 기록 무단 폐기 등의 처벌, 대통령기록의 체계적인 관리 등을 천명했다. 아울러 공공기관에 기록관리 기관을 설립하도록 하고, 기록관리 전문가의 배치를 의무화했다. 기록관리법의 시행은 한국에 비로소 '근대적' 기록관리 제도가 도입되고,[5] 국가기록 관리 체제 개혁이 시작되었음을 의미했다.

그러나 기록관리법 시행 이후에도 공공기관이 생산한 기록은 종전과 마찬가지로 관리되었다. 이에 대해서는 2004년 6월『세계일보』의 기록관리 실태 기획 보도, 국가기록원의 기록관리 실태 조사, 2005년 감사원의 기록관리 감사 결과 등에 잘 나타나 있다. 이를 정리하면 다음과 같다.

첫째, 공공기관의 기록관리는 종래 관행을 벗어나지 못했다. 정부의 모든 업무는 기록을 통해 이루어진다. 곧 공적인 업무 수행 과정에서 기록이 생산되고, 그 기록은 관련 법령에 따라 관리해야 한다. 그러나 공공기관은 생산한 중요 기록 상당수를 기록관이나 국가기록원으로 이관하지 않고 사무실 캐비닛에 방치했다.

여전히 "결재문서 위주로 기록을 등록·관리하고, 주요 정책 검토 자료, 내부 보고문서, 회의록, 동향보고 등을 등록"하지 않았다. 대통령에게 보고한 기록을 등록하지 않는 경우도 있었다. 예를 들면, 감사원의 '주요 감사결과 보고서'(2001~2003년도), 재정경제부의 '최근의 경제동향과 정책방향'(2003.8), '신용불량자 현황 및 대응방안'(2004.3)

등이었다.[6] 또한 법제처는 제1차 개정헌법(1952.7.7)부터 제5차 개정
헌법(1962.12.26)까지 헌법 공포 기록 원본을 "원본인 줄 모른 채 사
무실의 일반서류함에 보관"했다. 게다가 국가기록원은 "개정헌법의
필사본을 원본인 줄 알고 귀중 기록 보존서고에 보존"했다.[7]

생산한 기록을 등록하지 않는 것은 물론 기록된 내용이 부실한 것
도 큰 문제였다. 특히 중요 회의의 회의록은 그 내용이 매우 부실했
다. 국가 정책결정의 최고 기구인 국무회의조차 민감한 사안이나 논
의 내용을 기록하지 않았다.

정부 부처 대부분은 회의록 작성을 기피한 채 짧막한 보고서로 대
체하는 편법을 쓰는가 하면 아예 회의록 자체를 기록하지 않는 사례
도 속출하고 있다. 또 부처마다 공개 잣대가 들쑥날쑥한 가운데 제
멋대로 회의록을 무단 폐기하는 사태까지 빚어지고 있다. 관료의 행
정편의주의와 기록 기피 탓에 국가정책 결정과정이 '기록의 암흑지
대'로 전락하고 있는 셈이다.[8]

둘째, 2000년 5월 세계일보와 「참여민주주의와 인권을 위한 연대」
(이하 참여연대)가 기획한 '기록이 없는 나라'는 정부의 기록 관리 실
태를 여과 없이 드러냈다.[9]

행정자치부 문서고를 찾기 위해 지하 계단을 타고 내려가자마자
습기 가득한 음지 특유의 곰팡이 냄새가 코를 찔렀다. 20평 넓이의
문서보존실을 열어보니 빨간 노끈으로 묶어 놓은 각종 서류뭉치들이
쌓여져 있었다. 1960~70년대 만들어진 기록물 상당수는 기록물 가장

자리가 알아보기 힘들 정도로 찢어지거나 너덜너덜해졌다.

곳곳에 곰팡이가 슬어 부스럭거렸고, 누렇게 탈색된 기록물은 아예 글씨를 알아보기 힘들 정도가 돼버렸다.

1년에 20조 원이 넘는 예산을 쓰는 교육부의 문서고가 단 10평이라니…… 더구나 문서고는 일반 서적이 전시된 자료실(일종의 도서관) 한 귀퉁이에 위치했다.

문서고를 보고는 아연실색했다. 창문과 환풍기 하나 없는 공간, 만지면 으스러질 것 같이 파손된 기록물들, 곳곳에 핀 곰팡이, 축축한 느낌, 어지럽게 널브러진 각종 자재들, 분노와 함께 서글픔이 밀려왔다.

공공기관의 기록 보존 서고는 창고나 다름없었다. 기획예산처 보존서고는 실제로 창고로 사용되어 그 기능을 수행하지 못했다. 기록은 마대자루에 담아 관리했다. 중요한 기록들이 "폐지공장에서나 볼 수 있는 상태로 썩어가고 있"었던 셈이다. 정부과천청사 어떤 행정부처의 기록관리 담당 공무원은 "솔직히 문서고는 그냥 창고라고 알면 됩니다"라고 솔직하게 고백했다.

셋째, 기록은 절차적 정당성과 투명성이 확보되지 않은 채 임의로 폐기되었다. 기록관리법은 시행되고 있었지만 "과거 행정편의 위주의 문서폐기 관행"이 대부분의 공공기관에서 지속되었다.

행정자치부는 기록물폐기심의회를 구성하였으나 서면심의 등 형식적인 운영, 보존기간 10년 이상 기록물의 폐기보류 지침에도 불구하고 2001~2003년까지 3회에 걸쳐 폐기를 시행했다.

보건복지부는 2003년도 3차례에 걸쳐 기록물 7만여 권을 폐기하였으나, 주요 기록물로 선별 보존되거나 보존기간이 재 책정된 경우는 단 한 건도 없는 등 형식적으로 폐기절차를 수행했다.

가장 주목할 대목은 폐기대상문서 100권 가운데 97권이 폐기되고 3권 가량만 보존판정을 받고 있다는 점이다. 폐기심의회가 형식적으로 열리고 과거처럼 보존기한만 채우면 무조건 버리는 관행이 여전하다는 반증이다.

넷째, 잘못된 기록 폐기 관행과 함께 중요 기록의 보존기간도 10년을 넘기지 않아 영구적으로 보존해야 할 기록은 매우 드문 실정이었다.

일 많기로 소문난 재정경제부도 연간 영구보존문서가 고작 37권에 불과했고, 공정거래위원회 5권, 산업자원부 34권, 정보통신부 39권, 국세청 22권 등도 기록문서의 잣대로만 따진다면 '일하지 않는 부처'인 셈이다.

산업자원부는 최근 현안이었던 원전폐기물 부지선정 T/F에서 생산된 기록물의 보존기간을 10년 또는 5년으로 분류하여 핵심 정책 관련 기록물이 단기간 관리 후 폐기될 우려가 있다.

과학기술부의 정책총괄과 올해 생산문서 24권 중 준영구 이상은 단 1권도 없으며, 대부분 5년 미만이고, 연구개발기획과 2002년도 생산문서 총 579권 중 준영구 이상은 전무했다.

다섯째, 기록을 공개하지 않는 관행도 지속되었다. 공공기관은 한 번 비공개로 분류된 기록은 오랜 시간이 흘러도 공개하지 않았다. 정보공개법은 '정보 비공개법'으로 불릴 정도였다. 또한 기록이 없어서 정보를 공개하지 못하는 경우도 상당했다.

솔직히 정보공개요청이 겁납니다. 직원이 다 달라붙어도 기록물을 찾는 데 하루 종일 걸립니다. 목록에는 있어도 실제 문서가 없는 경우가 허다하기 때문이죠.

여섯째, 정부는 공공기록을 왜 관리하고, 무엇을 해야 하는지 제대로 인식하지 못했다. 이러한 인식 부족은 기록관리법에 대한 몰이해, 기록관리 업무에 대한 천시, 무관심 등으로 나타났다.

기관들의 항변은 하나같았다. 기록관리는 아무도 신경 쓰지 않는다는 것, 기록관리 업무를 맡기 싫어하고, 혹시 맡더라도 빨리 떠나고 싶어 한다고 한다.

중앙행정기관은 물론이고 지방자치단체 등 대부분의 공공기관이 기록관리법을 위반하고 있었다. 그러나 주무기관인 국가기록원은 언제나 '권한이 없다. 인력·예산이 부족하다'는 타령만 늘어놓았다.

정부수립 이후 반세기 만에 기록관리법이 시행되었지만, 과거의 잘못된 관행은 지속되었다. 국가의 중요 기록은 등록되지 않았고, 사무실에 방치하다가 사라졌다. 국무회의록과 같은 중요 회의록은 '내용 없는 회의록'일 뿐이었다. 공공기관은 기록관리법에서 의무화한 기록관을 설치하지 않았다. 설치했더라도 형식적으로 운용했다. 기록관리 전문가의 공공기관 배치는 무관심과 국가 아카이브의 집행력 부족 등으로 구현되지 못했다. 곧 기록관리법 시행 이후 법령의 내용을 실천하는 개혁프로그램은 제대로 진행되지 못했던 것이다.

그 주요 원인은 국가기록 관리를 통할하는 국가 아카이브의 낮은 위상과 전문성 부재에 기인했다. 기록관리법 제정 당시 국가 아카이브의 개혁까지 이르지 못한 것은 법률 시행과정에서 계속 걸림돌로 작용했다. 2급 또는 3급 공무원이 담당하도록 되어 있던 국가기록원장은 임기가 채 1년도 되지 않을 정도로 자주 교체되었다. 이 때문에 정책의 연속성을 기할 수 없음은 물론이고, 기록관리 분야에 문외한인 비전문적 행정 관료의 편의주의적 행정 등으로 인해 여러 문제가 노출되었다.

기록관리법 시행 직후 국가기록 관리 실패의 근본 원인이 법률과 제도에 있기 보다는 "법령의 기초적인 요구도 준수되지 않는 행정 소홀과 무관심"[10]에 있다는 지적은 전적으로 타당했다.

2장 아래로부터의 개혁운동[1]

2000년 기록관리법 시행 이후 한국국가기록연구원[2] · 참여연대 등은 법률의 개혁적 성격에 주목하고, 법률 시행상의 문제점을 끊임 없이 제기했다. 이 시기 기록학계와 시민사회는 '법대로 시행하라'는 구호를 중심으로 기록관리 개혁운동을 본격화했다.

2001년 4월 참여연대는 '중앙 행정기관 회의록 공개 및 작성 성실 도 평가'를 위해 기록관리법 시행령에 규정된 회의록 작성 의무조항 에 대한 실태를 조사했다. 22개 중앙행정기관을 대상으로 한 조사에 서 약 80%의 회의록이 매우 형식적으로 작성되고 있음이 밝혀졌다.[3] 2003년 7월에는 대다수 공공기관에서 기록 폐기가 심의 절차 없이 형식적으로 운영되는 등의 기록 폐기 실태를 고발했다.[4] 이를 통해 기록관리법이 시행되고 있었지만, 실제로는 변화하지 않고 있는 기 록관리 현장의 문제를 부각시켰다.

이보다 앞서 같은 해 3월에는 역사연구자와 교사들이 "기록관리법 의 완전 시행, 정보공개법의 개정, 지방기록관리기관의 설립, 전문인 력의 배치 등 기록과 공개문제를 근원에서 해결하기 위한 조치들을 차질 없이 취해야 한다"[5]고 주장했다. 이는 기록관리법 시행 이후 당시까지 기록학계의 문제의식을 종합한 것이었다. 이러한 문제제기는 공공기관 기록관의 설치와 운영의 실질화, 기록관리 전문가의 공공기관 배치, 기록의 생산과 등록의무 수행, 기록의 무단 폐기 금지, 기록정보의 공개 요구 등으로 구체화되었다.

또한 국가 아카이브의 정치적 중립성과 독립성의 확보, 전문성을 높여 국가기록 관리 체제를 근본적으로 개혁해야 한다는 문제를 제기했다.

> 기록관리 체제를 구축하기 위해서는 대통령에 직속하면서 정책·제도 통괄기능, 관리 방법론 표준화 기능, 지도감독 기능 등을 수행하는 상설위원회로서의 국가기록관리위원회가 있어야 할 것이다. 그리고 국가기록관리위원회의 예하에 중앙부처청 기록관을 포괄하는 행정부기록관리기관과 더불어 국회기록관리기관, 법원기록관리기관 등이 배치되고 또한 지방자치체의 기록관리기관 역시 국가기록관리위원회에 직예하는 형태로 존재하는 것이 구조적으로 안정된 형태일 것이다.[6]

국가 아카이브를 개혁하기 위한 선결 조건으로 전문성을 갖춘 기관장을 임용해야 한다는 주장도 잇따랐다.

> 기록과 공개문제를 담당해야 할 행정자치부 정부기록보존소의 전문성과 개혁성을 강화하기 위해 서둘러 개방형 직위제를 도입하고 전문가를 임용해야 한다.[7]

공공기록관리법 시행 이후 3년 동안 개혁프로그램은 제대로 가동되지 못했다. 이렇게 된 주요 원인은 국가기록관리를 통할하는 중앙기록물관리기관(행정자치부 정부기록보존소)의 낮은 위상과 전문성 부재에서 찾을 수 있다. 국가기록을 관리하는 정부기록보존소는 우리 시대의 기억을 미래에 전하는 문화기관이다.

이사관 또는 부이사관이 담당하도록 되어 있는 정부기록보존소장은 지난 3년 동안 네 차례나 교체되어 국가기록관리 정책의 일관성과 전문성, 개혁에 많은 문제점을 노정했다. 따라서 국가기록관리 체제 개혁은 전문성과 개혁성을 갖춘 기록관리 전문가를 중앙기록물관리기관장에 임용하는 것에서 시작해야만 한다.[8]

아울러 지방분권화와 자치행정의 투명성을 높이기 위해서는 지방 아카이브를 설립해야 한다는 아래로부터의 기록관리 개혁운동이 본격화했다. 2002년 상반기 「대전·충남 기록문화 발전을 위한 포럼」과 「경기기록문화포럼」의 창립은 이러한 문제의식을 조직화하는 계기였다. 이러한 단체들의 활동은 기록관리 개혁운동의 폭을 넓히는 요인으로 작용했다.

기록학계와 시민단체의 기록관리 개혁운동은 「국가기록개혁네트워크」를 설립하는 것으로 구체화되었다. 2004년 11월 23일 한국국가기록연구원, 참여연대, 한국기록학회, 한국기록관리학회 등 9개 단체로 구성된 「국가기록개혁네트워크」는 국가기록개혁운동의 새로운 도약과 국가기록 관리 시스템의 상시적 감시를 목표로 조직되었다. 「국가기록개혁네트워크」는 '국가기록은 국민의 것'이라고 선언했다.[9]

활동 방향으로는 "국민을 외면하는 기록관리 현실을 바로잡기" 위해 (1) 국가기록 관리 제도와 법률 정비·개정운동을 전개한다. (2) 기록 생산의무 조항 이행 여부 감시 활동, 기록 이관·폐기 활동에 대한 적법성 감시 활동을 수행한다. (3) 지방기록관리기관과 기록관 설립, 기록관리 전문가의 공공기관 배치 촉구 활동을 전개한다. (4) 국가기록 관리의 통일적 관리와 전문화를 추구하는 운동을 전개한다. (5) 정보공개심의위원회 운용 감시, 공공기관의 정보제공 확대를 위한 활동을 전개하는 것이었다.[10]

기록관리 개혁운동은 국가기록 관리에 대한 제반 문제점을 드러내는 데에는 일정한 성과를 거두었으나, 지속성을 띠고 전개되지는 못했다. 또한 기록관리 실태에 대한 감시 활동을 통해서는 공공기관의 기록관리를 근본적으로 바꿀 수 없었다.

한편 참여연대는 2004년 6월 9일 '기록개혁을 위해 신속히 도입해야 할 7가지 과제 - 노무현 대통령께 드리는 공개서한'을 통해 국가기록 관리를 체계화하기 위해서는 "대통령의 의지가 무엇보다 중요하다. 문서행정과 기록관리, 정보공개를 담당하는 기구와 부서를 통합해 기록관리부터 혁신을 추진해야 한다"[11]고 주장하기에 이르렀다.

참여연대와 세계일보는 전국의 중앙행정기관 및 지방자치단체의 기록물관리실태를 점검하고자 「기록이 없는 나라」라는 제목으로 9회에 걸쳐 공동기획기사를 연재하고 있습니다. 하지만 점검 결과는 충격 그 자체였습니다. 사실상 기록물관리법은 사문화 되어 있는 실정입니다. …… 지금 우리나라의 기록실태는 총체적인 난국에 빠져 있습니다. 이를 극복해 나가기 위해서는 대통령의 의지가 무엇보다 중요합니다. …… 참여연대는 이번 기획기사로 드러난 수많은 문제점들을 구체적으로 개선하기 위해 다음과 같은 과제가 신속히 도입되어야 된다고 생각합니다.

첫째, 정부혁신의 방향이 국민과의 소통을 극대화하는 '쌍방향 행정(governance)'을 실현하는 것이라고 할 때, 그 소통의 기반이 되는 기록관리 및 기록관리와 연장선상에 있는 영역인 문서행정, 기록관리, 정보공개를 담당하는 기구와 부서를 통합적으로 운영해 기록관리의 혁신을 추진하는 것이 필요합니다.

둘째, 중장기적인 기록관리개선 정책을 연구 개발하고 입안하기 위하여 정부혁신지방분권위원회 내에 기록관리혁신 영역을 포함시키거나, 기록관리, 정보공개, 국민제안 등의 분야를 묶어 새로운 전문위원회를 신설하는 조치가 필요합니다. …… 다섯째, 기록의 생산관리 및 공개 활용 업무의 전문성 확보를 위해 이 역할을 수행하는 기록관리 전문요원의 임용 배치가 시급합니다.

여섯째, 기록관리정책의 철저한 집행과 독립성 및 전문성을 확보하기 위해 중앙기록물관리기관(국가기록원)의 위상강화가 이뤄져야 하며, 국가기록원장 및 전문기록관리기관의 장이 개방형 직위로 임명되도록 하여야 합니다. ……

참여정부는 과거 정권처럼 예산 몇 푼 지원하는 행정 편의적이고 임시방편적인 조치를 취해선 안 됩니다. 기록은 국민의 것이며, 국민 참여와 소통을 위한 가장 중요한 수단이자 행정의 투명성과 책임성을 확보하기 위한 단초라는 인식이 전 공직 사회에 자리 잡을 때 기록물관리는 비로소 제자리를 찾을 것입니다. 올해가 기록개혁의 원년이 되기를 바랍니다.[12]

3장 관료주의에 포섭된 기록관리 혁신

1. e지원시스템과 기록생산 방식의 혁신

한국 현대 국가기록 관리 체제를 전진시킨 계기는 2004년 이후 추진된 참여정부의 기록관리 혁신이었다.[1] 기록관리 혁신은 국가기록 관리의 내재적 발전 과정을 촉진시키고, 전자 기록의 생산 등 변화된 환경에 조응하여 기록관리 패러다임을 바꾼 전환점이었다.

2004년 봄부터 대통령비서실은 노무현 전 대통령의 지시로 기록관리 체계 개선 문제를 공론화하기 시작했다. 초기에는 대통령비서실에서 생산된 기록의 보존기간, 비밀분류, 비밀에 대한 법적 보호 등이 검토되었다.

대통령이 청와대에서 오늘 이런 회의 한 것은 왜 비밀로 …… 비밀로 분류되는지 안 되는지도 모르겠고, …… 그리고 몇 년간 보존하고, 이런 것에 대해 아무 기준도 없고요. 전부 쥐고 그냥 대강대강 하다가 가버립니다. 이렇게 하면 안 됩니다. 이렇게 해 가지고 문화가 발전하겠습니까? (2004.6.4 정부 혁신담당관과의 토론회)[2]

노무현 전 대통령의 기록관리와 정보공개에 대한 문제 인식은 대통령비서실 업무관리시스템이었던 e지원시스템[3]의 개발로부터 비롯된 것이었다. 참여정부는 정부 수립 이후 관행화된 공문서 서식과 처리절차 등 기록 생산 방식을 개선하고, 이를 바탕으로 공직사회의 일 처리 방식을 혁신하려 했다. 이를 위해 대통령비서실은 노무현 전 대통령 주도로 2003년 11월 e지원시스템의 초기 버전을 개발했다. 2004년 11월에는 의사결정과정의 투명성이 반영된 문서관리카드를 개발하고, e지원시스템을 활용한 기록 생산을 본격화했다.[4] e지원시스템을 통해 구현된 일 처리 방식은 2006년 '사무관리규정' 개정을 통해 제도화되었다. 이후 각급 공공기관에는 e지원시스템의 기능과 유사한 업무관리시스템이 보급되었다.

노무현 대통령은 빠듯한 일정에도 불구하고 이 일에 각별한 관심과 애정을 쏟았다. 일을 잘하는 것도 중요하지만 일을 잘하는 시스템을 구축하는 것이 훨씬 중요하다는 판단 때문이었다. 참여정부에서만 쓰는 것이 아니라 다음 정부에도 물려줄 수 있도록 각종 업무처리 비결이 담긴 시스템을 개발하는 것이 목표였다. …… 매주 대통령이 직접 시스템개발회의를 이끌었다.[5]

e지원시스템은 전자결재, 전자문서의 유통, 전자메일 등 일반적인 업무관리시스템 기능은 물론이고 의사결정과정을 지원하는 문서관리카드와 온라인 회의 기능, 지시사항관리, 과제관리 기능 등이 탑재되어 있었다. 참여정부는 e지원시스템의 이와 같은 기능을 바탕으로 "정부의 업무처리방식을 혁신적"으로 바꾸고자 했다.[6]

e지원시스템에 탑재된 문서관리카드 기능은 기록 생산 방식을 획기적으로 변화시켰다. 〈그림 1-1〉에서 보는 것처럼 문서관리카드는 크게 표제부·경로부·관리속성부로 구성되었다.

〈그림 1-1〉 문서관리카드의 구성

문서관리카드

◆ 표제부

제목	자활사업 확대·내실화 추진계획
검색어	국민기초생활보장제도, 차상위계층, 자활후견기관, 의료급여
과제명	보건복지분야 주요정책 추진상황 점검·지원 [과제조회]
정보출처	[대통령지시사항] 2006.02.02. 자활사업 확대 및 내실화방안 검토 [??조회]
문서취지	- 자활사업을 통해 빈곤층이 스스로 빈곤에서 벗어나고 차상위계층은 빈곤층으로 전락하는 것을 예방하는 방향으로 자활사업을 추진하되, 자활사업의 참여대상 확대방안과 의료급여 연장 등 참여 유인방안 강구, 고용안정서비스와의 연계 등 전담체계 효율성 제고방안을 주요 과제로 채택하여 검토할 계획임 - 이를 위해 사회정책수석실 중심으로 차별시정위원회, 복지부, 노동부 관계자로 T/F를 구성하여 개선방안을 모색하여 5월 개최예정인 '공공부조개선방안'에 포함시킬 계획임을 보고드림
첨부파일	[본문] 자활사업확대 내실화추진계획.hwp[10k]
작성일	2005.02.11.	작성자	사회정책비서관실 행정관 ○○○

◆ 경로부

경로	요청상태	내용	처리결과	본문
행정관 ○○○		자활사업 확대 및 내실화계획에 대해 보고드립니다	보고	1.0
사회정책비서관	단순참고바람	사회정책수석실을 중심으로 T/F를 구성, 저소득층의 자활사업에 대한 심층적인 분석을 통하여 실천가능하고 효과적인 활성화방안을 마련하겠습니다	보고	2.0
사회정책수석 ○○○	반드시 열람바람	대통령님께서 지시하신대로 자활사업의 문제점을 보완하여 일을 통한 빈곤 탈출이 활성화되도록 하겠습니다	보고	2.1
[참조] ○○○, ○○○				
수석보좌관회의	단순참고바람	특별한 논의는 없었음	보고	
대통령	단순참고바람	5월에 보고하면 예산 등 후속조치에 지장은 없을까요? 후속조치 등의 계획을 포함하여 계획을 보고하여 주시기 바랍니다.	지시 [보완]	
사회정책비서관 ○○○	[지시주관]	대통령님 지시말씀대로 금년예산 편성일정과 연계, 반영할 수 있도록 후속조치 계획을 수립하기 바랍니다	지시	
행정관 ○○○	[지시주관]			
[지시협조] 사회정책수석 ○○○				
[지시협조] 정책실장 ○○○				
[지시협조] 경제정책수석비서관 ○○○				
[지시협조] 노동비서관 ○○○				
[지시협조] 차별시정비서관 ○○○				
[지시협조] 경제보좌관 ○○○				

◆ 관리속성부

문서번호	사회정책-2005	비밀분류	일반	보존기간	영구
공개여부	공개	공개/해제 시기	즉시	비공개근거	-
부분비공개범위	-	부분비공개해제시기	-	부분비공개근거	-
접근권한	[읽기] 경제정책수석비서관, 노동비서관, 차별시정비서관, 경제보좌관 [읽기+인쇄] 정책실장 [읽기+인쇄+쓰기] 사회정책비서관실, 사회정책수석비서관실, 대통령				

문서관리카드를 통한 기록 생산 방식은 종래와 다른 매우 혁신적
인 성격을 띠었다. 곧 의사결정과정의 투명성과 설명책임성을 담보
할 수 있는 장치로서 기능할 수 있기 때문이었다. 이는 문서관리카
드의 경로부에 잘 드러나 있다. 곧 누가 보고를 받았는지, 검토 의견
은 무엇인지, 또 어떻게 처리되었는지를 각 사안별로 기록하게 했다
는 점에 그 의미가 있었다.

e지원이 바꾼 업무문화는 국정 현안이 처리되는 과정이 투명해졌
다는 점이다. 중간검토 과정이 그대로 기록으로 남기 때문이다. 보고
서가 대통령에게 올라가는 과정에서 어떤 논의를 거쳤고 중간검토자
들이 어떤 의견을 제시했는지가 모두 기록된다. 대통령의 지시나 의
견도 마찬가지다. 주요 국가정책은 결정되기까지의 과정 자체가 역사
적으로 가치 있는 자료, 즉 '통치사료'다. 지금까지 제대로 기록되지
않았던 대통령의 통치 행위가 제대로 기록되기 시작한 것이다.[7]

2. 기록관리 혁신은 정부혁신의 이정표

노무현 전 대통령의 기록관리에 대한 문제의식은 e지원시스템에
서 생산된 각각의 기록을 얼마동안 보존해야 하는지, 또 언제 공개
하는지, 어떤 기록을 비밀로 분류할 것인지에 대한 의문에서 시작된
것으로 짐작된다. 비록 관련 법령에 그 기준이 제시되어 있었으나,
대통령은 명확하지 않은 것으로 인식했던 것이다.

공공기록 관리의 부실 실태가 여과 없이 연일 언론에 보도되는 가운데 노무현 전 대통령은 2004년 6월 8일 국무회의에서 행정자치부 장관에게 기록관리 실태조사를 지시하기에 이르렀다.

역사를 위해서 보다 더 연속성이 있고 합리성이 있는 효율적인 행정을 위해서도 자료는 잘 보존되고 활용해야 되지만, 역사의 기록을 위해서도 후일의 역사가들에게 자료를 제공하기 위해서 좀 수준 있는 관리가 돼야 합니다. 꼭 2000년도에 법 만들어 놓고 제대로 시행되고 있는지 실태를 조사하시고, 그 다음에 제도들을 좀 마련해서 그렇게 보고하고 시행할 수 있도록 해주시기 바랍니다.[8]

노무현 전 대통령의 기록관리 혁신 의지는 2004년부터 구체화되었다. 기록관리를 국가 행정의 기본 제도로 인식했으며, 과거의 잘못된 관행을 바로잡고 국가기록 관리를 혁신하고자 하는 강한 의지를 국무회의와 수석·보좌관회의 등을 통해 밝혔다. 아울러 기록 정보의 공개를 통해 행정의 투명성을 확보하고, 시민들의 국정 참여 기반을 제도화하려 했다.

기록관리와 같은 국가행정의 기본 제도 부분에 철저히 관심을 가지고 첨단시스템을 만들어 나가도록 각별히 노력해 주시기 바랍니다. (2004년 7월 19일 수석·보좌관 회의)

우리가 이렇게 해서는 새 출발을 못 합니다. 기록관리부터 새롭게 하고, 지난날의 처리에 대해 국민 앞에 진상공개하고 앞으로 안 그

러겠다고 맹세해야 합니다. (2004.7.20 국무회의)[9]

국민의 알권리를 충족시키고 국정 참여, 행정 투명성을 높이기 위
해 적극적으로 행정정보를 공개해야 한다 …… 이를 위해 기록관리
를 체계적으로 하고, 어떤 정보를 공개하고 비공개하는지에 대한 기
준을 갖춰나가는 것이 중요하다.[10]

또한 노무현 전 대통령은 국정과제회의(2004.10.27)에서 국가기록
관리 혁신을 '정부혁신 과정에서 하나의 이정표'로 규정했다.[11] 2005
년 1월에는 전국의 공무원들에게 직접 이메일을 보내 기록관리의 중
요성을 일깨우고 기록관리 혁신을 참여정부의 주요 혁신과제 가운
데 하나로 설정했다.

한편 노무현 전 대통령의 기록관리에 대한 문제제기가 계속되는
가운데, 대통령비서실은 기록관리 체계를 개선하기 위해 활동을 본
격화했다. 2004년 7월 기록관리 전문가 간담회 개최, 국가기록원 연
구관의 대통령비서실 파견, 대통령비서실 '기록관리 및 정보공개 개
선 태스크포스' 조직 등으로 구체화되었다.[12]

문서관리에 관해서 세계일보에서 시리즈로 쭉 썼던 것이 있다고
지난번에 인용이 됐는데, 제가 자세히 들여다보진 못했습니다만,
…… 기록관리가 제대로 되고 있는가에 대해서 끊임없이 문제 제기
가 되고 있는데, 아직 어디서도 체계적으로 이 문제 해결을 위해서
노력하고 있다는 보고를 제가 받지를 못했습니다. (2004.7.19 수석 ·
보좌관회의)[13]

2004년 8월 23일 노무현 전 대통령은 국무회의에서 행정자치부의 '기록물관리 실태 조사 결과 및 혁신방안' 보고를 받은 후 국가기록 관리 체제 혁신이 국정 운영의 제도적 기반임을 다시 한 번 강조했다.

'기록물 관리 실태조사 결과 및 혁신방안'을 현 상태에 대한 보완 수준에 그치지 말고 기록관리 시스템의 근본적 재구축을 위한 구체 적 계획을 수립해 주십시오. …… 정부혁신을 통해서 국정운영의 제 도적 기반을 재정비하는 일에 주력하겠다는 대국민 약속을 했었는 데, 기록물관리 시스템 구축도 그 일환입니다. (2004.8.23 청와대브리 핑 대통령발언록)[14]

3. 기록관리 혁신의 전개과정

대통령의 기록관리 혁신 의지가 천명된 가운데 대통령비서실 '기 록관리 및 정보공개 개선 태스크포스'는 8월 27일 정보공개 제도를 포함한 기록관리 체계 개선안을 노무현 대통령에게 보고했다. 이는 대한민국 정부 수립 이후 국가기록 관리 체계 전반에 대해 대통령에게 보고한 최초의 사례였다.

보고 내용은 대통령비서실의 기록관리 기반 강화는 물론 국가기 록 관리 체계 혁신에 대한 전반적인 내용을 포함하였다. 곧 대통령 기록 관리의 체계화를 위한 '대통령기록관리법' 제정과 대통령기록관 설치, 기록 생산·등록의 전자화, 기록 보존기간의 합리적 결정, 생산

후 30년 경과 비공개 기록의 일괄 공개 추진, 정보 제공제도로의 전환, '정부비밀보호와 해제에 관한 법률' 제정과 비밀해제 작업, 기록관리와 정보공개 정책을 담당하는 「국가기록정보관리위원회」의 설립, 기록관리 전문인력 양성을 위한 국가적 지원 등이었다.[15]

이 보고서는 당시까지 제기된 기록관리·정보공개·비밀기록관리 등에 대한 현황과 문제점을 정리하고, 대안을 제시한 문서였다. 이 보고에서 대통령은 "기록관리 전반을 혁신할 수 있는 로드맵을 작성하고, 기록관련 제도 정비에 필요한 관련 법률 개정안을 마련하라"고 지시했다. '기록관리 및 정보공개 개선 태스크포스'는 이후 윤성식 정부혁신지방분권위원장, 허성관 행정자치부장관과의 면담을 통해 보고서 내용을 전달했다.[16]

9월 8일에는 국가기록원장이 행정자치부장관에게 대통령비서실 기록관리 관련 보고서의 문제점을 보고했다. 국가기록원의 인식은 "기록관리 개선에 관한 총체적인 사항을 관장하는 새로운 기구의 신설보다는 당초 그 업무를 추진해 온 국가기록원이 주도하는 것이 효율적"이라는 의견이었다. 이 같은 입장을 수용하여 행정자치부장관은 기록관리 관련 사안은 국가기록원의 문제이며, 문제 제기된 내용은 국가기록원에 맡기고, 대통령비서실은 지원 역할을 해야 한다고 강조했다. 또 정부혁신지방분권위원회(이하 정부혁신위원회)의 방침이 나오기까지 시간이 많이 소요되므로 기록관리 전문위원회 설치에 대해 회의적인 태도를 보였다. 이는 당시 행정자치부와 국가기록원이 기록관리 혁신에 대해 부정적인 인식을 갖고 있었음을 의미하는 것이었다. 또한 관료들의 저항으로 인해 국가기록 관리 혁신이 매우 험난한 과정이 될 것임을 알려주는 전조였다.

9월 15일에는 '기록관리 및 정보공개 관련 대통령보고'가 행정자치부장관, 정부혁신지방분권위원장 등이 참석한 가운데 개최되었다. 이 보고에서 정부혁신위원회 산하에 「기록관리혁신전문위원회」(이하 「전문위원회」) 설치와 그 활동을 지원하기 위해 행정자치부에 「국가기록관리체계개선기획단」(이하 「기획단」) 설치가 결정되었다.[17] 「전문위원회」의 기능은 기록관리 로드맵 작성, 관련 제도 정비와 법률 개정(안) 마련 등으로 설정되었다.[18]

10월 29일 출범한 정부혁신위원회 「기록관리혁신전문위원회」는 기록관리 혁신 로드맵 작성 등 본격적인 활동을 전개했다. 「전문위원회」는 전문성과 실무경험을 고려해서 구성했다.[19] 「전문위원회」는 이듬해 4월 25일까지 12차례 회의를 통해 국가기록 관리 혁신 과제를 정리해 갔다. 주요 과제는 공적 행위의 철저한 기록화, 기록관리 체계의 고도화, 기록의 공개 확대와 거버넌스의 구현, 국가 역사지식 역량 강화, 기록관리시스템의 체계화, 제도·인적 인프라 구축, 기록문화의 창달 등이었다.[20]

2005년 4월 7일 정부혁신위원회 「기록관리혁신전문위원회」는 '국가기록관리 혁신 로드맵'(이하 '로드맵')을 대통령에게 보고했다. 이는 "대한민국 정부 수립 이후 최초로 국가기록관리 체제 혁신을 공식화한"[21] 역사적인 보고였다. "기록이 없으면 정부도 없다"라는 제목의 국가기록관리 혁신 로드맵은 먼저 "기록관리 혁신은 더 이상 미룰 수 없는 정부 혁신의 핵심과제"로 설정했다. 또한 기록관리를 통해 업무의 책임성과 신뢰성을 높일 수 있고, 정보공개를 통해 국민과의 의사소통을 확대하며, 역사기록의 체계적 수집을 바탕으로 국가의 역사지식역량을 극대화할 수 있다고 기록관리 혁신의 의의를 규정했다.

'로드맵'은 국가기록 관리의 문제점으로 다음 사항들을 지적했다.[22] (1) 기록생산·관리 측면은 의사결정과정의 기록화 미비, 국가중요기록·회의록 등의 생산과 등록 부실, 형식적 기록 폐기 심의와 무단 폐기 등이었다. (2) 기록공개·비밀기록관리의 문제점은 비공개·비밀 세부기준 미흡, 비공개 관행의 만연 등이었다. (3) 역사기록의 지식정보화는 국가 주요 정책결정과 관련된 기록의 멸실, 역사기록의 지식정보화·서비스 미흡 등을 문제 삼았다. (4) 국가기록관리 기구는 독립성·전문성·통합성 등이 부재하며, 국사편찬위원회와 국가기록원의 기능이 중복되고 있음을 지적했다.

국가기록 관리 혁신 의제는 10개 항목으로 설정되었다.

(1) 공공업무 수행의 철저한 기록화를 추구했다. 이를 위해 대통령비서실에서 개발하여 e지원시스템에서 사용 중인 문서관리카드를 확산하고자 했다.

(2) 기록관리 프로세스와 시스템을 정비하려 했다. 곧 업무과정에 기반한 기록관리 체계의 도입, 국제표준에 근거한 기록관리 프로세스 재설계, 공공기관이 생산한 모든 유형의 기록을 전자적으로 관리하는 기록관리 시스템 재설계 등이 주요 내용이었다.

(3) 비공개 정보를 최소화하여 국민의 알권리와 지식정보 기반을 넓히는 정보공개 확대를 의제로 설정했다.

(4) 비밀 설정과 재분류를 엄격하게 정하고, 비밀 남발을 방지하여 비밀관리를 체계화하려 했다.

(5) 국제표준에 부합하는 기록관리 국가표준 제정을 의제로 설정했다.

(6) 빈약한 역사기록을 체계적으로 수집하고 그 관리를 강화하려 했다.

(7) 역사기록의 편찬을 강화하고 온라인 서비스를 확대하려 했다.

(8) 법·제도 정비 방향은 기록관리법·정보공개법을 개정하고, 가칭 '비밀분류 및 해제에 관한 법률', '대통령기록관리법'을 제정하려 했다.

(9) 기록관리 전문인력의 양성과 배치를 위한 의제가 설정되었다.

(10) 거버넌스 조직을 실현하려 했다. 곧 독립성과 중립성을 보장하고, 전문성을 강화하는 「국가역사기록위원회」 설립이 제안되었다. 또한 사료편찬 기능과 기록관리 기능의 통합을 제안했다.

이 보고에서 쟁점이 된 것은 거버넌스 조직의 실현을 위해 정부혁신위원회가 제안한 국가기록 관리를 통합하는 조직 구성 문제였다. 곧 정부혁신위원회에서 성안한 로드맵에는 국가기록원과 국사편찬위원회의 통합, 기록관리·정보공개·비밀기록관리·역사편찬 기능을 담당하는 국가역사기록관리위원회를 설립하는 1안과 행정자치부 외청으로 국가기록청을 설립하는 2안이 함께 상정되었다.

〈그림 1-2〉 '기록관리 혁신 로드맵' 조직 방안(정부혁신위원회 안)

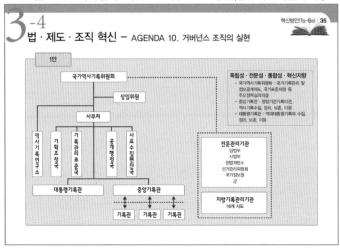

출전: 정부혁신지방분권위원회, 『기록관리 혁신 로드맵』, 2005.4.7

〈그림 1-3〉 '기록관리 혁신 로드맵' 조직 방안(행정자치부 안)

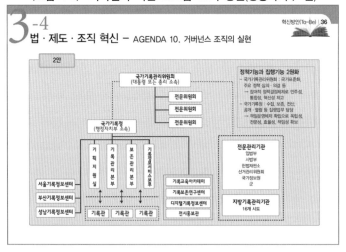

출전: 〈그림 1-2〉와 같음.

정부혁신위원회는 1안을 건의했고, 2안은 행정자치부의 조직 재편 방안이었다. '로드맵' 성안과정에서 조직 문제는 정부혁신위원회와 행정자치부·국가기록원 사이에 합의 조정되지 못한 사안이었다. 이미 2005년 3월 21일 「기록관리혁신전문위원회」 제9차 회의에서 「전문위원회」가 제안한 국가역사기록관리위원회 설립 방안에 대해 행정자치부 위원들은 강하게 반대했다. "양측은 격렬한 충돌 속에 팽팽한 설전이 오갔지만, 평행선을 좁히지 못했다. 결국 위원들은 로드맵(안)에 당시 제안된 두 가지 조직 안 모두를 넣는 형태로 최종 타협점을 찾을 수밖에 없었다."[23]

1안은 독립적 상설 행정위원회의 위상을 갖는 국가역사기록위원회를 설립하여, 공공기록관리는 물론 역사기록의 수집과 사료편찬, 정보공개, 비밀기록관리제도를 총괄하게 하는 방안이었다. 2안은 행정자치부 외청으로 국가기록청을 설치하여 기록관리·정보공개 제도를 운영하는 방안이었다. 곧 행정자치부 관료들의 입장에서는 국가기록원을 독립시키는 것보다 조직 이기주의 관점에서 기구는 확대하되 행정자치부 소속은 유지하는 편을 선호했던 것이다.

이 날 보고회에서도 양측의 견해는 팽팽하게 대립했다. 이 자리에 참석했던 이만열 국사편찬위원회 위원장은 "국사편찬위원회와 국가기록원은 국가의 백년대계 측면에서 하나로 통합돼야 하며, 1안과 같이 국가역사기록관리위원회를 설치한다면 역사학계의 여론을 충분히 설득할 수 있다"고 역설했다.[24]

불꽃 튀는 토론이 장내를 달궜다. …… 행정자치부는 역사편찬과

기록관리라는 이질적인 기능을 통합하는 데 따른 문제를 핵심 사안으로 부각시켰다. …… 기록관리혁신전문위원회는 …… '전 세계적으로 공공기록과 역사기록을 분리해서 관리하는 나라는 없다'고 맞섰다. 또한 시스템 혁신은 행정자치부와 협의해 진행하는 것이 가능하지만, 조직 부분은 결단이 필요한 역사적 과제임을 강조했다.

그러나 국가기록 관리 기구를 어떻게 재편할 것인가에 대한 문제의 본질은 행정자치부 소속기관인 국가기록원을 독립시키는 것에 부정적이었던 관료사회의 조직적 저항이 상당히 강고했음을 의미했다. 또한 관료사회를 혁신하지 않고서는 기록관리 혁신도 정부 혁신도 가능하지 않다는 것을 확실하게 보여준 사례였다.

한편 이보다 앞서 2004년 10월 30일 한국기록학회가 주최한 '국가기록 개혁 대토론회'에서는 위원회의 설립 필요성이 명확히 제시되었다.

정부 기록관리를 실현할 기구는 국민 참여를 전제해야 하므로, 위원회 형태를 띤 국가기구의 구성을 적극 고려할 필요가 있다. …… 이를테면 국가인권위원회와 같은 대통령 직속 장관급 기구로 '국가기록관리위원회'를 설치하고, 기록관리제도, 정보공개 및 비밀유지, 정부혁신 시스템, 역사기록물 등을 담당하는 상임위원을 두는 방안을 검토해야 한다. …… 현 정부가 추진하는 참여민주주의를 실현하기 위해선 기록관리와 정보공개 기능을 통괄하는 위원회급 기구 구성이 필요한 시점이다.[25]

국가 아카이브의 위상과 기능 재편 문제가 기록학계와 시민단체, 언론 등에서 지속적으로 제기된 주요 원인은 국가기록 관리 기구의 정치적 중립성과 독립성의 보장, 전문성의 확보가 올바른 공공기록 관리의 전제 조건이기 때문이었다. 이 문제가 올바른 방향으로 해결 되었더라면, 노무현 전 대통령이 퇴임 직후 대통령기록 '유출' 사건 으로 인해 국가기록원으로부터 고발당하는 일이 벌어지지는 않았을 것이다. 또한 '2007년 남북정상회담 회의록' 문제에 대해서도 국가 아 카이브의 위상에 걸맞은 대응이 있었을 것이다. 따라서 국가 아카이 브의 독립성 확보 문제는 현재적 과제이기도 하다.

한편 국가기록관리 혁신 로드맵 보고에서 대통령은 지금 이 단계 에서 진행하고 있는 것은 기록관리 시스템 혁신이므로 가장 효율적 인 혁신 조직부터 먼저 만들고, 혁신 과정의 맨 마지막에 조직 재편 문제에 대해 검토할 것을 지시했다.

> 지금 내 임기 동안에 할 수 있는 것은 체제의, 시스템의 혁신입니 다. 이 조직을 어느 부서에 편입시킬 것이냐, 어느 위원회에 편입시킬 것이냐 하는 것은 우리가 혁신했던 전체 시스템이 다 서지면 …… '이 정도면 우리도 국가기록 관리 체제가 이루어졌다' 했을 때……, 그때 가서 얘기하는 것이 오히려 낫지 않을까 싶습니다.[26]

2005년 4월 12일 대통령비서실에서 '기록관리혁신 추진체계 업무조 정회의'가 개최되었다. 이 회의에서는 기록관리 프로세스와 시스템 혁신을 중점적으로 추진하기로 결정했다. 「기록관리혁신전문위원회」

는 국가기록관리 혁신 로드맵 실행을 관리하고, 행정자치부「기록관리체계개선기획단」은 실무 집행을 담당하며 유기적인 협력체계를 구축하기로 하였다. 또한 기록관리 혁신 업무는 대통령비서실 정책실장 주관 하에 진행하도록 조정했다. 같은 해 5월 김병준 대통령비서실 정책실장은 4월 7일에 있었던 대통령보고가 최종 보고가 아니었으므로 적절한 절차를 밟아 수정된 로드맵을 다시 보고하고, 로드맵 수정안 확정 시 관계기관의 동의를 이끌어내야 하며 구체적 추진 기구를 명시해야 한다고 지시했다. 이로써 정부 수립 이후 최초의 국가기록 관리 혁신은 기술 실무적 측면의 혁신 과제만 남게 되었다.

이후「전문위원회」와 국가기록원 사이에 무려 6개월간 로드맵을 수정하기 위한 지루한 회의가 개최되었다. 기록관리 혁신 추진 과정에서 기록학계가 주도적으로 참여한 정부혁신위원회「전문위원회」와 행정자치부·국가기록원은 주요 사안들에 대해 끊임없는 대립과 갈등관계를 노정했다. 로드맵이 확정되기까지 오랜 시간이 걸린 것은 이를 상징적으로 보여주는 사례였다. 이 과정에서 최초의 국가기록관리 혁신 로드맵 보고서는 개혁성을 상실했다. 국가기록 관리 혁신 로드맵은 국무회의에 보고하는 절차를 거쳐 2005년 10월 최종 확정되었다.[27]

참여연대는 논평을 통해 확정된 로드맵의 한계를 다음과 같이 지적했다.

이번 로드맵의 한계 또한 분명하다. 정작 정보공개, 기록 및 비밀 관리 등을 총괄할 수 있는 조직 구성안과 주체의 문제는 제시되지 않아, 도대체 어떤 기관에서 어떤 권한을 갖고 이 역할을 수행할지에 대한 구체적인 방안을 찾아 볼 수 없다. 그 권한과 역할에 비춰볼 때 국가기록원이 그 업무를 담당해야 하지만 현재 국가기록원의 조직위상과 권한만으로는 정보공개, 기록 및 비밀 관리에 대한 제도적 통제와 총괄기관으로서 한계가 있다. 따라서 이번 발표에서 정보공개, 기록 및 비밀기록을 전담하는 독립성, 전문성, 통합성을 갖춘 국가기록 관리기구의 문제가 빠진 점은 로드맵 실현의 실효성을 의심케 하는 대목이다.[28]

이 시기 기록관리 혁신은 대통령비서실 · 정부혁신위원회 · 국가기록원 등 정부를 중심으로 추진되었다. 그러나 그 이전에 기록학계와 시민단체의 문제의식은 이미 당시의 기록관리법이 갖는 한계를 뛰어 넘을 정도로 성숙해 있었다.

법률적 한계에도 불구하고 기록학계의 이론 수준과 연구 역량은 지난 7년 동안 비약적으로 성장했다. 기록관리에 대한 인식 수준, 기록학 연구자의 양적 · 질적 발전, 기록연구직의 중앙부처 배치 등 기록관리 환경이 법률이 제정되던 당시와 비교할 수 없을 정도이다. 이제 기록학계는 현행 기록관리법을 극복해야 할 대상으로 인식하기 시작했다. 단순히 정부를 중심으로 추진 중인 기록관리 혁신의 내용을 법제화하는 것에 머무는 것이 아니라 기록관리에 대한 인식 수준의 발전이 기록관리법의 개정을 요구하고 있는 것이다. '99년 체제'의 한계를 지양하고, 기록관리법을 개정해야 하는 이유는 바로 여기에 있다.[29]

곧 참여정부의 기록관리 혁신은 위로부터 주어진 것이 아니라, 기록학계의 축적된 역량이 바탕이 된 것이었다. 정부의 기록관리 혁신은 아래로부터의 기록관리 개혁운동에서 문제 제기된 내용들이 수용된 것에 다름 아니었다.

참여정부의 국가기록 관리 혁신은 국가 아카이브의 독립성과 정치적 중립성을 담보하지 못한 결정적인 한계에도 불구하고 많은 유형·무형의 성과를 이루었다. 기록관리 혁신은 대통령비서실의 기록생산·관리 방식을 변화시켰고, 그 사례를 정부 기관에 확산했다. 정부혁신위원회 「기록관리혁신전문위원회」가 주도한 '기록관리 혁신 로드맵'은 대한민국 정부 최초의 기록관리 정책이었다. 곧 기록관리 분야가 국가 정책의 주요 의제로 채택되어 정부의 책임성과 투명성을 제고하는 데 일조하였다.

참여정부는 업무 혁신을 통해 업무 수행의 과정과 결과 모두를 기록하는 문서관리카드를 개발하고, e지원시스템을 개량한 업무관리시스템을 중앙행정기관과 지방자치단체에 보급하였다. 아울러 업무관리시스템에서 생산된 기록은 국제표준에 근거한 기록관리시스템으로 이관되도록 전자기록의 생산과 관리를 체계화했다. 또한 국제표준에 부합하는 기록관리 국가표준을 제정하도록 하여 국가기록 관리 발전의 기틀을 마련했다.

기록관리 혁신이 본격적으로 추진된 결과 공공기관의 기록관리 환경이 변화했다. 2006년 기록관리법이 개정되었다. 이듬해에는 대통령기록의 체계적 관리를 규정한 대통령기록관리법을 제정하고, 대통령기록관을 설치했다. 참여정부의 기록관리 혁신이 비록 프로세스와 시스템 혁신을 중심으로 추진되었지만, 인적 구성을 혁신하는 부분에도 상당한 성과가 있었다. 정부수립 이후 최초로 기록관리 연구 직렬이 신설되어 공공기관에 기록관리 전문가가 배치될 수 있는 조건을 만들었다. 또한 국가기록원은 정원을 3배나 늘리고, 기록관리 전문가를 채용하는 등 양적 성장을 이루었다. 매우 짧은 기간 동안 추진되었지만, 그 성과는 전 세계적으로도 유례를 찾아볼 수 없을 정도의 '압축 성장' 과정이었다고 할 수 있다.

그러나 동시에 참여정부의 기록관리 혁신은 미완의 '혁신'이었다. 첫째, 한국의 국가기록 관리 체제는 '높은 수준'으로 제도화되었으나 기록관리 현장은 과거의 잘못된 관행이 상당 부분 유지되고 있으며, 여전히 '낮은 단계'에 머물고 있기 때문이다.

비약적 발전에도 불구하고 …… 현장 취약성이라는 기본적인 한계를 그리 많이 극복하지 못하였다.[30]

둘째, 1999년 최초의 기록관리법 제정 과정과 참여정부의 기록관리 혁신 과정 모두 위로부터의 개혁이라는 '엘리트 모델'이 동원되었다.[31] 이는 정부의 성격이 개혁적인가 아닌가에 따라 국가기록 관리 발전이 결정되는 수동적 특성을 국가기록 관리 체제에 내재화시키는 결과를 초래했다. 이명박·박근혜 정부와 같이 민주주의를 퇴행시키고, 개혁적 성격을 기대할 수 없는 정부 하에서 어떻게 그 상황을 극복해 갈 것인가라는 과제가 기록공동체의 숙제로 남게 되었다.

셋째, 참여정부의 기록관리 혁신의 근본적인 한계는 결국 국가 아카이브의 독립성 문제를 해결하지 못한 점이다. 최종 확정된 로드맵에 조직 문제가 포함되지 않았던 것은 조직 이기주의를 앞세운 관료주의의 벽이 매우 높았음을 실감한 일이기도 했지만, 바로 이 지점에서 새로운 국가기록 관리 체제 개혁이 시작되어야 함을 일러 주는 것이기도 했다.

4장 구조 변화 없는 '압축 성장'

1. 기록관리법 개정

국가기록관리 혁신 로드맵이 확정되지 않은 가운데 국가기록원은 2005년 5월 기록관리법 개정시안을 마련하고, 관계기관과 협의를 진행했다. 같은 해 10월에는 '공공기관의 기록물관리에 관한 법률 전부개정안'을 입법예고 했다. 2006년 1월 정부는 국무회의 심의·의결을 거쳐 국회에 제출했다. 같은 해 9월 개정 법률안은 국회를 통과하고 10월에 '공공기록물 관리에 관한 법률'(이하 기록관리법)을 공포했다. 동 법률은 2007년 4월 시행되어 현재의 국가기록 관리 체계를 형성하고 있다.

기록관리 혁신의 성과를 반영한 개정된 기록관리법의 주요 내용과 한계를 살펴보면 다음과 같다.

첫째, 기록관리법의 명칭이 '공공기관의 기록물관리에 관한 법률'에서 '공공기록물 관리에 관한 법률'로 개정되었다. 곧 공공기관이 생산·보유한 기록만이 아니라 민간에서 소유하고 있는 공적 성격의 기록도 관리 범위에 포함시켰다.

둘째, 기록관리의 목적은 과거 법률에서 명시한 "기록의 안전한 보존과 기록정보의 효율적 활용"에서 "투명하고 책임 있는 행정의 구현"으로 변화되었다. 그러나 기록관리 혁신 로드맵에서 강조한 공적 행위에 대한 정부의 설명 책임과 투명한 행정, 기록정보의 공개 확대를 바탕으로 한 국민과의 의사소통과 대국민 서비스 증진, 민주주의의 발전과 기록문화 창달에 이바지해야 한다는 기록관리에 대한 인식 전환에 대한 내용은 제대로 포함되지 않았다. 곧 기록관리 목적과 원칙은 왜곡된 우리나라 기록관리 역사에 대한 반성의 토대 위에서 미래지향적인 내용이 담겨야 했다. 이러한 측면에서 기록관리 혁신의 흐름을 제대로 반영하지 못했다.

셋째, 기록관리 원칙과 표준화를 규정했다. 곧 전자적 기록생산·관리의 원칙과 국제표준에서 제시한 전자기록 요건인 진본성·무결성·신뢰성·이용가능성[1]을 법령에 반영했다. 또한 기록관리 표준화를 강조한 기록관리 혁신 로드맵의 내용을 수용했다. 그러나 기록관리 개혁운동 과정에서 제기되었던 기록관리의 분권화와 '기록 자치'의 원칙 등은 포함되지 않았다.[2]

넷째, 국가기록원의 위상이 변화되지 않은 가운데 국무총리 소속으로 「국가기록관리위원회」가 신설되었다.[3] 이는 기록관리 혁신 로드맵에서 논란이 되었던 국가기록 관리 기구 재편 문제가 행정자치부와 국가기록원의 의견대로 수렴되었음을 의미했다. 국무총리 소속 「국가기록관리위원회」는 국가 아카이브가 독립성을 담보할 수 있도록 보완하는 역할을 담당해야 했다. 그러나 기록관리 정책에 대해서

심의 기능만 있는 비상설 위원회인 「국가기록관리위원회」가 그러한 역할을 수행할 수는 없었다. 또한 기록관리 혁신 로드맵의 대통령 보고 당시 정부혁신위원회에서 제안한 「국가역사기록관리위원회」의 기능은 기록관리 · 정보공개 · 비밀기록관리 · 역사 편찬 등을 통합하는 조직이었으나, 국가기록관리위원회의 기능은 기록관리 분야에 한정되었다.

다섯째, 기록관리기관의 설립이 강화되고, 명칭 변경이 이루어졌다. 종래의 자료관은 기록관으로, 전문관리기관(archives)은 영구기록물관리기관으로 그 명칭을 변경했다. 또한 자체적으로 아카이브를 설치할 수 있었던 군기관 · 국가정보원 등은 특수기록관으로 조정되어 국가 중요 기록이 국가기록원으로 이관될 수 있는 토대를 마련했다. 한편 광역시 · 도의 지방 아카이브 설치가 의무화 되었다. 아울러 광역시 · 도 교육청과 기초 자치단체의 경우도 지방 아카이브를 단독으로 또는 몇몇 기관이 공동으로 설립하는 것이 가능해졌다.

그러나 광역시 · 도 아카이브를 설치 · 운영하기 위한 계획 수립을 2007년 12월 31일까지로 한정하여 실제로 지방 아카이브 설치가 계획 수립 이후로 미루어질 가능성이 있었다. 또한 설치하지 않는다고 해도 제재할 별다른 수단이 없었다. 법률 개정 당시의 이러한 우려는 광역시 · 도 가운데 현재까지 지방 아카이브를 설치한 기관이 단 한 곳도 존재하지 않는다는 점에서 현실로 드러났다. 다만, 최근 서울시가 2017년까지 지방에서는 최초로 시정의 투명성과 책임성 제고, 시민들의 알권리 보장을 위해 아카이브 설립을 추진하고 있는 점은 매우 고무적이다(2018년에 경남기록원, 2019년에 서울기록원 설립).[4]

여섯째, 기록관리 프로세스가 변화하였다.

(1) 공적 업무의 입안과 집행, 종결에 이르는 전 과정을 기록으로 남겨야 한다는 기록 생산 원칙이 강조되었다. 이는 참여정부 대통령 비서실을 중심으로 추진된 업무 혁신의 결과가 가장 적극적으로 반영된 조항이었다. 이를 바탕으로 업무 수행의 설명책임성을 확보하려 한 점은 기록관리의 상당한 진전이라 할 수 있다.

(2) 전자적 기록 생산 환경을 반영하여 전자기록 관리 부분을 법률에 포함했다. 곧 전자기록생산시스템을 바탕으로 한 기록 생산, 전자기록관리시스템의 도입 등 기록관리 전 과정을 전자적으로 처리하도록 규정했다.

(3) 기록관리 표준화를 통한 전문성 향상이 법률에 반영되었다. 이에 따라 국가기록원은 기록관리 국제표준을 수용하여 기록관리 국가표준, 공공표준 등을 제정했다.[5]

(4) 기록의 공개 문제는 생산 후 30년 공개의 원칙을 천명하고 있는 점, 기록관은 물론이고 아카이브에서도 비공개 기록을 5년마다 재분류하는 등 상당한 진전이 있었다. 그러나 기록 생산 단계, 업무 종결 단계, 기록관 이관 단계, 아카이브 이관 단계 등 매 단계마다 비공개 기록을 공개하도록 유도한 기록관리 혁신 로드맵의 제안은 반영되지 않았다. 또한 "중앙기록물관리기관의 장은 영구기록물관리기관으로 이관된 기록물에 대하여는 대통령령이 정하는 바에 따라 기록물의 성격별로 비공개 상한기간을 따로 정할 수 있다"고 규정했다. 그러나 이 조항은 특정기록을 장기간 공개하지 않을 수 있는 독소 조항으로 기능할 우려가 있었다.

(5) 기록 이관 조항은 1999년 기록관리법과 마찬가지로 여전히 예외 규정을 두고 있다. 곧 검찰청·경찰청·군기관 등에 설치하는 특수기록관의 비공개 기록은 생산연도 종료 후 30년, 국가정보원의 기록은 50년까지 이관을 연장할 수 있다고 규정했다. 또한 국가기록원장과 협의하면 이관 시기를 연장할 수 있도록 규정하여 중요 비공개 기록의 이관을 상당기간 미룰 수 있게 했다. 곧 장기간 이관하지 않을 수 있는 기간의 문제, 계속해서 이관하지 않았을 경우 조치할 수 있는 수단이 불명확한 점 등은 국가 중요 기록의 이관과 공개를 가로막는 요인으로 작용할 소지가 다분한 조항이었다. 이러한 예외 조항은 폐쇄성을 특징으로 하는 권력기관의 속성이 법령에 반영된 결과라 할 수 있을 것이다.

2. 대통령기록의 소유권은 국가, 대통령기록관리법의 제정

참여정부는 '국정의 최고 중요기록이자 특수성을 갖는 대통령기록의 관리 근거를 마련'6하고, 대통령기록의 체계적 관리를 위해 대통령기록관리법 제정을 추진했다.7 2005년 10월 4일 국무회의에서 채택된 기록관리 혁신 로드맵은 대통령기록관리법에 포함될 구체적 내용을 제시했다. 정부는 같은 달 정부혁신지방분권위원회 기록관리혁신전문위원회, 대통령비서실 기록관리비서관실, 행정자치부 국가기록원 등이 참여하는 '대통령기록관리 혁신 태스크포스'를 구성했다.

그러나 이 과정에서 국가기록원은 대통령기록관리법 제정에 부정적인 입장을 견지했다. 곧 대통령기록관리법 제정에 따른 정치적 부담, 공공기록과 분리될 경우 일원적 관리가 곤란한 점, 대통령기록관 설치 시기상조론 등을 이유로 기록관리법 내에 별도의 조항을 두는 방안을 제시했다. 대통령비서실은 이와 같은 입장에 대해 대통령기록과 공공기록을 기록관리법 테두리에서 관리할 경우 "상호 충돌하거나 모순되는 조항이 있을 수" 있는 점, 국가기록원의 독립성과 중립성이 담보되지 않은 상태에서 "모든 대통령기록을 국가기록원으로 이관하여 관리"하는 것은 "대통령기록의 보호라는 측면에서 한계"가 있음을 지적했다.[8] 곧 대통령비서실은 국가기록원의 대통령기록관리 방안이 기록관리 혁신의 성과를 반영하지 못하고 있다고 판단하고 대통령기록관리법 제정을 추진했던 것이다.

'대통령기록관리 혁신 태스크포스'는 2006년 4월 대통령기록관리법 제정안을 마련하고, 같은 해 7월 국무회의 의결을 거쳐 국회에 법률안을 제출했다. 12월에는 국회 행정자치위원회 심사에서 '예문춘추관법안'과 통합 심사 후 대안으로 의결하고, 2007년 4월 국회의 의결을 거쳐 7월 시행되었다.

대통령기록관리법의 주요 내용을 살펴보면 다음과 같다.

첫째, 대통령기록의 관리 대상 범위와 소유권을 명확하게 규정했다. 즉 대통령기록이란 대통령의 직무수행과 관련하여 대통령과 그 보좌 · 자문 · 경호기관은 물론이고, 대통령직인수기관이 생산 · 접수한 기록과 대통령상징물로 규정했다. 또한 대통령기록을 개인 소유물로 간주하여 사저로 가져갔던 폐단을 없애기 위해 대통령기록의 소유권은 국가에 있다고 명확하게 천명했다.

둘째, 대통령기록의 이관 등 관리 절차를 정립했다. 대통령기록은 매년 생산현황을 국가기록원에 통보해야 한다. 또한 임기종료 6개월 전부터 이관대상 대통령기록의 이관절차를 밟아 임기종료 시까지 국가기록원으로 이관하고, 관리는 대통령기록관에서 하도록 했다. 아울러 대통령의 직무 관련 기록은 입안부터 종결과정까지 전자적 생산과 관리를 원칙으로 했으며, 비전자적으로 생산된 기록의 전자적 관리를 규정했다.

셋째, 대통령기록에 대한 보호 체계를 마련했다. 정부수립 이후 대통령기록이 멸실된 주요 원인은 공적 기록에 대한 인식 부족에 기인하지만, 한편으로는 대통령기록을 보호할 수 있는 환경을 갖추지 못한 것도 주요 요인이었다. 곧 대통령은 국가원수로서 "업무수행 과정에서 즉시 공개가 어려울 뿐만 아니라 국회 등의 자료제출 요구에도 응하기 곤란하여 '보호'가 필요한 기록을 생산"[9]한다. 따라서 이들 기록을 일정기간 동안 보호하여 중요 기록을 보존해야 하는 과제가 발생하는 것이다.

대통령기록관리법은 이를 위해 '대통령지정기록' 제도를 마련하고 있다.[10] 대통령지정기록의 보호기간은 15년의 범위 이내로 규정했다.[11] 대통령제를 채택하고 있는 미국 또한 대통령기록관리법을 통해 공개가 제한되는 대통령기록의 범주를 설정하고 있다. 미국의 경우 최대 12년의 범위 내에서 접근을 제한하고 있다.[12]

대통령기록에 대한 열람이 허용되는 경우는 ① 국회재적의원 3분의 2 이상의 찬성의결이 이루어진 경우, ② 관할 고등법원장이 해당 대통령지정기록물이 중요한 증거에 해당한다고 판단하여 발부한 영장이 제시된 경우, ③ 대통령기록관 직원이 기록관리 업무수행 상 필요에 따라 대통령기록관의 장의 사전 승인을 받은 경우 등으로 제한했다. 국회재적의원 3분의 2 이상의 찬성 의결은 헌법 개정 정족수와 같다. 이와 같이 대통령기록의 보호를 강화한 것은 기록이 보호되지 않음으로써 무단으로 파기되었던 과거의 관행을 극복하고 이를 통해 기록을 철저히 남기려는 의도를 반영한 것이었다. 이는 과거 대통령기록의 멸실에 대한 국가적 반성을 의미하는 것이기도 했다.

그러나 일련의 사건들로 인해 대통령기록의 '보호'를 강화한 법령 제정 취지는 무색해졌다. 곧 이명박 정부 출범 직후 불거진 대통령 기록 '유출' 논란, '2007 남북정상회담 회의록' 공개 문제를 통해 검찰이 대통령지정기록 대부분을 열람한 것은 대통령기록관리 체계를 무너뜨리는 결과를 초래했다.

넷째, 「국가기록관리위원회」 소속으로 「대통령기록관리위원회」를 설치하도록 규정했다.[13] 그러나 이명박 정부는 위원회 구성을 차일피일 미루다가 2010년 2월 법률을 개정하여 「대통령기록관리전문위원회」로 그 위상을 격하시켰다.[14] 「대통령기록관리위원회」는 대통령기록관리의 중립성과 독립성 확보를 위한 최소한의 장치로 고안되었다. 곧 대통령기록관리위원회 "위원은 그 권한에 속하는 업무를 수행함에 있어서 정치적 중립성과 업무의 독립성 및 객관성을 유지하여야 한다"고 명확히 규정했다.

2010년 법률 개정 과정에서 국회 행정안전위원회 개정안 검토보고서는 「대통령기록관리위원회」의 위상을 격하하는 것은 대통령기록 관리의 "특수성·전문성 및 정치적 중립성 제고를 위해, 별도의 위원회를 설치하도록 한 대통령기록물법의 입법취지에 다소 부합되지 않는 측면이 있다"고 지적했다. 또한 "시급히 설치할 필요성이 있음에도 불구하고, 설치되지도 않은 위원회의 지위를 변경하여 독립성 및 대외적 위상을 축소함으로써 얻을 수 있는 실익이 무엇인지 검토가 필요하다"는 의견을 피력했다.[15]

다섯째, 국가기록원 소속기관으로 대통령기록관을 설치하도록 규정했다. 대통령기록 관리를 전문적으로 수행할 수 있도록 별도로 대통령기록관을 설치하고, 대통령기록의 이관·수집·평가·공개 등의 업무를 수행하도록 했다. 또한 대통령기록관장의 임기를 5년으로 정해 독립적인 업무 수행이 가능하도록 규정했다. 그러나 대통령기록관은 현재 행정안전부의 2차 소속기관으로 그 위상이 대단히 낮으며, 지금까지 임기 5년을 채운 대통령기록관장이 존재하지 않는 점은 대통령기록관리 제도에 대한 혁신의 필요성을 제기하고 있다.

참여정부의 기록관리 혁신을 바탕으로 기록관리법이 개정되고, 대통령기록관리법이 제정되는 등 국가기록 관리 체제가 재구축되었다. 이는 1999년 기록관리법 제정을 계기로 제도화된 국가기록 관리 체제를 한 단계 발전시키는 계기로 작용했다. 그러나 재구축된 현재의 국가기록 관리 체제는 여전히 결정적 한계를 지니고 있다.

첫째, 국가 아카이브의 정치적 중립성과 독립성이 확보되지 않은 가운데 기록관리 혁신이 전개되었다는 점이다. 이는 노무현 전 대통령기록의 '유출' 논란 당시 정권의 나팔수 역할을 자임한 국가기록원이 전임 대통령을 고발하는 초유의 사태를 결과했다.

둘째, 기록관리 혁신의 동력은 노무현 전 대통령을 비롯한 대통령 비서실의 정책 의지에서 비롯되었다. 그러나 혁신의 동력이 사라졌을 때 관료사회 내부의 반발을 제어할 수 있을 정도로 구조적 개혁에 이르지는 못한 점은 한계였다. 이는 이명박 정부에서 국가기록 관리 전반에 퇴행적 현상을 가져오는 것으로 증명되었다.

셋째, 국가기록 관리 체제의 근간을 이루는 기록관리 현장의 기초 조직인 기록관은 여전히 저발전 상태에 있다. 공공기관의 기록관이 실질적으로 기능하고 있는 사례를 찾는 것은 매우 어려운 실정이다. 대부분의 기록관은 설치되지 않았고, 정상적인 조직 구조를 갖추고 있지 못한 형편이다. 기록관에서 수행하는 기록관리 업무는 생산되는 모든 기록을 철저하게 기록화하지 못하고 있는 것은 물론, 여전히 형식적인 기록 평가·선별 작업이 이루어지고 있다. 곧 기록관리 현장의 관점에서 보면 과거 잘못된 기록관리 관행이 유지되고 있는 셈이다.

5장 '기록 대통령'의 편지

1. 최초의 대통령기록 이관

2007년 말부터 2008년 2월까지 참여정부의 대통령기록은 대한민국 정부 수립 이후 최초로 대통령기록관리법에 따라 국가기록원으로 이관되었다. 대통령기록의 양은 약 755만 건에 달했다. 역대 어느 정부에서도 대통령비서실에서 생산된 기록을 전부 이관한 사례가 없는 우리의 현실에서 이는 실로 획기적인 일이었다.

〈표 1-1〉 참여정부 대통령기록 현황

문서		시청각 기록 (장/건)	행정 박물 (점)	행정정보 데이터세트 (건)	웹기록 (건)	간행물 도서 등 (권/개)	합계
비전자 기록 (건)	전자 기록 (건)						
439,682	727,493	732,440	3,586	658,640	4,971,158	20,359	7,553,358

출전: 대통령기록관 홈페이지(http://www.pa.go.kr/ARC/status).

권위주의 정권에서 기록을 생산했으나, 제대로 관리하지도 않았고, 임기 말에는 거의 남김없이 파기하거나, 기록을 은닉하여 사저로 가져갔던 사례에 비추어보면 이는 역사적인 사건으로 기록할만했다. 단순히 기록의 양이 많은 것에 국한되지 않았다.

곧 체계적인 생산과 관리를 통해 이관이 이루어졌으며, 또 정부의 기록관리 혁신과 함께 그 결과로서 대통령기록이 남게 된 점은 특기할만하다. 또한 대통령의 직무수행과 관련된 각종 위원회 등 32개의 대통령기록 생산기관 기록이 이관되었다. 역대 대통령기록이 멸실되거나 파편화되어 존재하는 것과 달리 국가기록 관리 체제를 혁신하는 가운데 이루어진 괄목할만한 성과였다고 평가할 수 있다.

참여정부에서 이관된 대통령기록의 유형은 〈표 1-2〉와 같다.

(1) 대통령 일정기록은 대통령의 일일, 주간, 월간 일정에 관한 기록으로 접견일지, 통화일지 등을 포함하고 있다.

(2) 대통령의 연설문·메세지 기록은 대통령이 직접 참석하지 않은 행사의 연설문, 연하장, 축하·조의 메시지, 편지 등이다.

(3) 외교안보기록은 정상회담 준비·회담·기자회견 기록은 물론 정상 간의 전화통화 기록, 해외순방 기록, 주요 인사 접견 기록 등으로 구성되어 있다. 또한 대통령이 직접 참석한 국가안전보장회의 기록을 비롯해서 안보 관련 각종 보고서 등이 포함되어 있다.

(4) 인사기록은 참여정부 인사시스템을 알 수 있는 고위공직자의 인사추천부터 인사 검증, 최종 인사 결정 기록 등을 포함하고 있다. 곧 인사추천회의 기록, 인사검증제도 등 인사제도 개선 관련 기록 등이다.

주제 분류	기록 유형
대통령 일정기록	· 대통령의 일일, 주간, 월간 일정표 등
대통령 연설문 · 메세지	· 대통령이 직접 참석하지 않은 행사의 연설문, 메시지 등
외교안보 기록	· 정상회담기록, 정상 간 전화통화기록, 해외순방 기록, 주요인사 접견 기록 등 · 국가안전보장회의 기록, 외교안보보좌진의 보고서, 관련 부처 협의 기록 등
인사기록	· 고위공직자 인사기록, 인사검증 기록 등
대통령이 보고받은 기록	· 정부 부처, 대통령비서실, 위원회 등에서 대통령에게 보고한 보고서 등
대통령 행사기록	· 대통령의 공식, 비공식 행사 기록으로 행사계획, 준비상황 등 관련 기록 · 행사일정표, 시나리오, 보고서, 시청각기록 등
국정과제위원회 기록	· 정책기획위원회, 국가균형발전위원회, 정부혁신 지방분권위원회 등 국정과제위원회의 활동 기록
대통령영부인 기록	· 국내외 행사, 일정, 메시지 등 · 영부인 일정표, 행사계획서, 시청각기록 등
정책간행물	· 대통령비서실, 국정과제위원회, 각 정부 부처 주요 정책간행물
역대 대통령기록	· 참여정부 이전에 생산되어 대통령비서실 등에서 보관하고 있던 역대 대통령기록

출처: 조영삼, 앞의 책, 61~65쪽에서 재구성.

(5) 대통령이 보고받은 기록은 주로 e지원시스템에서 생산된 기록이다. 참여정부 주요 정책에 대한 대통령 보고와 지시 등 정책 결정 과정을 알 수 있는 기록이 포함되어 있다.

(6) 대통령 행사기록은 대통령이 참석하는 공식 · 비공식 행사 관련 기록으로 행사일정표, 시나리오, 연설문, 보고서, 시청각기록, 대통령 친필메모 등을 들 수 있다.

(7) 국정과제위원회 기록은 참여정부의 주요 국정과제를 수행한 각종 위원회 활동 기록이다.

(8) 대통령영부인 기록은 영부인의 국내외 행사·일정 관련 기록이다.

(9) 정책간행물은 대통령비서실, 정부 각 부처에서 생산된 주요 정책 관련 간행물이며, 참여정부 백서 발간의 기초가 되는 기록이다.

(10) 역대 대통령기록은 참여정부 이전 대통령비서실 등에 보관되었다가 이관된 약 66만 건의 기록이다.

참여정부의 대통령기록은 기록생산시스템인 e지원시스템으로부터 대통령비서실의 기록관리시스템(Records Management System, RMS)으로 이전되었고, 대통령기록관의 기록관리시스템(Presidential Archives Management System, PAMS)으로 이관되는 절차를 거쳤다. 이는 또한 전자기록을 대량으로 이관한 최초의 사례였다.

2. 참여정부 대통령기록 '유출' 논란

대통령기록을 둘러싸고 참여정부와 이명박 정부의 공방은 이미 정권 인수 과정에서 불거지기 시작했다. 곧이어 참여정부가 "정권 인수인계 과정에서 청와대 내부의 민감한 자료 상당부분을 파기한 것으로 드러나 국정에 적지 않은 차질이 빚어"[1]지고 있다고 신문에 보도되면서 공방이 본격화했다. 이를 빌미로 일부 보수언론에서는 "전 대통령기록 볼 수 있게 법 개정"[2] 등 지난 정부의 대통령기록을

새로운 정부가 볼 수 있어야 한다고 주장했다.[3]

그러나 이는 차기 정부가 이전 정부의 대통령기록을 열람할 수 있게 된다면 대통령기록이 제대로 남을 수 없게 된다는 점을 간과한 것이었으며, 다분히 정치 공세적인 성격이 농후했다. 역대 정부에서 주요 대통령기록을 다음 정권에 인계한 선례는 거의 없었으나, 참여정부는 정권 인계를 위한 구체적인 조치를 취했다. 곧 이명박 정부가 참고할 수 있도록 주요 보고서·지시사항·일지 등 56,970건을 인계했던 것이다.[4]

논란이 지속되는 가운데 이명박 정부는 2008년 3월 18일 '기록이관, 인계인수, 퇴임 후 활용 준비현황' 보고서를 발견했다고 발표했다. 이 과정에서 정상적으로 이관된 참여정부 대통령기록은 이명박 정부 출범 직후인 2008년 초 '유출' 논란에 휩싸였다. 참여정부 임기 말에 대통령비서실의 업무관리시스템인 e지원시스템에서 생산된 대통령기록(전자기록 사본에 해당함)[5]을 노무현 전 대통령 사저로 반출하는 일이 발생했기 때문이다. 이에 4월 18일에는 청와대에서, 6월 4일에는 국가기록원이 노무현 전 대통령 측에 기록물 원상반환 요청 공문을 발송했다. 또한 당시 청와대는 "기록물의 무단 파기·손상·은닉·멸실·유출·국외 반출에 대해 징역형·벌금형을 부과할 수 있다"고 압박했다.[6]

노 전 대통령 측은 "청와대가 공식적으로 우리가 '원본'을 가져갔다고 말하는 것은 말도 안되는 일"이며, "봉하마을에 있는 것은 사본이며, 재임 중 기록을 열람하기 위해 가져온 것"이라고 주장했다. 또한 "열람 편의만 제공되면 언제든지 반환하겠다"고 반박했다.[7]

7월 16일에 노무현 전 대통령은 '이명박 대통령께 드리는 편지'를 발표했다. 7월 18일에는 노무현 전 대통령 측이 대통령기록관에 하드디스크와 백업디스켓을 반환하였으나, 같은 달 24일 국가기록원이 노무현 전 대통령을 비롯한 관련자 10명을 검찰에 고발하기에 이르렀다.[8]

이명박 대통령께 드리는 편지

이명박 대통령님,
기록 사본은 돌려드리겠습니다.
사리를 가지고 다투어 보고 싶었습니다.
법리를 가지고 다투어 볼 여지도 있다고 생각했습니다.
열람권을 보장 받기 위하여 협상이라도 해보고 싶었습니다.
그래서 버티었습니다.
모두 나의 지시로 비롯된 일이니 설사 법적 절차에 들어가더라도 내가 감당하면 될 것이라고 생각했습니다.
그런데 이미 퇴직한 비서관, 행정관 7~8명을 고발하겠다고 하는 마당이니 내가 어떻게 더 버티겠습니까?
내 지시를 따랐던, 힘없는 사람들이 어떤 고초를 당할지 알 수 없는 마당이니 더 버틸 수가 없습니다.

이명박 대통령님,
모두 내가 지시해서 생겨난 일입니다. 나에게 책임을 묻되, 힘없는 실무자들을 희생양으로 삼는 일은 없도록 해주시기 바랍니다.
기록은 국가기록원에 돌려 드리겠습니다.

"전직 대통령을 예우하는 문화 하나만큼은 전통을 확실히 세우겠다."

이명박 대통령 스스로 먼저 꺼낸 말입니다. 내가 무슨 말을 한 끝에 답으로 한 말이 아닙니다. 한 번도 아니고 만날 때마다, 전화할 때마다 거듭 다짐으로 말했습니다.

그 말을 듣는 순간에는 자존심이 좀 상하기도 했으나 진심으로 받아들이면서 '감사하다'고 말씀드렸습니다. 그리고 은근히 기대를 하기도 했습니다.

그 말씀을 믿고 저번에 전화를 드렸습니다.

"보도를 보고 비로소 알았다"고 했습니다.

이때도 전직 대통령 문화를 말했습니다. 그리고 부속실장을 통해 연락을 주겠다고 했습니다. 그래서 선처를 기다렸습니다.

그러나 한참을 기다려도 연락이 없어서 다시 전화를 드렸습니다. 이번에는 연결이 되지 않았습니다. 몇 차례를 미루고 미루고 하더니 결국 '담당 수석이 설명 드릴 것이다'라는 부속실장의 전갈만 받았습니다.

우리 쪽 수석비서관을 했던 사람이 담당 수석과 여러 차례 통화를 시도해 보았지만 역시 통화가 되지 않았습니다.

지금도 내가 처한 상황을 믿을 수가 없습니다.

"전직 대통령은 내가 잘 모시겠다."

이 말이 아직도 귀에 생생한 만큼, 지금의 궁색한 내 처지가 도저히 실감이 나지 않습니다.

내가 오해한 것 같습니다.

이명박 대통령을 오해해도 크게 오해한 것 같습니다.

이명박 대통령님,

가다듬고 다시 말씀드리겠습니다.

기록은 돌려 드리겠습니다.

가지러 오겠다고 하면 그렇게 하겠습니다.

보내 달라고 하면 그렇게 하겠습니다.

대통령기록관장과 상의할 일이나 그 사람이 무슨 힘이 있습니까?

국가기록원장은 스스로 아무런 결정을 하지 못하는 것 같습니다.

결정을 못하는 수준이 아니라, 본 것도 보았다고 말하지 못하고, 해 놓은 말도 뒤집어 버립니다.

그래서 이명박 대통령에게 상의 드리는 것입니다.

이명박 대통령님,

질문 하나 드리겠습니다.

기록을 보고 싶을 때마다 전직 대통령이 천리길을 달려 국가기록 원으로 가야 합니까?

그렇게 하는 것이 정보화 시대에 맞는 열람의 방법입니까?

그렇게 하는 것이 전직 대통령 문화에 맞는 방법입니까?

이명박 대통령은 앞으로 그렇게 하실 것입니까?

적절한 서비스가 될 때까지 기록 사본을 내가 가지고 있으면 정말 큰일이 나는 것 맞습니까?

지금 대통령 기록관에는 서비스 준비가 잘되고 있는 것으로 알고 있습니까?

언제쯤 서비스가 될 것인지 한 번 확인해 보셨습니까?

내가 볼 수 있게 되어 있는 나의 국정 기록을 내가 보는 것이 왜 그렇게 못마땅한 것입니까?

공작에는 밝으나 정치를 모르는 참모들이 쓴 정치 소설은 전혀 근 거 없는 공상소설입니다. 그리고 그런 일이 기록에 달려 있는 것은 더욱 아닙니다.

이명박 대통령님,

우리 경제가 진짜 위기라는 글들은 읽고 계신지요? 참여정부 시절의 경제를 '파탄'이라고 하던 사람들이 지금 이 위기를 어떻게 규정하고 있는지 모르지만, 아무튼 지금은 대통령의 참모들이 전직 대통령과 정치 게임이나 하고 있을 때가 아니라는 사실 정도는 잘 알고 계시리라 믿습니다.

저는 두려운 마음으로 이 싸움에서 물러섭니다.

하느님께서 큰 지혜를 내리시기를 기원합니다.

2008년 7월 16일
16대 대통령 노 무 현

노무현 전 대통령의 편지에는 기술 실무적인 문제를 포함해서 국가기록 관리 체제에 대한 근본적인 물음이 담겨있었다. 첫째, 대통령기록 '유출' 논란은 대통령기록관리법 시행 초기 상황을 감안해야 하는 기술 실무적 문제였다고 할 수 있다. 또한 대통령기록에 대한 전직 대통령의 열람권을 보장하는 부분은 제도적으로 보완이 필요한 사안이었다. 곧 대통령기록관리법 제18조에 따르면, 대통령기록관장은 "전직 대통령이 재임 시 생산한 대통령기록물에 대하여 열람하려는 경우에는 열람에 필요한 편의를 제공하는 등 이에 적극 협조하여야 한다"고 포괄적으로 규정했다.[9] 따라서 노무현 전 대통령 측은 시행령에서 규정한 "그 밖의 편의 제공" 방법 등을 근거로 사저로 반출하는 것이 가능하다고 해석할 수도 있었다. 그러나 이는 대통령비서실이 취할 조치가 아니라 대통령기록관의 업무 범위에 속하는 문제였다. 또한 대통령기록관리법 제정 취지를 감안하면 적절치 못한 행위였다고 할 수 있다. 그러나 노무현 전 대통령 측에서 주장한 것처럼 전직 대통령의 대통령기록 열람권을 어떻게 보장할 것인가에 대해서는 법리적으로 "다투어 볼 여지"가 있는 사안이었다고 할 수 있었다. 실제로 국가기록원은 2010년 대통령기록관리법 시행령을 개정하여 전직 대통령이 요구하는 경우 사저(私邸)에서 온라인으로 기록을 열람할 수 있도록 하였다.[10]

둘째, 정권교체 과정에서 전직 대통령이 남긴 기록을 정치적으로 악용하는 나쁜 선례를 남겼다. 또한 국가기록원의 전직 대통령 고발이 청와대와 "긴밀하게 협의해서 한 것"이고, "국가기록원장은 스스로 아무런 결정을 하지 못"하며, "본 것도 보았다고 말하지 못하고, 해 놓은 말도 뒤집"는다는 노무현 전 대통령의 언급은 국가기록원의 독립성 문제가 대단히 시급한 과제임을 다시 한 번 인식시켰다. 결국 이 과정에서 국가기록원은 "중립성을 지키지 못하고 권력의 명령에 복종해버린 사건"의 당사자가 되었다.[11]

셋째, 참여정부의 기록관리 혁신이 매우 불철저한 혁신이었음을 증명하는 사례이기도 했다. 곧 국가기록 관리 체제 개혁의 핵심 문제가 국가기록원의 정치적 중립성과 독립성 확보였음을 뒤늦게 확인할 수 있었던 계기는 역설적이게도 대통령기록 '유출' 논란 과정과 국가기록원의 전직 대통령 고발에서 비롯되었다. 기록을 정쟁의 도구로 삼고, 정치적으로 악용하는 문제는 현재까지도 국가기록 관리 체제 전반에 나쁜 영향을 끼치는 선례로 작용하고 있다.

6장 멈춰선 혁신과 퇴행[1]

1. 관료주의의 강화

이명박 정부는 출범 직후부터 참여정부에서 추진한 기록관리 혁신을 왜곡하기 시작했다. 대통령기록관리법 시행 이후 거의 2년이 넘도록 대통령기록관리위원회 구성을 미루다가 「대통령기록관리전문위원회」로 그 위상을 격하시켰다. 이는 기록관리 혁신 과정에서 강화된 거버넌스 체계를 '형해화'한 사례였다. 기록학계의 참여를 기반으로 조성된 거버넌스 체계가 제대로 작동하지 않는 가운데 '기록관리혁신 종합실천 계획'은 아무런 조치 없이 폐기되었고, 많은 과제들이 제대로 시행되지 못한 채 소멸했다.

기록관리 혁신의 퇴행은 인사정책에서도 드러났다. 참여정부에서 국가기록원은 양적 성장을 거듭했다. 정부기록보존소 시기에는 3개 과에 불과했으나, 2005년 기록관리 혁신이 추진되면서 6개 팀으로 확대되었다. 2007년 11월에는 대통령기록관 신설과 나라기록관 개관에 따라 3개 부, 13개 팀, 3개 관, 1개 센터 등으로 그 규모를 대폭 확대하고, 정원은 360명에 이르렀다.

이명박 정부 출범 직후인 2008년 5월 행정안전부는 국가기록원에 대한 조직 개편을 단행하고, 이 과정에서 과장급 인사를 실시했다. 그 결과 참여정부에서 과장급으로 진출했던 연구직 과장은 2명만 남기고 전원 행정직 과장으로 대체되었다. 기록관리 혁신 추진 과정에서 국가기록원은 기록관리 전문성을 지닌 연구직 과장을 확대하는 방향으로 인적 쇄신을 추진한 바 있었다. 행정직에 비해 경력이 짧지만, 기록관리의 전문성을 인정하여 중간관리자급에 배치하고 기록관리 혁신 추진의 동력으로 삼고자 했던 것이다.

그러나 이명박 정부는 전문성을 배제하고 행정직 위주로 중간관리자를 배치했다. 이는 국가기록원의 전문성을 약화시켰다. 2009년 2월에는 대통령기록관을 비롯해서 국가기록원 내부 인사가 대규모로 진행되었다. 특히 대통령기록관의 경우 초기부터 대통령기록 이관 업무와 대통령기록관 안정화에 기여했던 다수의 인원이 다른 부서로 배치되었다. 이는 기록관리 혁신과의 단절을 선언한 것이나 다름없었다.

행정안전부와 국가기록원의 인사 정책은 결과적으로 기록관리 전문성의 배제를 통한 관료주의의 강화를 초래했다. 기록관리 업무에 대한 전문성이 결여된 행정직 중간관리자의 전진 배치는 국가기록관리 정책 결정의 왜곡과 언로의 차단, 나아가 기록관리 전문직의 수동성을 강화하는 등 부정적 영향을 끼쳤다. 또한 국가기록원장의 짧은 임기, 비전문성[2] 등과 맞물려 국가기록 관리 정책이 표류할 수 있는 조건을 갖추었던 셈이다.

이러한 인사정책의 저변에는 국가기록원의 기능과 역할에 대한 인식의 부재가 존재한다. 또한 기록관리 전문기관인 국가기록원이 오랜 기간 동안 행정안전부의 소속기관으로 존재해 왔던 행정환경과 밀접한 관련을 맺고 있다. 기록관리 전문성이 필요한 중간관리자의 직위를 행정직으로 배치하는 한 전문성의 후퇴는 충분히 예견할 수 있는 일이었다.

2. 성장주의에 편승한 '국가기록관리 선진화 전략'

이명박 정부의 참여정부 '지우기'는 국가기록 관리 정책에서도 나타났다. 국가기록원은 2008년 10월부터 "전자기록관리체계로의 전환, 기록유산의 국가브랜드화 요구 등의 환경변화와 정부의 선진화를 통한 세계 일류국가 구현 시책에 발맞춰 국가기록관리의 신성장 동력을 확보할 목적"으로 '국가기록관리 선진화 전략'(이하 '선진화 전략')을 준비했다.[3] 2009년 6월 국가기록원은 '선진화 전략'을 수립했다.

국가기록원은 '선진화 전략'을 통해 국가기록 관리의 비전으로 "글로벌 경쟁력을 갖춘 선진 기록관리 실현"을 표방했다. 4대 목표로는 "내실 있는 기록관리로 신뢰받는 정부 구현, 국가기록 관리 기반 강화로 선진 인프라 확충, 기록정보 자원화와 편리한 서비스로 지식정보사회 선도, 우리 기록문화의 글로벌 국가브랜드화로 국제적 위상 제고"를 제시했다.[4]

그러나 '선진화 전략'은 이명박 정부의 성장 정책 기조에 동조하는 기록관리 분야의 성장주의에 다름 아니었다. 성장주의는 다름 아닌

생산력주의이다. 또한 '국가경쟁력 강화'를 최우선적으로 고려하는 국가주의와 밀접한 관련성을 맺고 있다.[5] 즉 국가주의가 강화되고, 생산성 향상이 최고의 가치로 간주되는 과정에서 민주주의 가치는 유예되거나 왜곡될 가능성이 크다. '선진화 전략'이 수립됨으로써 국가기록 관리 전략과 정책 목표는 민주주의 가치를 중시하는 기록관리 혁신으로부터 '선진화', '글로벌화'를 기치로 내 건 성장주의 기록관리라는 새로운 국면으로 전환되었다. 2008년 초 이명박 정부의 출범으로 인한 정치지형의 변화와 대통령기록 '유출' 논란을 둘러싼 신구 정부의 공방 과정에서 국가기록원은 '국가경쟁력 강화'와 '선진화' 테제를 국가기록 관리 정책으로 재빨리 채택했던 것이다.

'선진화 전략'을 구체적으로 살펴보면 다음과 같다. 첫째, 기록관리를 실행하는 과정에서 생산성 향상을 주요 과제로 설정했다. 예를 들면, '회의록, 시청각 등 유형별 전자적 관리 체계 구축'이라는 추진 목표에서는 기관에서 행해지는 기록 "생산현황 통보 처리시간을 30일에서 15로 단축"[6]할 것을 제안했다. 곧 전자적 기록관리 체계를 구축하면 기록을 관리하는 데 소요되는 처리 시간을 단축할 수 있어서 생산성 향상을 도모할 수 있다는 논리였다. '선진화 전략'은 이것을 '내실 있는 기록관리'로 규정했다.

둘째, 기록관리는 또한 이명박 정부가 강조했던 일자리 창출 수단임을 부각시켰다. 예를 들면, 주요 민간기록 수집을 위한 '내 고장 역사 찾기'라는 사업에서는 "민간기록 정리사업 2,460개 일자리에 연인원 약 30만 명 고용"하고, 국내외 유관 기관과의 협력 네트워크 구축과 국제기록엑스포 개최를 통해 "관광수요 연간 7만 명, 고용유발 연인원 25만 명"이라고 서술했다. 그러나 이렇게 발생한 일자리의 성격이 어떤 것인지 질적인 측면은 고려하지 않았고, 양적으로만 설명했다. 그 후 고용 창출은 이루어지지 않았다. 곧 전형적인 탁상행정이었다. 또한 "지구화 시대 아무리 고성장을 이룩해도 그것이 고용 성장, 실업축소, 좋은 일자리 창출로 이어지지 않는다"[7]는 비판에 대해서는 귀 기울이지 않았다.

셋째, 기록관리를 통한 예산 절감 효과를 강조했다. 예를 들면, '회의록 정리 비용은 1권당 2만 원에서 0원으로, 시스템 통합 활용에 따른 업무 효율성 제고 측면에서 48억 5천만 원을 감소하고, 업무 비능률 요소를 제거하여 연간 2억 4천만 원을 절감'할 수 있다고 보았다. 또한 원격정보 인식 기술을 활용해서 업무시간을 단축하면 '700개 기관에서 연간 155억 원'을 삭감할 수 있다고 계량화했다. 그러나 공공기관의 기록관마다 기록관리시스템 보급 현황과 기록관리 환경이 다른 점 등은 고려하지 않았다.

또한 '원천기술의 국산화와 기술 선도국가 실현'이라는 과제에서는 '특허 1건 당, 1,250억 원 정도를 수입 대체하여 예산 절감 효과'를 기대할 수 있다고 서술했다. 이렇게 생산성 향상에 주안점을 둔 성장주의 기반의 기록관리 정책은 '선진화 전략' 곳곳에 서술되어 있다. 곧 "기록정보 통합 검색 단일 창구 연 588억 원 및 공통기반 지원 35억 절감", "기록물 원문 위치에 구애받지 않는 디지털 자료 이중보관 비용 500억 원 절감", 국제기록엑스포를 개최하여 "관광 수익 연 200억 원의 경합 효과 창출"[8] 등 계량화의 구체적 근거가 제시되지 않은 가운데 지나치게 경제적 효과만을 부각시켰다.

물론 공공기관의 기록관리는 업무 효율성을 제고하는 측면도 존재한다. 기록의 보존기간을 합리적으로 설정하고 과학화하는 부분이 대표적인 사례이다. 그러나 잘못된 기록 보존기간 제도에 대한 근본적인 변화 없이 기록관리의 효율성을 논하는 것은 본말이 전도된 것이었다.

'선진화 전략'은 "국가발전 패러다임인 녹색성장에 따른 기록관리 정책개발"[9]이었다고 인정하였듯이 이명박 정부의 정책 기조를 충실히 반영한 정책이었다. 이는 국가기록 관리 정책의 일관성과 연속성을 국가기록원 스스로 폐기한 사례였으며, 기록을 정치에 깊게 각인시켰다.

'국가기록관리 선진화 전략'은 국가기록 관리의 문제점으로 "공직사회 기록관리 체계 정착과 확산 미흡, 공급자 중심의 시스템 구축과 서비스 제공 한계, 정부 주도의 기록관리 추진으로 민간분야 소외" 등을 들고 있다. 그러나 이는 현상적인 측면에 대한 분석에 지나지 않았다. 앞서 살펴본 것처럼, 기록을 정치적으로 악용하는 문제, 거버넌스 체계의 '형해화', 국가기록원의 인사정책과 관료주의 강화, 국가기록원의 정치적 중립성과 독립성을 어떻게 확보할 것인가 등에 대해서는 전혀 언급하지 않았다. 곧 국가기록 관리 외연에 대한 피상적 분석을 기준으로 문제점을 지적하고 있을 뿐, 한국 국가기록 관리 체제에 내포되어 있는 근본적인 문제는 다루지 않았다. 오히려 회피했다는 인상을 주었다.

'선진화 전략'은 성장주의 담론에 깊게 각인된 기록관리 정책을 표방한 가운데 기록관리 혁신을 통해 기반을 마련한 기록관리의 민주적 가치를 거세했다. 첫째, 기록관리의 중요한 기능 가운데 하나는 공공기관의 설명책임성과 투명성을 지원해야 하는 것이다. 따라서 기록 생산 단계에서 '완전하고 정확한' 기록을 생산하는 문제는 가장 기본적인 과제에 속한다. 그러나 '선진화 전략'은 이명박 정부의 정책 기조를 반영하는 데에만 급급하여 '설명책임성과 컴플라이언스(compliance)에 대한 대응, 기록관리가 문화와 지식에 기여하는 역할이 강조되는 추세'[10]에 역행했던 것이다.

둘째, 국가 아카이브의 역할에 대한 문제의식 또한 찾아 볼 수 없었다. 사회적 약자와 소수자 기록을 포함한 보통사람들의 기록으로 민주주의시대의 아카이브를 채우려는 시도는 어디에도 언급하지 않았다.

셋째, 기록관리 혁신 로드맵에서 제시했던 비밀기록관리 제도화 부분에 대해서도 언급하지 않았다. 곧 "비밀 생산 관리 승인권자의 지정, 구체적이고 엄밀한 등급별 세부 분류기준, 업무 진행에 따른 비밀등급 조정 및 비밀해제, 30년 이상 된 장기 비밀기록의 비밀분류 해제, 비밀 해제 절차의 권한을 구체적으로 규정"[11]해야 하는 과제를 방치했다.

넷째, 이명박 정부의 성장주의 정책에 기반하여 '글로벌화'를 과도하게 강조했다. '우수한 기록문화의 세계적 전파'라는 과제에서는 '국제기록엑스포 개최', '기록관리 플랜트 수출 1천억 사업 추진' '제3세계 국가의 기록유산 보존 교육과 인프라 지원 방안 마련' 등을 추진 과제로 설정했다. 이러한 사업들은 일회성에 그쳤고, 대표적인 전시 행정이었다.

이명박 정부에서 기록은 정치적으로 악용되었고, 혁신은 멈춰 섰다. 또한 국가기록 관리 현안에 대한 정확한 분석이 선행되지 않은 채 수립된 '국가기록관리 선진화 전략'은 기록관리의 민주적 가치가 거세된 '출구 없는 성장' 정책이었다. 이는 결국 이명박 정부에서 국가기록 관리의 균형적·내재적 발전을 통한 기록문화의 창달이라는 시대적 과제가 다시 미루어졌음을 의미했다.

7장 '謹弔' 대통령기록

1. 투명하지 않은 이명박 정부 대통령기록

이명박 정부 5년 동안 미국산 소고기 수입반대 촛불집회 강경 진압, 2009년 1월 용산 참사, 민간인 사찰,[1] 환경 문제에 심각한 문제를 발생시킨 4대강 사업, 노동운동 탄압과 비정규직 노동자 양산, 역사 왜곡 등이 연이어서 발생했다. 이로 인해 사회 각 분야에서 민주주의가 후퇴했다. 민주주의의 퇴행은 필연적으로 국가기록 관리를 왜곡시켰다.

이명박 정부는 참여정부 대통령기록 '유출 논란'을 확대 재생산하는 한편 "민주정부 10년을 통해 이어져 왔던 기록관리, 정보공개 혁신 정책"들을 대부분 폐기했다.[2] 이러한 배경과 기조 하에서 이명박 정부의 대통령기록이 생산되고 관리되었다.

첫째, 이명박 정부는 온전한 기록 생산과 철저한 기록관리에 대한 의지가 결여되어 있었다. 또한 대통령실에서 기록관 기능을 담당하는 연설기록비서관실의 역할은 기록관리보다는 연설 쪽에 무게를 두어 실제로 제 기능을 발휘하지 못했다.[3] 또한 국가기록원은 이명박 정부의 대통령기록 생산 환경을 통제하지 못하는 상태에 놓여 있었다. 현대 기록관리의 핵심적 요소 가운데 하나는 아카이브가 공공기관의 기록관리를 통제하고 제어하는 기능을 발휘할 수 있어야 한다. 곧 국가기록원은 대통령실의 기록 생산과 관리에 대해 통제할 책무가 있었으나, 이를 5년 임기 동안 제대로 실행하지 않았다. 대통령실에서 일방적으로 통보한 생산현황에 대해서도 어떠한 이견을 제시하지 않았다. 다음 〈표 1-3〉에서 알 수 있듯이 2008년부터 2011년까지의 대통령기록 생산 현황은 제대로 된 통계인가를 의심스럽게 한다.

해당 생산 현황은 위민시스템에서 생산한 전자기록 185,561건을 비롯해서 시청각 기록 등이 대부분을 차지하고 있다. 종이기록 생산량은 양 자체도 문제였지만, 종이기록을 전혀 생산하지 않은 부서가 대부분임을 알 수 있다. 곧 민정수석실, 사회통합수석실, 총무기획관실 등을 제외하고는 대부분 부서에서 종이기록을 생산하지 않았다고 보고했다.[4] 전자기록 생산을 독려했던 참여정부 대통령비서실에서 조차 종이기록이 217,895건에 이르고 있는 점에 비추어 보면, 기록 생산 현황 통계가 주먹구구식으로 작성된 것임을 알 수 있다. 또한 이명박 정부 대통령실의 최종 이관된 종이기록 양이 236,799건임을 고려할 때 기록 생산현황 통보가 잘못된 것임을 알 수 있다. 이는 곧 국가기록원의 기록 생산 통제가 전혀 작동하지 않았음을 반증하는 것이며, 나아가 대통령실에서 대통령기록을 폐기하더라도 전혀 알 수 없는 상황이었음을 알려주는 사례였다.

그러나 2009년 대통령기록 생산 현황을 대통령기록관에 통보할 당시

<표 1-3> 이명박정부 대통령실 기록 매체별 생산 현황(2008~2011)

생산부서	전자기록		비전자기록				영상테이프
	위민시스템	시청각물(사진, 동영상)	종이기록		행정박물	대통령선물	
	건	점	권	건	점	점	점
실장직속부서	16,286		87		9	450	
총무기획관실	34,120		525		7		
메시지기획관실	2,078		3			137	
인사기획관실	501						
기획관리실	1,831						
정무수석실	9,069						
민정수석실	21,039			6,342			
사회통합수석실	3,260			3,080			
외교안보수석실	17,980		4				
대외전략기획관	159						
국가위기관리실	4,828						
정책기획관실	2,193						
경제수석실	12,748						
고용복지수석실	5,389						
국정기획수석실	6,052						
사회정책수석실	4,166						
교육과학문화수석실	4,715						
교육문화수석실	5,038						
미래전략기획관	6,944						
녹색성장기획관	533						284
홍보수석실	20,766	265,111					
대변인실	2,815	80,258					
홍보기획관실	3,051		1			77	
총계	185,561	345,369	620	9,422	16	664	284

출전: 임수경의원실, 『"알권리 암흑기" 이명박 정부 기록관리·정보공개의 문제점과 정책 대안』 2012, 53쪽.

청와대 관계자는 언론 인터뷰를 통해 대통령기록관리법에 따른 기록 현황과 통보가 최초의 일이라고 그 의미를 부여했다. 나아가 "이는 대통령기록물을 재임 중 자발적으로 국민들에게 공개, 대통령기록물의 안정적 생산 및 관리를 가능하게 해 국가기록 발전의 중대한 전기가 될 것"[5]이라고 확언하는 등 언론 홍보 활동을 재빠르게 전개했다.

둘째, 대통령기록 이관 또한 투명하게 진행되지 않았다. 단적인 사례로 2012년 11월 13일 국회에서 열린 〈이명박정부 5년 기록관리 퇴행과 새 정부의 과제〉 토론회에 참석한 대통령기록관 관계자는 "현재 대통령기록 이관이 어떻게 진행되고 있는지 알지 못한다"[6]고 하여 이관 담당기관조차 제대로 파악하지 못하고 있음을 실토했다. 이러한 상황은 통상적으로 50%를 상회했던 청와대의 기록 공개 비율이 20%대에 머물렀던 이명박 정부의 비공개 관행과 밀접하게 관련되어 있었다.[7] 또한 대통령기록 이관추진계획에 대해서도 "공개될 경우 업무의 공정한 수행에 현저한 지장을 초래한다"는 이유로 공개하지 않았으며,[8] 이는 국가기록원도 마찬가지였다.

셋째, 이명박 정부 대통령실 위민시스템에서 생산된 전자기록은 245,209건이었다. 연평균 생산 건수는 약 49,041건 이었다. 〈표 1-4〉에서 보는 것처럼 이는 참여정부 대통령비서실의 연평균 생산 건수 약 95,875건의 약 51%에 지나지 않았다. 기록 생산량이 곧 업무량을

〈표 1-4〉 참여정부와 이명박 정부 대통령비서실의 대통령기록 이관 현황 비교

		참여정부 이관 현황(건/점)	이명박정부 이관 현황(건/점)
전자기록물	e지원시스템문서/위민시스템문서	479,376	245,209
	개별업무시스템 데이터세트	635,492	3,298,129
	시청각기록	689,209	1,376,632
비전자기록물	종이문서	217,895	236,799
	정책간행물	14,626	3,064
	선물, 박물류	1,011	2,070
총계		2,040,424	5,161,903

출전: 대통령기록관, 「대통령기록물 이관 결과 보고」, 2008.6.12; 행정안전부, 「대통령기록관, 제17대 대통령기록물 1,088만 건 이관완료」(보도자료), 2013.2.22.

의미하지는 않지만, 업무 수행 과정에서 생산된 기록이 이전 정부에 비해 50% 가까이 감소한 것은 기록 폐기가 진행되었을 것이라는 의구심을 갖기에 충분한 사례라 할 수 있다.

넷째, 이명박 정부에서 이관한 대통령기록의 대부분은 홈페이지 웹 기록과 개별업무시스템 기록[9]이 차지하고 있다. 문화체육관광부가 관리하는 '대한민국 정책포털 공감코리아'의 웹기록이 차지하는 비중은 전체의 33.7%였다. 이는 대통령기록이라 보기 어렵다. 또한 대통령실에서 생산한 웹기록은 9.36%를 차지했다. 이를 합하면 43.1% 였다. 그 밖에 웹기록은 경호처, 자문위원회 이관 기록에 포함되어

〈표 1-5〉 이명박 정부 대통령기록 이관 현황

기관	유형	세부내역	건
대통령실	전자기록물	위민시스템 문서	245,209
		개별업무시스템 기록	3,298,129
		시청각기록	1,376,632
		웹기록	1,018,779
	비전자기록물	종이문서	236,799
		정책간행물	3,064
		선물, 행정박물	2,070
		소 계	6,180,682
경호처	전자기록물	(신)전자문서, 시청각기록, 웹기록	61,762
	비전자기록물	종이문서, 간행물, 행정박물	500
		소 계	62,262
자문위원회	전자기록물	(신)전자문서, 시청각기록, 웹기록	760,343
	비전자기록물	종이문서, 간행물, 행정박물	204,660
		소 계	965,003
대한민국 정책포털 공감코리아		웹기록	3,671,917
		소 계	10,879,864

출전: 행정안전부, 「대통령기록관, 제17대 대통령기록물 1,088만 건 이관완료」(보도자료), 2013.2.22.

있다. 자세한 통계를 알 수 없으나 웹기록은 전체 이관 대통령기록의 50%에 육박한다고 추정할 수 있다.

곧 이명박 정부가 "역대 최대인 1,088만 건의 기록을 넘겼지만 청와대 홈페이지 게시물이나 온라인 시청각 기록" 등이 대부분을 차지했으며,[10] 이는 대통령기록 이관량을 의도적으로 부풀린 행위였다.

이관량을 부풀린 행위는 개별업무시스템 기록의 이관을 통해서도 알 수 있다. 대통령 업무 수행과 관련해서 가장 핵심적인 기능을 수행하는 대통령실로 범위를 좁혀서 이관된 대통령기록을 살펴보면, 개별업무시스템에 대한 기록 비중이 전체 618만여 건의 기록 가운데 53.36%를 차지한다. 웹기록과 개별업무시스템 기록을 합하면 전체 이관량에서 차지하는 비중은 약 70%에 이른다.

다섯째, 정책간행물, 사진 등 시청각기록, 대통령 선물·행정박물 등을 제외하고 실제 대통령실 업무 관련 기록은 위민시스템에서 생산된 전자기록 245,209건, 종이기록 236,799건, 합계 482,008건에 지나지 않았다. 이명박 정부가 남긴 기록 이관 통계는 "떨어지는 '질'을 많은 '양'으로 만회해 보려는 꼼수"였다고 할 수 있다. 약 23만 6천여 건의 종이기록도 대부분 대통령기록으로서 가치가 없는 민원기록일 가능성이 제기된 바 있다.[11]

여섯째, 이관된 이명박 정부 대통령기록 중에는 비밀기록이 단 한 건도 없는 것으로 알려졌다. 당시 청와대 관계자는 비밀기록이 생산되었지만, 대통령지정기록으로 분류되어 이관되었기 때문이라고 그 사유를 설명했다.[12] 그러나 '비밀기록은 업무의 연속성 측면에서 후임 대통령을 위해 남겨두어야 하는 기록이다. 또한 비밀기록 가운데 대통령지정기록물로 지정하는 것은 극히 일부에 해당된다'고 할 수 있다. 이제 이명박 정부의 대통령기록 중 비밀기록을 열람하기 위해서는 국회 재적의원 3분의 2 이상의 찬성 의결 등 대통령지정기록 열람에 준하는 절차가 필요하게 된 셈이다. 곧 이명박 정부가 대통령기록관리법을 "교묘하게 이용"했던 것이다.[13]

요컨대 참여정부 기록관리 혁신의 성과였던 대통령기록관리 제도는 이명박 정부에서 철저하게 형해화 되었다. 곧 대통령기록 '유출 논란' 과정에서 검찰이 대통령지정기록을 열람하게 되었고, 기록 생산과 기록 폐기 여부에 대한 감독 등 국가기록원의 기록 생산 통제가 대통령실에서 전혀 이루어지지 않았다. 또한 대통령기록 이관은 이관량 부풀리기, 가치 없는 기록의 이관, 대통령지정기록 제도의 악용 등을 통해 왜곡되었다.

2. '2007 남북정상회담 회의록' 유출과 공개 문제[14]

'2007 남북정상회담 회의록'(이하 '회의록') 불법 유출과 공개 문제는 제18대 대통령선거를 앞두고 새누리당 정문헌 의원이 당시 비밀기록으로 분류되어 있었던 '2007 남북정상회담 회의록' 내용을 발설한 것으로부터 시작되었다. 곧 본인이 회의록을 확인했으며, 그 회담에서 노무현 전 대통령이 NLL(서해북방한계선)을 포기했다는 발언을 했다고 주장했다.

이는 선거 국면을 유리하게 조성할 목적을 지닌 다분히 정치적 의

도를 띤 사건이었다. 그러나 선거 국면에서는 대통령기록에 어떻게 접근했는지, 비밀기록을 불법적으로 공개한 문제가 아니라, 'NLL 포기 발언' 진위논쟁으로 전개되었다.[15] 또한 새누리당은 노무현 전 대통령을 "5000년 역사 최초의 역사폐기 대통령"이라고 비난했으나, 여론은 '기록 대통령'을 '사초 파괴'로 몰아붙이는 적반하장이라고 맞섰다.[16]

한편 문화일보는 여권 고위 관계자와의 인터뷰를 통해 다음과 같이 보도했다.[17]

> "2007년 당시 회담록은 국가정보원 원본과 청와대 사본 등으로 두 군데에서 동시 보관해 오다 노 전 대통령이 임기 말인 2007년 말~2008년 초 폐기를 지시했다"면서 "이 지시에 따라 청와대 보관용은 파쇄 돼 폐기됐다"고 말했다. 이 관계자는 "이에 따라 대통령기록관으로 옮겨져 보관돼 있어야 할 회담록 사본은 없다"면서 "하지만 국정원은 원본을 폐기하지 않고 현재까지 보관 중"이라고 밝혔다.

공교롭게도 문화일보 "盧 지시로 靑보관용 회담록 폐기"라는 제목의 기사는 2013년 말에 검찰에서 발표한 수사 결과와 일치한다.

'회의록' 불법 유출과 공개 문제가 다시 정치권의 이슈로 부각된 것은 2013년 6월 20일 국가정보원이 국회 정보위원회 소속 새누리당 의원들의 열람요청에 따라 회의록 전문과 발췌본 열람을 허용한 때문이었다. 당시는 국가정보원의 18대 대선 선거개입 의혹이 제기되고, 여당과 국가정보원이 시민사회로부터 비판에 직면했던 상황이었다.[18] 곧 이 사건이 발생 초기부터 매우 정치적인 성격을 띠고 전개되고 있음을 알 수 있다.

6월 21일 민주당 국회 정보위원들은 남북정상회담 '회의록'이 "기밀 사항인 대통령기록물로 열람과 자의적인 공개가 불가능"하며, "대통령 기록관리법에 따라 국회 재적의원 3분의 2 이상이 찬성해야만 열람이 가능"하기 때문에 새누리당이 대화록을 본 것은 불법이라고 주장했다. 또한 민주당 문재인 의원은 대통령기록관리법의 절차에 따라 회의록 과 녹취파일 등 관련 자료의 전면 공개를 주장했다.[19] 논쟁이 지속되는 가운데 6월 24일 국가정보원은 2급 비밀로 분류되어있던 '회의록' 전문 을 일반문서로 재분류하여 국회 정보위원들에게 제공했다.[20] 이에 민 주당은 회의록 수령을 거부한 가운데 대통령기록관에 있는 회의록 원 본과 녹음테이프의 공개를 요구했다.[21]

　상황을 예의 주시하고 있던 기록관리단체들은 6월 25일 '국가정보 원의 2007 남북정상회담 회의록 공개 관련 전문가 분석'을 통해 이 문제에 본격적으로 대응하기 시작했다. 기록관리단체들은 국정원의 기술적 지원에 따른 회의록 작성은 "대통령의 국정행위를 지원하는 업무를 수행한 것이므로" '회의록'은 대통령지정기록물에 해당한다고 규정했다. 또한 국정원에서 접수하여 보관하고 있는 '회의록'은 대통 령지정기록물 사본임을 분명히 했다. 아울러 '회의록' 공개를 반대하 고, 국가기록원의 능동적 대처를 주문했다.[22]

　여야의 논쟁과정에서 6월 29일 문재인 의원은 "NLL 포기 논란을 둘러싼 혼란과 국론 분열을 끝내자"고 제안하였으며, 여야는 '회의록' 관련 기록의 열람 추진에 합의했다. 7월 2일 국회의원 257명의 찬성 으로 또 다시 대통령지정기록물의 열람이 허용되었다.

　같은 날 한국기록학회·한국기록관리학회 등 7개 단체로 구성된

「기록관리단체협의회」는 '여야 합의의 대통령지정기록 공개 결정을 개탄한다'는 성명서를 발표하고, "지금의 이 모든 모습도 기록되어 부끄러운 역사로 남게 될 것임을 기억해야 한다"고 질타하였다. 아울러 이제 "우리는 대통령기록이 없는 나라에 살게 되었다. 이제 누가 기록을 남길 것이며, 누가 기록을 보존하고자 할 것인가. 대통령기록관리의 원칙이 훼손된 자리에 남아 있을 대통령기록은 없다"고 선언했다.[23]

또한 「기록관리단체협의회」와 기록인 105명이 서명한 '2007 남북정상 회의록의 불법 유출과 공개를 규탄한다'는 성명에서는 공공기록관리와 대통령기록관리를 주관하는 "국가기록원과 대통령기록관이 '회의록' 유출 사건에 묵묵부답으로 일관한 것 또한 작금의 혼란을 가중시킨 원인의 하나"로 지목하였다. 요구사항은 다음과 같았다.[24]

1. 대통령은 신속하고 단호하게 국가기관의 불법적인 행위를 통제하고 책임자와 관련자를 문책하라.
2. 국회와 정치권은 정치공방을 중단하고, 실정법에 따라 관련 불법 행위를 조사하고 사법처리하기 위해 여야 합의로 신속하게 특검을 실시하라.
3. 국가정보원의 국가기밀 및 기록물 관리에 대한 특별감사를 실시하여 국가정보원이 신뢰할만한 비밀기록물 관리체계를 수립하도록 하라.
4. 대통령은 공공기록물관리·대통령기록물관리의 독립성과 전문성을 확보하기 위한 특단의 조치를 취하라.

그 후 국회는 여야 열람위원 10인으로 열람위원회를 구성하고, 열람을 실시했지만 대통령기록관에서 관련 기록을 찾는데 실패했다. 7월 19일에는 열람위원과 민간 전문가가 참여하여 회의록을 재차 검색했지만 역시 기록을 찾을 수 없었다. 7월 25일 새누리당은 참여정부가 '회의록'을 이관하지 않았다는 의혹을 제기하고 검찰에 고발했다.

이 과정에서 「기록관리단체협의회」는 최소 인원과 최소 범위의 제한적 열람 등을 내용으로 하는 국회의 대통령지정기록물 열람 절차와 방법을 요구했으나 수용되지 않았다.[25] 또한 7월 24일에는 '기록물을 이용한 정쟁의 중단과 국가기록관리의 혁신을 요구한다'는 성명을 통해 이 논쟁의 본질이 "국익과는 관계없는 소모적인 정치싸움에 지나지 않"는다고 규정하고, 국가기록원과 대통령기록관의 독립성과 중립성 확보, 전문성의 강화 등을 향후 해결해야 할 과제로 제시했다.[26]

그 후 검찰 수사가 진행되었으며, 2013년 11월 15일 검찰은 수사결과를 발표했다. 그 요지는 '2007 남북정상회담 회의록'이 대통령 지시에 따라 삭제·파기되어 대통령기록관으로 이관되지 않았고, 노무현 전 대통령의 봉하마을 사저에 있었던 e지원시스템에서 삭제 흔적을 발견했다는 것이었다.[27]

검찰의 수사 결과 발표에 대해 11월 18일 「기록관리단체협의회」는 성명을 발표하고 다음과 같은 의문을 제기했다.[28] 첫째, 남북정상회담 회의록 초본의 성격과 삭제의 위법성 판단에 대해 의문을 제기했다. 곧 "완성본을 보존시킨 상태라면, 초본 삭제 행위를 기록물관리에 관한 법률 위반이라고 보기는 어렵다"는 관점이었다. 둘째,

2008년 노무현 전 대통령 기록 '유출' 사건 당시 대통령기록관에 보존 중인 기록과 봉하 e지원시스템의 기록이 일치했다고 검찰이 발표한 사실에 비추어볼 때 이 사건 수사결과와 일치하지 않는 점에 대해 추가로 설명이 필요하다는 점이었다. 셋째, 국가기록원이 국회 의결 이후 '회의록'을 발견하지 못한 이유를 설명해야 한다고 주장했다. 곧 봉하 e지원시스템에서 '회의록'을 찾지 못한 이유를 설명해야 한 다는 것이었다.

한편 노무현 전 대통령의 '회의록' 처리와 관련된 지시는 명확한 것이었다. 곧 '회의록' 공유 대상을 명확히 하고, 대화 내용과 분위기를 이해하기 위해 정확성과 완성도를 높일 것을 지시했던 것이다.

> 읽어보니 내가 기억하지 못하고 있는 일이 생각보다 많다는 느낌 입니다. 그리고 NLL 문제는 김정일 위원장도 추후 다루는 것을 동의 한 것으로 생각하고 있었는데, 확실하지 않고 오히려 내가 임기 내 에 NLL 문제를 해결할 수 있다고 말한 것으로 되어 있습니다. 앞으 로 이 문제를 다룰 때 지혜롭게 다루어 주어야 할 것 같습니다.
>
> 그 밖의 문제는 다 공개된 대로입니다만 앞으로 해당 분야를 다룰 책임자들은 대화 내용과 분위기를 잘 아는 것이 필요할 것입니다. 그러므로 앞으로 회담을 책임질 총리, 경제부총리, 국방장관 등이 공 유해야 할 내용이 많은 것 같습니다. …… 필요한 내용들을 대화록 그대로 나누어 주어야 할 것 같습니다. 내용뿐만 아니라 분위기도 이해할 필요가 있을 것이니까요. …… 이 녹취록은 누가 책임지고 한 자, 한 자 정확하게 다듬고, 녹취록만으로 이해하기 어렵거나 오 해가 발생할 가능성이 있는 부분은 각주를 달아서 정확성, 완성도가

높은 대화록으로 정리하여 이지원에 올려 두시기 바랍니다.[29]

그러나 대통령의 지시는 "제대로 실행되지 않았다." 그 이유에 대해 한 논문은 '남북정상회담 회의록' 문제는 "어떤 의도에 의해 발생한 것"이 아니라, 기록관리의 내부적 원인 곧 대통령비서실 기록관과 대통령기록관이 기록 생산·이관 단계를 적절하게 통제하지 못한 점이 그 원인이라고 주장했다.[30] 또한 국정원이 보유하고 있는 회의록은 대통령기록이며, 회의록 초본 삭제는 기록 무단 폐기라고 볼 수 없다는 견해를 밝혔다. 아울러 대통령기록관의 기록 통제 능력을 높이는 것과 함께 국가기록원이 "국가정보원과 같은 권력기관을 통제할 수 있는 수준"으로 그 위상이 높아져야 한다는 점을 해결 과제로 제시했다.

요컨대 '2007년 남북정상회담 회의록' 유출과 공개 문제는 국가기록 관리 체제를 뒤흔든 사건이었다. 이 과정에서 기록은 정쟁의 도구로 전락했으며, 대통령기록관리법의 근간인 대통령지정기록물 제도는 철저하게 유린되었다. 앞으로 대통령은 이 법을 근거로 국정의 핵심 기록을 남기지 않을 것이 자명해졌다. 이미 이명박 정부 대통령기록 이관 과정에서 형해화 되었던 대통령기록관리 제도가 이 지점에서 사망 선고를 받았던 것이다.

한편 이 사건을 계기로 대통령기록관리 제도를 포함한 국가기록 관리 체제를 새롭게 변혁하는 과제가 대두되었다. 곧 국가기록원의 독립성과 정치적 중립성을 확보하는 문제가 무엇보다 중요한 과제로 다시금 재인식되었다.

2부

민주주의를 위한

기록관리

1장 자율과 분권, 연대의
국가기록 관리 체제 구상[1]

1. '더 많은' 아카이브

이명박 정부에서 민주주의가 급격히 퇴조했다. 사회 각 분야에서 민주적 가치가 상실되는 상황에서 기록관리 또한 '혁신'이 후퇴하고 그 자리를 '실용'이라는 이름의 성장주의 담론이 자리 잡았다. 이명박 정부의 '국가기록관리 선진화 전략'에서도 드러나듯이 민주주의 가치의 후퇴는 국가기록 관리 정책에도 투영되었다.

한국 현대 국가기록 관리 역사에서 '혁신'의 시기는 짧지만 강렬했다. 그러나 그 성과는 기록관리법·대통령기록관리법 등 주로 법제도 개혁에 머물렀다. 여전히 사회 전체의 기록관리 환경은 '낮은 수준'을 벗어나지 못했다. 참여정부 기록관리 혁신이 가져온 외형적 성장의 수혜는 대부분 국가기록원이 차지했다. 국가기록원 정원이 3배 이상 늘어난 것은 그 대표적 사례였다. 이에 비해 공공기관 기록관의 상대적 '빈곤'은 국가기록 관리 체제의 불균형 구조를 가속화했다.

국가 아카이브, 지방 아카이브, 공공기관 기록관으로 구조화된 국가기록 관리 체계에서 지방 아카이브는 설립된 사례가 없었다. 곧 2006년 개정된 기록관리법에서 지방 아카이브 설립을 의무화했지만, 광역지방자치단체는 '인력과 예산'의 부족을 탓하기만 할 뿐 설립을 계속 미루었다.

중앙행정기관은 물론이고 기초 지방자치단체, 정부투자기관, 지방 공사·공단, 대학교 등 공공기관에 전문성을 갖춘 기록관은 존재하지 않거나, 설치했다 하더라도 제 기능을 발휘하지 못하고 있다. 공공기관에서 의무적으로 채용해야 하는 기록관리 전문가는 시간제 계약직으로 배치되기도 한다. 전문적인 방법론은 공공기관의 기록관리 현장에 적용되지 않는다. 따라서 "10년간의 비약적 발전에도 불구하고 우리의 공공 기록관리는 현장 취약성이라는 기본적인 한계를 그리 많이 극복하지 못하였다"[2]는 평가는 타당하다. 곧 국가기록 관리 체계는 하부 구조가 빈약한 기형성이 그 특징이라 할 수 있다.

한편 노무현 정부에서 추진된 기록관리 혁신의 성과가 뿌리 내리기에는 기록관리 혁신 주체의 역량과 조건이 미약했던 것이 사실이다. 이는 곧 국가기록 관리 분야의 외형적 성장이 매우 제한적임을 의미한다. 따라서 근본적인 변화 없이는 국가기록 관리 체제의 내재적 발전이 이루어질 수 없음은 분명하다. 문제는 전략이 아니라 국가기록 관리 체제를 어떻게 내재적으로 발전시킬 것인가에 대한 아카이브 철학의 부재가 오늘날 상황을 더 어렵게 만들고 있다.

서구의 기록관리 역사를 반추한다면, 한국에서 내재적 기록관리 발전의 결과는 결국 공공 영역과 민간 영역에서 다양한 그리고 크고 작은 아카이브가 설립되어 상호 공존하고 연대하여 민주주의 진전에 기여하고 현대적 의미의 기록문화를 창달하는 것이 될 것이다. "우리는 다분히 중앙정부의 정책적 판단과 집행이 공공 기록관리의 발전에 결정적인 영향을 미치는 극단적인 집권적 발전의 길을 경험"[3]했다. 따라서 이러한 평가를 극복할 수 있는 방안은 중앙 집중화의 탈각과 '더 많은' 아카이브 설립 정책으로의 전환을 통해 자율적·분권적 국가기록 관리 체제를 수립하는 것이다.

곧 자율적·분권적 기록관리 환경이 성숙될 때까지 기다리는 정책이 아니라 먼저 그러한 조건을 만들어 가는 내재적 발전전략이 필요하다. '현장의 필요에 의해 기록관리가 발전해 가는 역사'가 전개되기 위해서는 자율적·분권적 기록관리의 원칙에 따라 지방정부가 기록관리를 책임져야 한다. 이미 기록관리법에는 광역자치단체뿐만 아니라 기초자치단체까지도 아카이브를 설립할 수 있도록 규정하고 있다.

공공 영역에서 '더 많은' 아카이브 설립 정책을 추진하는 초기 단계에는 국가 아카이브의 역할이 매우 중요하다. 먼저 국가 아카이브는 외형적 성장정책을 폐기하고, 내재적 발전의 토대를 만드는 데 기여해야 한다. 이를 위해 국가 아카이브, 곧 국가기록원의 조직과 인적 인프라를 '기록관리 현장 속으로' 하방(下枋)하는 발상의 전환이 필요하다. 공공 영역에서 기록관리가 제대로 작동하지 않는 이유를 공직사회의 무관심으로만 돌릴 수는 없다. 국가기록 관리의 당면 과제가 제대로 된 아카이브의 설립과 운영이라면, 이에 조응하여 집행 기구를 정비해야 한다. 곧 국가 아카이브의 조직구조를 기록관리 현장 중심으로 개편할 필요가 있다.

국가기록원의 현재 조직 구조는 기록정책부 · 기록관리부 · 기록정보서비스부 3부 체계이다. 그러나 기록관리 정책과 집행 기능의 미분리, 정책 기능의 산재 등 현재의 과제를 수행하기에 미흡하다. 따라서 '더 많은' 아카이브를 설립하기 위한 중장기 정책을 국가 아카이브의 주요 전략으로 채택하고 집행구조를 개혁해야 한다.

예를 들면, 국가기록원 조직을 개편하여 '(가칭)아카이브 설립 · 운영지원부'를 신설하고 약 330여 명의 인원 가운데 1/3 이상을 배치한다면, 불균형이 극심한 국가기록 관리 체제를 개선하는 효과를 기대할 수 있을 것이다. 곧 '아카이브 설립 · 운영지원부'는 각 시 · 도별, 분야별로 인원을 편제하고, 아카이브 설립 모형 개발, 기록관리 체계 재설계, 기록관리 표준의 이행, 기록관리 인프라의 단계별 구축 전략 등 아카이브 설립 초기 단계에서 나타날 수 있는 제반 문제를 다룰 수 있을 것이다. 또한 업무 지원과 자문을 통해 지방자치단체의 아카이브가 실질적으로 기능할 수 있도록 조력자로서의 역할을 수행해야 한다. 이 과정에서 구축된 국가 아카이브와 지방자치단체 사이의 협력관계는 새로운 기록문화를 창출하는 동력으로 작용할 수 있을 것이다.

요컨대 올바른 기록관리를 구현하기 위해서는 자율과 분권에 입각한 국가기록 관리 체제에 대한 정책적 전망을 수립해야 한다. 또한 국가 아카이브는 중앙 집중화를 방지하기 위한 정책 대안을 마련하고, 아카이브 설립 · 운영을 위한 지원 기능을 중심으로 재편해야 한다. 이 과정에서 지방자치단체는 아카이브 설립을 주요 의제로 채택하여 '기록 분권'을 실현할 의지를 보여야 할 것이다. 이러한 논의와 실행 과정이 지방자치단체 주도로 자율적으로 진행되어야 한다는 점은 강조해 둘 필요가 있다.

2. '다양한' 아카이브, '더 작은' 아카이브

2000년 기록관리법 시행 이후 공공부문의 기록관리 발전과 함께 기업과 대학 등에서도 아카이브 설립이 추진되었다. 특히 2005년 9월 17개 대학의 기록관과 교사자료실을 중심으로 창립한 '대학기록관협의회'의 활동은 민간 영역의 기록관리가 발전해가는 과정을 잘 보여주고 있다.

또한 최근까지 기록학 연구 대상이 된 주제만 보더라도 미술·영화·연극·병원·신문·방송·교회·정당·NGO·노동·여성 아카이브 등 사회 각 분야를 포괄하고 있다. 특히 일상 아카이브, 마을 아카이브, 문화자원 아카이빙에 대한 관심과 연구는 기록관리의 새로운 흐름을 반영하고 있다.

국제 기록관리 기구인 ICA(International Council on Archives)의 분과 구성을 보면 아카이브의 다양성을 알 수 있다.[4] 곧 대부분의 국가에는 기업 아카이브, 노동 아카이브, 종교 아카이브, 문학예술 아카이브, 건축 아카이브, 지역사 아카이브, 정당 아카이브, 스포츠 아카이브, 대학 아카이브, 과학기술 아카이브, 병원 아카이브, NGO 아카이브, 공동체 아카이브 등이 존재한다. 따라서 아카이브 설립 대상은 매우 다양하고, 사회 전 분야에 걸쳐 있다.

그러나 한국 사회는 아직 '아카이브'라는 용어가 생소하고, '아카이브 문화'는 존재하지 않는다. 이렇게 된 이유는 관료 기구 내에서 효율성을 최상의 가치로 규정했기 때문이다. 심지어 사무공간을 확보하기 위해 중요 기록을 무단 파기하는 관행이 만연했다. 곧 한국형 근대화의 특징인 '압축 성장' 과정에서 '문화는 아무리 압축하려 해도 압축되지 않는다'는 명제를 간과했던 것이다.

공공영역의 기록관리 또한 참여정부에서 짧은 시기 동안 '압축 성장' 했지만, 그 이후에 나타난 민주적 가치의 후퇴와 맞물려 한국 사회에 민주주의 기록문화를 창달하는 과제는 다시금 한계에 봉착해 있는 상황이다. 이러한 한계는 사회 각 부문에서 '다양한' 아카이브가 만들어지고, 아카이브들의 여러 활동을 통해 공공영역과 민간영역 기록관리가 서로 영향을 주고받으면서 극복될 수 있다. 다양한 연구 주제로 제시된 사회 각 분야의 아카이브 설립을 촉진하는 활동이 매우 중요한 과제로 부각되는 이유는 그 때문이다.

어떻게 '다양한' 아카이브를 만들어 갈 것인가? 먼저 사회 각 부문에서 다양한 아카이브를 만들기 위한 문제의식을 공유하는 개인과 단체를 조직화할 필요가 있다. 가칭 '민간문화 아카이브 진흥을 위한 포럼'과 같은 단체 설립을 통해 사회 각 부문의 기록관리를 조사·연구하여 문제의식을 구체화하고, 아카이브가 설립되어야 할 단체와 개인을 지원하는 사업을 전개할 수 있을 것이다. 이러한 활동 과정에서 해당 조직은 왜 아카이브 설립이 필요하고, 그 결과로 얻을 수 있는 기대 효과는 무엇인지를 명확하게 이해할 수 있을 것이다. 다양한 아카이브의 설립을 위한 활동 과정은 그 자체로 한국 사회에서 아카이브 문화를 확산시키는 계기가 될 것이다.

또한 '더 작은' 아카이브 설립 운동이 필요하다. 마을 아카이브와 같이 아주 작은 공동체의 역사를 기록하고, 관리하는 문화를 만들어 가는 것은 매우 중요하다.[5] 왜냐하면 한국 사회는 과도하게 중앙 집중화된 국가 체제이기 때문이다. 지방자치가 다시 시작된 이후 많은 성과가 있었음에도 불구하고, 지방의 자율성이 보장되는 올바른 의미의 지방자치는 실현되지 않고 있다. 따라서 소규모 지역 공동체·문화기관·시민사회단체 등에서 작은 아카이브를 설립하는 활동은 한국 사회 기록문화의 하부구조를 만들어가는 토대가 될 수 있을 것이다. 아울러 '다양한' 아카이브, '더 작은' 아카이브는 자율과 분권에 기반한 민주적 가치를 실현하는 공간으로 기능할 수 있을 것이다.

한국 사회에서 아카이브 문화를 만들어 가는 활동은 크고 작은 아카이브, 사회 각 부문의 다양한 조직, 공공영역과 민간영역 등 그 차이를 넘어선 연대를 통해 이루어져야 한다. 즉 민주적 가치를 공유하는 연대를 통해 아카이브 문화가 한국 사회의 민주주의 진전에 기여하는 방향으로 전개되어야 한다. 기록관리의 투명성과 설명책임성을 바탕으로 창출된 새로운 아카이브 문화 정착 과정은 한편으로 우리시대의 문화 자원을 창조하는 행위이며, 민주적 가치가 전 사회에 확산되는 과정이 될 것이다.

2장 국가기록원의 독립성[1]

1. 아카이브 철학의 부재와 비민주성

국가기록 관리 체제의 올바른 발전 방향을 논의할 때, 반드시 전제되어야 할 부분은 국가 아카이브(National Archives)의 정치적 중립성과 독립성이 보장되어야 한다는 사실이다. 여기에서는 국가 아카이브의 독립성 문제를 서술하기에 앞서 국가기록원의 활동 양상을 검토하여 그 지향점을 확인할 것이다. 이를 위해 2010년부터 2011년 6월까지 홈페이지에 게재된 '국가기록원 소식'란의 '아카이브 이벤트(archival events)'를 분석하였다.

'아카이브 이벤트'는 기관의 지향과 성격을 이해하는 데 일정한 기준이 되는 부분이다. 곧 무엇을 하는 기관이며, 누구를 대상으로 이벤트를 시행하고, 그 결과가 어떤 것인지를 파악할 수 있기 때문이다. 이 시기 국가기록원의 이벤트는 모두 15건이었다. '공모전' 4건, 전시 3건, 강좌 2건, 홍보 2건, 기록 기증·수집 2건, 기타 2건 순이었다.

첫째, 아카이브 이벤트의 명칭에 사용된 레토릭(rhetoric) 즉 수사
(修辭)를 살펴보면, 대부분의 이벤트 명칭에는 '기록 사랑'과 '기록 문
화'가 사용되었다. '기록 문화'를 사용한 배경에는 "우리나라 기록문
화의 우수성"(기록문화 홍보대사 위촉식)에 대한 자긍심이 있으며,
이는 시민들을 대상으로 한 강좌 내용이 조선왕조실록을 중심으로
이루어지고 있는 점과 연결된다.[2]

<표 2-1> 국가기록원의 '아카이브 이벤트'

구분	시기	이벤트 명칭	대상
홍보	2010.4	기록문화 홍보대사 위촉식	
	2011.3	나라기록 넷띠 모집	일반
기증 수집	2010.4	국민생활정책 민간기록물 수집공모전	제한없음
	2011.4	복지 대한민국 기록 찾기 기증 캠페인	제한없음
공모전	2010.6	국제기록문화전시회 관람 후기 공모	초·중·고·일반
	2010.7	기록관리 발전 아이디어 공모	전 국민
	2010.8	기록생활화를 위한 일기공모	초·중·고·일반
	2011.5	기록사랑 나라사랑 백일장	초·중·고·일반
강좌	2010.7	기록문화학교 시민강좌	일반
	2011.6	기록문화여행 시민강좌	일반
전시	2010.6	국제기록문화전시회	
	2011.1	기록사랑 이야기전	국가기록원 기획전시실 (대전)
	2011.6	기록사랑 이야기 지역순회전	대구·경북, 춘천, 전주
기타	2010.7	기록사랑 마을 수요조사	지방자치단체
	2011.3	맞춤형 복원복제 처리지원 서비스	민간, 공공분야

출전: http://www.archives.go.kr

추상적 용어인 '기록 사랑'과 '기록 문화' 등의 표현 방식은 가치중립적으로 이해될 수 있으나, 무엇을 위한 '기록 문화'·'기록 사랑'인지 그 지향은 불분명하다. 국가기록원의 활동은 전통시대 기록관리의 우수성에 의존하고 있으며, 이는 결과적으로 당대 기록관리 현실을 널리 알리지 않는 방향으로 작동했다. 곧 정부수립 이후 국가기록 관리 제도의 비틀린 역사를 은폐하는 데 상당 부분 기여하고 있는 셈이다. 또한 전통시대 기록 가운데 조선왕조실록만을 보존하고 있는 국가기록원이 규장각 등에서 수행해야 할 이벤트를 대행하고 있는 점은 기관의 정체성을 혼란스럽게 만드는 부분이었다.

둘째, 국가기록원의 '기록사랑마을 수요조사' 추진배경이 "기록원 - 마을간 네트워크 구성"으로 되어 있는 점은 국가기록원의 활동 범위를 마을 단위까지 확대하려는 의도가 엿보인다. 이는 중앙 집중적 기록관리 정책의 일면으로 인식될 우려가 있다.

셋째, 일상생활과 관련된 기록의 기증 캠페인과 수집 공모전은 일정한 정치적 편향성을 띠고 있다. 곧 '제1회 국민생활정책 민간기록물 수집공모전'은 "새마을운동, 4H운동, 가족계획, 국산품애용운동, 혼·분식 장려, 에너지 절약, 저축운동 등 국민생활과 밀접하게 연관된 정부정책 관련 기록물" 등을 기록 수집 대상으로 설정하여 박정희 정권의 국가주의적 정책들과 연결되어 있다. 또한 '복지 대한민국 기록 찾기 기증 캠페인'은 당시 정치권에서 18대 대통령선거의 의제가 될 것으로 예상했던 '복지국가' 논의와 맥이 닿아 있었다.

정치적 편향성을 지닌 국가기록원의 활동은 이명박 정부의 국정 기조에 보조를 맞추었다. 이명박 정부의 시책에 부응하여 이른바 '녹색뉴딜사업'으로 불리는 '4대강 살리기 기록화 사업'을 추진한 것은 대표적인 사례였다. 국가기록원은 "4대강 살리기 등 녹색뉴딜사업에 대해서는 조선시대 의궤제작 전통을 계승하여 영상기록으로 촬영·보존함으로써, 범정부적 위기극복 경험을 후대의 기록유산으로 전승하고 우리나라의 변화모습을 생생하게 살펴볼 수 있도록 할"3 것이라고 선언했다. 일찍이 알제리 태생의 프랑스 철학자 자크 데리다(Jacques Derrida)가 아카이브의 본질을 정치적으로 이해하고, '아카이브의 통제 없이는 어떠한 정치적 권력도 존재할 수 없다'4고 갈파했듯이, 국가기록원의 활동에서는 그 정치적 편향성이 두드러진다.

넷째, 정치적 편향성과 함께 '아카이브 이벤트'는 국가기록원의 기록 평가·수집 전략의 부재를 드러내 주었다. 왜 '국민생활정책 민간기록 수집'이 새마을운동·가족계획 등 박정희 정권의 국가주의적 정책에 집중되었고, 갑자기 '복지정책' 기록의 기증 캠페인을 벌이게 되었는지 등에 대해 충분한 설명이 없었다. 곧 현대사를 표상하는 기록은 무엇인지, 이에 대한 세밀한 조사와 연구는 수행되었는지 모두 의문으로 남았다.

다섯째, 국가기록원의 이벤트는 거시 역사와 명망가 중심의 기록에 초점을 맞추었다. 곧 기록물 '복원·복제 처리지원 서비스' 대상은 '3·1운동, 4·19 민주화운동 등의 선언문·성명서류'이며, 이 주제와 관련 있는 "저명인사·문인의 육필원고" 등이었다.

여섯째, 공직 사회에 만연한 전시행정도 국가기록원의 주요한 활동 가운데 하나였다. 2009년 7월 대통령이 참석한 가운데 열린 「국가브랜드위원회」에서 행정안전부가 보고한 주요 사업 가운데에는 '기록

문화의 실용화 추진'을 목적으로 "훈민정음, 구텐베르크 성경 등 유네스코 세계기록유산 전시, 전문가 참여 학술회의·국제공동연구 및 기록관리 분야별 장비전 등으로 구성되는 '국제기록문화전시회 2010' 개최"가 포함되었다. 또 "기록전통과 첨단이 융합된 다양한 관광코스"개발 사업은 '한국 방문의 해'와 연계하여 추진하려 했다.[5] 곧 기록관리의 내실을 기하는 사업보다는 외형적으로 보여주는 이벤트에 집중하는 경향을 띠었다.

이상에서 살펴본 것처럼 국가 아카이브는 무엇을 위한 아카이브인지, 어디로 향하고 있는 아카이브인지를 확인할 수 있는 아카이브 '철학'은 존재하지 않는다. 기록관리 정책을 결정하는 지향과 미래 전략도 없다. 시민들과의 관계 속에서 민주주의의 진전을 위해 기여하는 아카이브 이벤트도 기획하지 않았다. 따라서 국가 아카이브는 누구를 위한 아카이브인지 되묻지 않을 수 없다.

2. 국가기록원 개혁 방향

문제제기

2013년 9월 10일 새누리당 이철우 의원은 '국가기록원법' 제정안을 대표 발의했다. '국가기록원법안'이 국회에 제출된 직접적인 계기는 이른바 '2007 남북정상회담 회의록'(이하 '회의록') 불법 유출과 공개 문제로부터 비롯되었다.

'회의록' 불법 유출과 공개 문제는 그 결과와 상관없이 기록학계에 국가기록 관리 체계 전반에 대한 재검토의 필요성을 제기했다. 이 과정에서 제출된 '국가기록원법안'(이하 '법안')은 논의를 구체화하는 계기로 작용하였다. '법안'은 '안전행정부 소속기관인 국가기록원의 지위가 기록을 독립적으로 관리하기에 미흡하여 국가기록원을 대통령 직속의 합의제 행정기관으로 개편하고, 공공기록 관리의 독립성과 중립성'을 보장하는 것이 목적이었다.[6] 이 '법안'에 대해 한국기록전문가협회는 논평을 내고, "정치권이 먼저 국가기록원의 독립성 및 중립성에 관심을 갖고 국가기록원법안을 발의했다"고 그 의미를 평가했으나, 국가기록원과 국가기록관리위원회의 관계 설정, 국가기록관리위원회 위원 구성 문제 등에 한계가 있음을 지적했다.[7]

한편 '회의록' 불법 유출과 공개 문제 논쟁 과정에서 이미 기록학계는 여러 차례 성명을 발표하고, 국가기록원의 독립성과 전문성을 확보하기 위해 근본적인 개혁이 필요함을 역설했다. 예컨대 "보다 체계적이고 강력한 국가기록관리 체계를 수립·운영하지 않는다면 작금의 국가적 위기 상황은 반복될 수 있"으며, 국가기록원을 "독립성과 전문성을 강화할 수 있는 부·청 수준의 기구로 발전"시켜야 한다고 강조했다.[8]

국가기록원의 독립성 확보 문제는 1999년 기록관리법 제정 당시부터 기록학계 등에서 꾸준히 제기되었던 사안이었다. 그 후 2004년 8월 대통령비서실이 노무현 전 대통령에게 보고한 국가기록 관리 개혁 방안에는 대통령 소속으로 「국가기록정보관리위원회」를 설치하는 것으로 구체화되었다.[9] 특히 2005년 4월 7일 '국가기록관리 혁신 로드맵'에 대한 대통령 보고에서는 국가기록원의 조직 문제를 어떻게 처리할 것인가가 쟁점이 되었으며, 정부혁신지방분권위원회 기록관리혁신전문위원회에서는 국가기록원의 정치적 중립성과 독립성을 보장하기 위한 방안으로 독립성·전문성·통합성·혁신지향의 '국가역사기록위원회' 설립을 대안으로 제시한 바 있었다. 동 위원회는 국가기록원과 국사편찬위원회의 통합을 전제로 기록관리·정보공개·비밀기록관리·역사편찬 기능을 수행하는 것으로 설계하였다.[10]

그 후 2008년 대통령기록 '유출' 논란 과정에서 국가기록원이 전직 대통령을 고발하는 사건이 발생하였고, 이로 인해 기록학계를 중심으로 다시 국가기록원의 독립성 문제가 제기되기도 하였다. 이명박 정부에서 국가기록 관리 정책이 퇴행하는 가운데 2009년 7월 한국기록학회와 한국기록관리학회가 '국가기록원의 독립성과 전문성 제고를 촉구하는 기록학계의 요구'를 국가기록원에 전달한 바 있다. 곧 "국가기록원과 대통령기록관의 정책기능을 정상화하고, 국가기록관리의 독립성을 강화시켜갈 미래 전망을 제시하라"고 요구했던 것이다.[11]

이처럼 국가 아카이브의 독립성을 어떻게 확보할 것인가의 문제는 기록관리법 제정 이후 매우 중요한 현재적 과제였던 셈이다. 또한 국가 아카이브의 독립성 문제뿐만 아니라, 그 기능에 대해서도 기록관리를 비롯해서 정보공개, 비밀기록관리, 역사기록관리의 통합 등 다양한 문제가 제기되었다. 그러나 '법안'은 이와 같은 논의로부터 벗어나 있으며, 현재의 국가기록원 기능을 그대로 유지하는 데 그쳤다.

'회의록' 불법 유출과 공개과정에서 제기된 국가기록원의 독립성 확보 문제에 대한 논의는 정치권·학계·시민단체 어디에서도 진전되지 않았다. 당사자인 국가기록원 또한 이 '법안'에 대해 침묵하였다. '회의록'과 관련된 여러 쟁점 사항들에 대해 제대로 설명하지 않는 국가기록원은 '설명책임' 의무를 다하지 못했다. '법안'이 제기한 독립성 문제를 회피하는 것 또한 국가기록원이 위기 상태에 있음을 보여주는 것이다. 그러나 문제의 본질은 위기를 인식하지 못하는 국가기록원의 침묵과 회피, 문제를 키우지 않는 보신주의가 그 상태를 더욱 악화시켰다. 기록관리를 통해 공공기관의 설명책임성을 증진시키고, 이를 바탕으로 민주주의가 한 걸음 전진하는 데 기여해야 할 국가 아카이브가 그 스스로 책임을 회피했던 것이다.

국가기록원의 조직 운영은 독립적 위상을 갖지 못함에 따라 행정안전부의 통제로부터 자유롭지 못하다. 기록관리법 제정 당시는 물론이고 2006년 기록관리법 개정과 함께 당연히 국가기록원의 조직과 기능은 혁신되어야 했다. 그러나 과거의 조직 체계가 유지되는 불안정한 상황이 지속되고 있으며, 이러한 상태는 결국 국가기록 관리 체계의 저발전을 결과하였다.

요컨대 이러한 현상은 한국 민주주의의 과제, 곧 민주주의 가치를 제도화하는 과정과 불가분의 관계에 있다. 따라서 독립적 성격을 갖는 국가 아카이브를 어떻게 재조직할 것인가의 문제는 결국 한국 민주주의의 과제이기도 한 셈이다. 요컨대 이제 아카이브와 민주주의 문제를 본격적으로 제기해야 하는 상황에 이르렀으며, 이 글은 이와 같은 문제를 천착하는 작업으로서의 의미를 지니고 있다.

민주주의의 진전을 위해 국가 아카이브의 역할은 매우 중요하다.

아카이브는 개인과 공동체가 행위 한 모든 활동의 기록과 기억을 보호하고, 증거를 제공한다. 또한 아카이브는 시민들에게 기록과 역사적 자산에 대한 접근을 보장함으로써 민주주의 사회, 그 제도의 중심 역할을 담당한다. 따라서 국가 아카이브를 재조직하는 문제는 한국의 민주주의 제도를 공고히 하는 과정이기도 하다.

필자는 민주주의 요소 가운데 '수평적 설명책임성', 다원주의, 거버넌스, 투명성, 자율성 등에 주목하였고, 이러한 요소들을 바탕으로 국가기록원 조직 개혁 방향을 제시했다. 또한 '국가기록원법안'을 비판적으로 검토하고, 국가기록원의 독립성 문제에 대한 논의를 지속시켜 국가기록원 개혁에 대한 올바른 방향성을 도출하는 데 기여하고자 한다.

'수평적 설명책임성(horizontal accountability)'과 국가기록원의 독립성

민주주의 사회는 시민이 대표를 선출하고, 선출된 대표는 정부를 구성하여 시민의 이익을 대변한다. 따라서 정부는 시민의 이익이 반영될 수 있도록 설명책임성을 확보할 수 있는 장치를 마련해야 하며, 시민은 이를 강제할 수 있어야 한다.[12] 곧 민주주의는 선출된 대표가 "그들의 행위에 대해 시민들에게 책임을 지는 지배의 체계"이며, 대표성과 설명책임성이 핵심 요소이다.[13]

설명책임성은 다양하게 해석되어 개념화하기 어렵지만,[14] 대체로 "집행(enforcement)과 해명(answerability)"을 포함하는 의미로 사용한다. 곧 권력의 행사에 대해 '제재와 처벌이 가능하도록 강제하는 것'이며, '행위의 정당성과 투명성을 설명하고 입증해야 하는 것'으로 요약할 수 있다.[15]

국가 아카이브는 곧 "국가의 기억"을 보존하는 곳이다. 국가 아카이브에 기록이 축적되지 않는다면, 국가의 기억은 사라지고 공동체의 정체성은 파괴된다. 올바른 기록관리는 시민들에게 정부의 활동과 행위에 대해 정확한 기록을 제공한다. 시민은 이를 바탕으로 대표—대표의 위임을 받은 관료—에게 책임을 물을 수 있다. 따라서 국가 아카이브는 시민들의 권리 보호를 위해 설명책임성, 투명성, 접근을 제어할 수 있는 장치를 마련해야 한다.

1987년 6월 항쟁 이후 한국 민주주의의 과제는 민주주의 가치를 실질적인 삶에 반영될 수 있도록 제도적으로 실천하는 것이었다. 민주화 이후 한국의 관료 체계에 대해서는 "복지부동, 무책임, 전문성의 결여, 무능, 부패, 무사안일" 등 부정적 평가가 존재한다. 따라서 정부 기구 내에 '수평적 설명책임성'의 기능을 확대해야 한다. 그러나 행정개혁을 바탕으로 수평적 설명책임성의 "제도와 관행을 관료 체제 내에 만들어 내지 못했다."[16]

민주주의 제도에서 선거를 통해 대표에게 책임을 묻는 수직적 설명책임성은 대표들의 사익 추구, 부패 등의 문제가 발생하기 때문에 수평적 책임성을 확보하는 장치가 필요하다. 곧 '권력의 분산을 통해 정부 기구 사이에 견제와 균형을 이루고, 의회의 감독 기능을 강화해야 한다.' 수평적 설명책임성을 구현하는 정부 기구로는 "독립적인 회계감시기구, 독립적인 통계기구, 공영매체에 대한 감시기구, 독립

적인 중앙은행, 부정부패 감시기구" 등이 있다.[17]

아울러 국가 아카이브 또한 수평적 설명책임성을 실현하기 위한 기구로 설정할 수 있다. 이는 미국의 국립기록청(National Archives and Records Administration, NARA) 사례가 대표적이다. 국립기록청은 독립행정기관으로서 국립기록청장은 대통령이 임명하지만, 상원의 권고와 동의 절차를 거친다. 정무직으로 임명되는 국립기록청장은 해임할 때에도 대통령은 상하원에 그 사유를 설명해야 한다. 곧 행정부로부터 일정하게 독립되어 있으며, 의회의 간접적 통제를 받는다.

2008년 대통령기록 '유출' 논란, 2013년 '남북정상회담 회의록' 불법 유출과 공개 문제 등을 통해 보호되어야 할 대통령지정기록이 검찰 수사 과정에서 노출되었다. 이는 대통령기록관리 제도의 위기만이 아니라 국가기록 관리 체계 전반에 나쁜 영향을 미칠 것이 자명하다. 이러한 문제의 근본 원인은 "대통령 권력의 과도한 집중과 이에 따라 국정원 등 일부 정부 기관의 자의적 · 정치적 운용, 이를 견제 · 감시할 수 없는 국가기록원의 행정적 · 정치적 종속성에 기인"[18]하는 것이다. 따라서 '제왕적' 대통령제에서 기록을 정치적으로 악용하는 '자의적' 권력 행사는 반드시 제어되어야 한다. 이를 위해 국가기록원 조직의 개혁이 필요하다.

'국가기록원법안' 제1조 법의 목적은 기록관리 업무의 효율적인 수행 정도에 머물고 있다. 곧 국가기록원이 그 기능을 수행하는 과정을 통해 설명책임성과 투명성을 확보하고 이를 바탕으로 민주주의 제도 발전에 기여해야 하는 등의 문제의식을 포함하지는 않았다.

'국가기록원법안'은 수평적 설명책임성의 원리를 상당 부분 반영

<표 2-2> 국가기록원의 지위와 구성('국가기록원법안')

제1조(목적)	이 법은 공공기록물 및 대통령기록물의 수집·보존·평가 및 활용 업무의 효율적인 수행을 위하여 국가기록원의 조직 및 직무범위와 그 밖에 필요한 사항을 규정함을 목적으로 한다.
제2조(지위)	국가기록원은 대통령 소속으로 하되, 그 권한에 속하는 사무를 독립적으로 수행한다.
제3조(구성)	국가기록원은 국가기록원장 1명, 상임 국가기록관리위원 1명을 포함한 7명의 국가기록관리위원으로 구성한다.

출전: 이철우 의원 대표발의, 「국가기록원법안」(의안번호 6763), 2013.9.10.

하고 있다. '법안' 제2조 국가기록원의 지위에서는 대통령 소속으로 국가기록원을 설치하도록 했으며, 독립적 사무에 대해 규정했다. 그러나 독립적 사무의 범주를 "그 권한에 속하는 사무"로 한정하여 기록관리 업무에서의 독립성 부분만을 설정하였다. 그러나 국가기록원의 기능은 앞서 언급한 기록관리법 제정 이후의 논의 과정을 반영해야 한다. 곧 기록관리, 대통령기록 관리는 물론이고 비밀기록관리, 역사기록 편찬 등에 대해서도 포함해야 한다.

제3조에서 국가기록원은 국가기록원장과 국가기록관리위원으로 구성된 합의제 행정기관으로 설정하고 있다.

〈표 2-3〉에서 보듯이 국가기록원장은 국회의 동의 절차를 거쳐 대통령이 임명하도록 하고 있다. 그러나 이 규정이 곧 국회의 인사청문 대상에 포함되는 것을 의미하지는 않는다.[19] 이를 위해서는 '국가기록원법안'에 국가기록원장은 국회의 인사청문을 거쳐야 한다고 규정해야 한다. '법안'은 또한 국가기록원장의 국무회의 출석과 발언, 의안 제출이 가능하도록 하였으며, 국회 보고와 답변 의무 등을 규

정하여 그 위상을 제고하려 하였다.

장관급 기관으로 위상을 설정했을 때 국가기록원장은 정무직 공무원으로 임명해야 하지만, 이에 대해 규정하지 않았다. 국무위원에 준하는 보수에 대한 기준도 포함하지 않았다. 또한 기록의 불편부당성을 지킬 수 있도록 정치적 중립 의무를 규정하지 않았으며, 금고 이상의 실형을 선고 받았을 때 등을 제외하고는 면직되지 않는다는 신분보장에 대한 부분도 규정하지 않았다. 곧 국가기록원장의 신분을 보장하여 업무수행의 지속성과 독립성을 담보하는 조치는 하지 않았다.

한편 국가기록원장은 대통령이 임명하지만 인사의 객관성을 확보

〈표 2-3〉 국가기록원장의 지위와 역할('국가기록원법안')

제5조 (국가기록원장)	① 원장은 국회의 동의를 받아 대통령이 임명한다. ② 원장은 국가기록원을 대표하며 소속 공무원을 지휘하고 감독한다. ③ 원장은 필요한 경우에는 국무회의에 출석하여 발언할 수 있으며, 그 소관 사무에 관하여 국무총리에게 의안의 제출을 건의할 수 있다. ④ 원장은 국회에 출석하여 국가기록원의 소관 사무에 관하여 의견을 진술할 수 있으며, 국회의 요구가 있을 때에는 출석하여 보고하거나 답변하여야 한다. ⑤ 원장은 국가기록원의 예산 관련 업무를 수행할 때 「국가재정법」 제6조제3항에 따른 중앙관서의 장으로 본다. ⑥ 원장이 사고(事故)로 인하여 직무를 수행할 수 없을 때에는 상임 국가기록관리위원이 그 직무를 대행하고, 원장과 상임 국가기록관리위원이 모두 직무를 수행할 수 없을 때에는 국가기록관리위원으로 최장기간 재직한 국가기록관리위원이 그 직무를 대행한다. 이 경우 재직기간이 같은 국가기록관리위원이 2명 이상인 경우에는 연장자가 그 직무를 대행한다.

출전: 〈표 2-1〉과 동일.

하기 위한 과정, 곧 '국가기록원장후보추천위원회'를 설치하는 것이 필요하다. '후보추천위원회'에서는 국가기록원장 후보자를 3배수 이내로 추천하고, 대통령은 후보추천위원회의 결정 내용을 존중한다는 등의 규정을 통해 국가기록원장 임명의 객관성을 확보할 필요가 있다.

다원주의와 '다층적' 거버넌스, 국가기록관리위원회의 재조직

개인의 자유를 존중하는 자유주의로부터 발생한 다원주의(Pluralism)는 사회 집단들의 다양한 관점과 차이를 인정하는 것이며, 민주주의의 기초를 이룬다. 다원주의에 따르면, 민주주의 사회는 "소수의 엘리트에 의해 지배되기보다는 다양한 집단들 간의 경쟁과 협력을 통해" 유지되어야 한다는 관점이다. 나아가 샹탈 무페(Chantel Mouffe)는 민주주의 사회를 다양한 가치가 경쟁하는 "경쟁적 다원주의"로 이해하고 있으며,[20] 그 가치들 사이의 경쟁과 갈등이 불가피하다고 인식한다. 따라서 민주주의 사회를 구현하기 위해서는 다원성을 인정해야 한다는 것이다.[21]

한편 전지구적 자본주의화와 정보화 사회로의 진입은 국가 운영 방식을 변화시켰다. 곧 일극적 통치 방식으로부터 "정부와 시민사회 간의 상호작용", 거버넌스(governance)와 다원성을 중시하는 다극적 분권 방식으로 변화했다.[22] 거버넌스는 정부·이익단체·시민사회 등 상이한 목표를 가진 집단들 사이의 조정을 통해 유지된다.[23] 이를 실현하기 위해 거버넌스는 설명책임성과 투명성을 강조한다.[24] 그러나 거버넌스는 책임이 불명확한 점, 문제가 발생했을 경우 관료들이 그 책임을 떠넘기는 등의 한계를 지니고 있다.[25] 따라서 거버넌스 체계에서 설명책임성을 확보하는 것이 과제이며, 설명책임성과 거버넌스를 유기적으로 결합하는 문제 또한 해결해야 한다.

이와 같은 다원주의적 관점과 거버넌스 체계를 조직화하는 문제는 국가기록관리위원회의 재조직 방향에 일정한 시사점을 제공한다. 예를 들어 국가기록관리위원 구성에서 다양한 가치가 수용되어야 하는 문제가 제기될 수 있다. 한국의 행정 환경은 오랜 기간 동안 중앙집권주의, 국가주의의 영향을 받았기 때문에 이를 극복하기 위해서는 특히 다원주의적 관점과 '다층적' 거버넌스의 체계화가 요구된다.

'국가기록원법안'에서 제기한 국가기록관리위원(이하 위원) 구성을 살펴보면 〈표 2-3〉과 같다. 위원의 자격은 기록관리에 대한 전문성과 경험을 지닌 자로 대상을 설정하고 있고, 업무 수행의 공정성과

〈표 2-3〉 국가기록관리위원 구성('국가기록원법안')

제6조(임명 등)	① 국가기록관리위원은 기록물 관리에 관하여 전문적인 지식과 경험이 있고 기록물의 보호와 보존을 위한 업무를 공정하고 독립적으로 수행할 수 있다고 인정되는 사람 중에서 대통령이 임명 또는 위촉한다. ② 국가기록관리위원 7명 중 원장을 포함한 3명은 대통령이 지명하고, 상임 국가기록관리위원을 포함한 4명은 국회의 추천을 받아 각각 임명 또는 위촉한다. ③ 원장 및 상임 국가기록관리위원은 정무직 공무원으로 보한다.
제7조(임기)	① 원장을 포함한 국가기록관리위원의 임기는 3년으로 하되, 한 차례만 연임할 수 있다. ② 대통령은 국가기록관리위원의 결원이 있을 때에는 결원된 날부터 지체 없이 보궐위원을 임명 또는 위촉하여야 하며, 보궐위원의 임기는 전임자의 잔임기간으로 한다.

출전: 〈표 2-1〉과 동일.

독립성을 강조하였다. 위원은 국가기록원장을 포함하여 7명으로 구성하고, 임기는 3년이다. 또한 국가기록원장을 포함한 3명은 대통령이 임명하고, 4명은 국회의 추천을 받아 임명 또는 위촉하는 것으로 되어 있다.

그러나 이렇게 위원을 임명할 경우 대통령·여당이 추천한 위원이 전체 7명의 위원 중 5명이나 차지할 가능성이 매우 높게 된다. 이러한 문제점을 해결할 수 있는 단초는 '방송통신위원회의 설치 및 운영에 관한 법률'에서 찾을 수 있다. 동 법률에 따르면, 방송통신위원회 위원은 5인으로 구성되며, 위원장을 포함한 2인은 대통령이 지명하고 3인은 국회의 추천으로 임명한다. "이 경우 국회는 위원 추천을 함에 있어 대통령이 소속되거나 소속되었던 정당의 교섭단체가 1인을 추천하고 그 외 교섭단체가 2인을 추천한다"고 규정하고 있다.[26] 따라서 정부·여당이 기록을 정치적으로 악용하는 사례를 근절하고, 국가기록원의 독립성을 제고하기 위해서는 국가기록관리위원회의 위원 구성에서 이러한 선례를 참고할 필요가 있다.

다원주의와 '다층적' 거버넌스 체계를 실현하기 위한 국가기록원의 재조직 방향은 첫째, 상위체계는 국가기록원과 국가기록관리위원회로 구성한다. 국가기록원은 설명책임성을 구현하기 위해 권한의 집중과 수직적 위계 구조를 갖춘다. 동시에 권한의 분산과 수평적 균형, 견제를 위해 국가기록관리위원회를 조직하여 국가기록 관리의 역사적·법률적·제도적 쟁점, 주요 정책의 결정, 전략계획 등을 심의·결정한다.

둘째, 하위체계는 사무처를 설치하여 국가기록 관리 정책 기능 수

<표 2-4> 국가기록원의 '다층적' 거버넌스 체계 구성

구분		국가기록원	국가기록관리위원회
상위 체계	조직방향	설명책임성	'다층적' 거버넌스 다원주의
	지위	집중 수직적 위계	분산 수평적 균형과 견제
		장관급(정무직)	비상임
	권한	국가기록관리의 역사적 · 법률적 · 제도적 쟁점, 정책 결정, 국가기록관리 전략계획 등	
하위 체계	조직	사무처 중앙기록관 대통령기록관 역사기록관 국가기록관리연구원	소위원회 전문위원회 자문위원회
	지위	소속기관	국가기록관리위원회 소속
	권한	정책의 집행	정책 형성과 집행 견제

<그림 2-1> 국가기록원의 조직 구성 방향

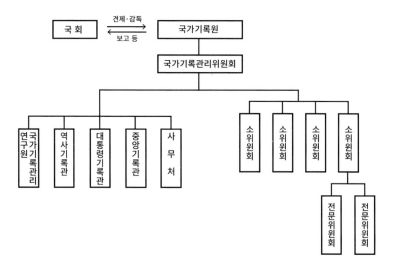

행을 담당하고, 국가기록원 운영과 관련된 전반적인 사항을 담당하게 한다. 집행기관으로 중앙기록관과 대통령기록관, 역사기록관 등을 설치하여 중앙행정기관에서 생산된 영구기록, 대통령기록, 역사기록의 인수·수집·정리·기술·평가·서비스·보존 기능을 담당한다. 또한 기록관리 연구 기능을 수행하는 국가기록관리연구원을 설립하여 관·산·학 협력을 바탕으로 한 기록관리 방법론의 연구를 축적할 필요가 있다.

'다층적' 거버넌스 체계를 구현하기 위해서는 국가기록관리위원회 산하에 개혁 과제를 담당하는 다양한 소위원회를 구성하는 것이 요구된다.[27] 가칭 「전자기록관리소위원회」, 「대통령기록관리소위원회」, 「기록관진흥소위원회」[28], 「정보소통소위원회」, 「역사편찬소위원회」 등의 소위원회를 구성하여 전문성을 기반으로 한 하위 거버넌스 체계를 실현하는 방안을 마련하는 것이 필요하다. 아울러 소위원회 산하에는 과제 해결 중심의 전문위원회를 구성하는 방안, 국가기록원의 업무 수행과 운영에 필요한 자문위원회를 구성하는 방안 등을 검토할 필요가 있다.

요컨대 국가기록원의 조직 방향은 상위 거버넌스 체계와 하위 거버넌스 체계의 유기적 결합과 작동을 통해 수평적 설명책임성의 확보와 다원주의, '다층적' 거버넌스를 구현하는 것을 목표로 하는 것이다.

셋째, 국가기록관리위원회와 소위원회, 전문위원회의 위원 구성은 다원주의적 관점이 요구된다. 현행 기록관리법의 국가기록관리위원회 규정에 따르면, 국회 사무총장·법원행정처장 등이 추천하는 공무원이 당연직으로 참여하게 되어 있으나,[29] 이는 국가기록관리위원회의 논의를 공공영역 중심으로 한정시키는 문제가 있다.

따라서 아카이브의 다원화를 구현하고, 아카이브 문화를 한국사회에 뿌리 내리기 위해서는 문화예술·대학·종교·기업·노동 등 사회 각 분야의 아카이브 주체를 거버넌스 체계에 참여하도록 해야 한다. 국가기록 관리 정책 결정과정에 다양한 관점과 의견이 수렴되도록 구조화할 필요가 있다. 곧 다원주의적 관점에 따른 '다층적' 거버넌스 체계를 조직 구성에 반영하고, 이를 통해 사회 전 분야에 아카이브 문화가 확산되는 기반을 마련해야 한다. 부연하자면, 국가기록원이 민간의 기록을 수집하는 데 관심을 기울이는 것이 아니라 민간 영역에 아카이브 문화가 확산될 수 있도록 정책적으로 지원하는 역할을 담당해야 한다는 것이다. 따라서 '법안'에서 국가기록관리위원을 7명으로 설정한 규정은 다원주의 측면을 고려할 때 11명의 위원으로 확대할 필요가 있다.

자율성과 투명성, 국가기록원의 운영

설명책임성과 '다층적' 거버넌스 체계를 구현하기 위해서는 국가기록원 조직 운영 방식의 변화가 불가피하다. 국가기록원은 조직 운영은 물론이고 예산편성과 규칙 제정에서 자율성이 보장되어야 한다.

첫째, 국가기록원의 기능에 대해 검토할 필요가 있다. '법안'은 국가기록원의 소관 사무(제4조)[30]와 국가기록관리위원회의 의결사항(제13조)을 규정하였으나,[31] 현행 기록관리법에서 규정한 내용과 거의 동일하다. 곧 기록관리 기능에만 한정하여 국가기록원의 업무를 설계하고 있는 한계가 있다. 그러나 2005년 4월 정부혁신지방분권위원회가 노무현 전 대통령에게 보고한 「국가역사기록위원회」 설치안은 기록관리 · 정보공개 · 대통령기록관리 · 비밀기록관리 · 역사편찬 등의 기능을 통합적으로 수행하는 방안을 제시한 바 있다.[32] 또한 기록관리법 제정 당시부터 '사무관리규정' 가운데 기록 생산영역에 대한 통제의 필요성이 제기되었던 사례를 참조할 필요가 있다. 곧 기록 생산영역에 대한 제어, 대통령기록과 비밀기록을 포함한 기록관리, 정보공개, 역사편찬 등으로 기록관리 프로세스를 재정립하여 국가기록원의 기능을 설계하는 것이 요구되는 것이다.

둘째, '법안'은 예산 편성의 자율성과 관련해서 제5조 제5항에 규정하고 있다. 곧 국가기록원장은 "국가기록원의 예산 관련 업무를 수행할 때 「국가재정법」 제6조 제3항에 따른 중앙관서의 장으로 본다"고 규정하여 예산안 편성과 집행, 결산이 독립적으로 수행될 수 있도록 하였다.

셋째, 조직 운영의 자율성에 대한 부분이다. '법안'에는 자주적 규칙 제정권에 대해 별도로 규정하지 않았다. 따라서 국가기록원이 대통령기록과 비밀기록을 포함한 기록관리, 정보공개, 역사편찬 등을 포함한 규칙 제정권을 갖도록 규정할 필요가 있다.

한편 사무처가 중앙기록관, 대통령기록관, 역사기록관, 국가기록관리연구원 등을 통할하지 않는 이유는 각 조직의 업무 자율성을 보장하기 위해서이며, 또한 결재라인을 간소화하여 관료주의의 폐해를 예방하기 위한 조치라 할 수 있다. 이는 국가기록관리위원회에 상임위원을 별도로 설치하지 않는 이유와 같다.

넷째, 조직 운영의 민주성·투명성·공개성을 확보할 수 있는 장치가 요구된다. 이는 가칭 '국가기록원규칙'을 통해 성문화되어야 한다. 조직 운영의 투명성은 예를 들면, 국가기록관리위원회의 회의 운영과 회의록 공개 원칙을 규정하는 것도 하나의 방안이다.

'국가기록원법안' 제안

여기에서는 앞에서 분석한 내용을 바탕으로 가칭 '국가기록원법안'을 제안하고자 한다. 이는 한편으로는 이철우 의원 등이 발의했던 '법안'의 문제점과 한계를 보완하는 것이다. 그러나 다른 한편으로는 수평적 설명책임성, 다원주의와 '다층적' 거버넌스 체계, 조직 운영의 자율성과 투명성 등의 확보를 통해 국가기록원의 독립성과 정치적 중립성을 실현하고, 국가기록 관리 체제를 민주적으로 개편하기 위한 방안이기도 하다.

가칭 '국가기록원법안'의 주요 내용을 정리하면 다음과 같다.

1) '국가기록원법안'의 목적은 기록관리, 정보공개, 역사편찬 등의 업무 수행 이외에 행정의 설명책임성과 투명성 구현, 국민의 알권리 증진, 기록유산의 보존과 기록문화의 확산, 민주주의 발전에 기여하는 등의 내용을 포함하여야 한다.

2) 국가기록원의 지위는 대통령 소속으로 하며, 직무 수행에 관한 독립성을 규정한다. 또한 국가기록원 소속 공무원의 인사·조

직·예산 편성 등에 대한 독립성이 명시되어야 한다.

3) 국가기록원은 국가기록원장을 포함해서 11명의 국가기록관리 위원으로 구성한다.

4) 국가기록원장(이하 원장)의 지위와 역할 등에 대해서는 국가기록원의 독립성과 정치적 중립성 확보, 전문성에 대해 명확하게 조문화해야 한다.

① 원장의 임명을 위해 '국가기록원장후보추천위원회'를 구성하도록 규정한다. 후보 추천은 3배수 이내로 추천하고, 대통령은 추천위원회의 결정을 존중해야 한다고 규정한다. '후보추천위원회'의 운영 등에 대해서는 '국가기록원규칙'으로 정한다.

② 원장은 국회의 동의 절차를 거쳐 대통령이 임명하고, 국회의 인사청문을 거쳐야 한다고 규정한다.

③ 원장은 정무직 공무원으로 임명하고, 정치적 중립 의무를 규정한다.

④ 원장의 소속 공무원에 대한 지휘 감독권을 명시하고, 보수는 국무위원과 동일하게 하여 장관급 기관임을 규정한다.

⑤ 예산 관련 업무를 수행할 때 원장의 지위는 「국가재정법」제6조 제3항에 따른 중앙관서의 장으로 하여 예산 편성과 집행 등에서 자율성을 보장한다.

⑥ 원장의 임기는 4년으로 하고, 1회에 한하여 연임할 수 있도록 규정한다.

⑦ 원장은 국가기록원 업무와 관련하여 매년 정례적으로 국회에 보고할 의무가 있음을 규정한다.

⑧ 국무회의에 법안을 상정할 수 있는 권한, 출석하여 발언할

수 있는 권한 등을 규정한다.

⑨ 원장은 금고 이상의 형을 선고받았을 때를 제외하고는 본인
의 의사에 반하여 면직되지 않는 신분보장을 규정하여야 한
다. 또한 원장 궐위 시 직무대행을 규정한다.

5) 국가기록관리위원회(이하 위원회)의 구성과 의결사항, 소위원
회와 전문위원회의 구성 등에 대해서는 다원주의와 '다층적 거
버넌스' 체계를 실현하기 위한 방향으로 조문화한다.

① 위원회 회의의 의장은 원장으로 한다.

② 위원은 기록관리 · 정보공개 · 역사편찬 등에 대한 전문성과
경험을 갖춘 자 중에서 임명하며, 임기는 4년, 1회에 한하여
연임할 수 있게 한다.

③ 위원은 원장을 포함하여 3인은 대통령이 지명하며, 국회가
추천하는 8명으로 구성한다. 국회가 추천하는 8명은 대통령
이 소속되거나 소속되었던 정당의 교섭단체가 3명을 추천
하고, 그 외 교섭단체와 비교섭단체가 5인을 추천한다. 이
와 같은 위원 구성은 국가기록원에 대한 국회의 견제와 감
독 기능을 강화하기 위한 것이며, 또한 대통령과 여당이 기
록을 정치적으로 악용하는 사례를 방지하기 위한 최소한의
장치라 할 수 있다.

④ 위원의 정치적 중립 의무와 업무의 독립성 유지 등에 대해
규정한다.

⑤ 위원의 신분을 보장하고, 결격 사유와 겸직금지 등을 규정
한다.

⑥ 위원회의 의결사항은 사무관리 중 기록 생산역역과 관련된
사항, 기록관리, 대통령기록관리, 비밀기록관리, 정보공개,
역사편찬 등에 관련된 기본정책의 수립과 제도 개선 사항

등으로 규정한다. 의결사항의 정족수는 재적위원 과반수의
찬성으로 의결한다고 명시한다.

⑦ 소위원회의 구성과 운영에 대해서 규정한다. 소위원회의 명
칭은 구체적으로 적시한다. 예를 들면 「기록관진흥소위원
회」, 「전자기록관리소위원회」, 「대통령기록관리소위원회」 등이
며, 소위원회 위원의 구성과 자격 등에 대해서도 규정한다.
전문위원회의 구성과 운영은 '국가기록원규칙'으로 정한다.

⑧ 국가기록원 운영의 투명성을 제고하기 위해 국가기록관리
위원회의 회의 운영과 회의록에 대한 공개 원칙을 천명한다.

6) 국가기록원 소속으로 사무처, 중앙기록관, 대통령기록관, 역사
기록관, 국가기록관리연구원 등을 설치하여 각각의 업무를 전
문적으로 수행할 수 있는 체계를 구축한다.

① 원장의 감독을 받는 사무처는 기록 생산영역, 기록관리, 대
통령기록관리, 비밀기록관리, 정보공개, 역사편찬 등에 관
련된 정책·감독 기능을 담당하고, 행정사무를 처리한다.

② 국가기록원의 조직·운영·정원에 관해 필요한 사항은 대통
령령으로 정한다. 국가기록원의 운영에 필요한 사항은 '국
가기록원규칙'으로 정한다.

③ 사무처장은 원장의 제청으로 대통령이 임명하고, 정무직으
로 보한다. 사무처에 실장·국장을 둔다.

④ 기록관과 특수기록관에서 생산한 영구보존 기록을 관리하
기 위하여 집행기관으로 중앙기록관을 설치한다. 중앙기록
관의 업무 범위는 기록의 인수·정리·기술·평가·보존·
활용 등으로 규정한다.

⑤ 대통령기록 관리를 위하여 집행기관으로 대통령기록관을
설치한다. 대통령기록관의 업무 범위는 대통령기록의 인

수·정리·기술·평가·보존·활용 등으로 규정한다.

⑥ 기록관리 정책·제도, 교육, 기록관리 과정 전반을 연구하고 최선의 실무를 개발하기 위하여 국가기록관리연구원을 설치한다.

7) 매년 전년도의 활동 내용과 기록 생산영역, 기록관리, 대통령기록관리, 비밀기록관리, 정보공개, 역사편찬 등에 관련된 실태와 개선 방안에 대한 보고서를 작성하여 대통령과 국회에 대한 보고의무를 규정한다. 정기보고 이외에 대통령과 국회의 요구가 있을 때에는 보고하는 수시보고 의무에 대해서도 규정한다.

8) 전문성이 요구되는 직위에는 공직 내외부에서 적격자를 임용할 수 있도록 개방형 직위에 대해 규정한다.

9) 국가기록원장이 법에서 정하는 직무를 수행할 때 필요한 협조와 지원을 관계 국가기관에 대해 협조를 요청할 수 있도록 규정한다.

10) 부칙은 시행일, 다른 법률의 개정 사항 등을 규정한다.

"입법·행정·사법 등 3부 어디에도 속하지 아니한 독립기구"로서의 국가인권위원회의 위상이 독립성 논란에 휩싸였던 상황을 고려하면, 국가 아카이브의 독립성 확보 문제는 매우 회의적이다. 또한 기록문화가 낮은 수준에 머물고 있는 현실 속에서 그 실현 가능성은 요원하다. 또한 법률과 제도만의 문제가 아니라 사회 전반의 민주주의 성숙도, 문화적 수준과 밀접한 관련이 있다. 곧 기록문화가 그 저변을 확대하고 올바른 민주주의 체제가 작동하는 단계라는 여건이 성숙되어야 가능한 문제이기도 하다. 결국 국가 아카이브의 독립성 문제는 한국 사회의 민주주의 진전과 맞물려 있다. 따라서 국가 아카이브의 독립성이 보장될 수 있도록 법제화 하는 것은 가장 기본적인 사항이며, 한국사회가 기록문화를 정착시키는 데 반드시 극복해야 할 과제임은 분명하다.

요컨대 '국가기록원법안' 제정의 목적은 설명책임성의 확보와 거버넌스 체계의 구체화를 통해 기록관리의 민주성을 강화하고, 나아가 한국의 민주주의 제도가 진전하는 데 기여하는 것이다. 따라서 '국가기록원법안'을 제정하기 위해서는 '전복적 상상력'이 요구된다.

3장 책임지는 정부를 위한
공공기관 기록관 재설계[1]

1. 문서과 '없는' 기록관리, 기록관 '없는' 기록관리

기록관리법 제정 이후에도, 여전히 한국의 국가기록 관리는 저발전 상태에 있다. 공공기관에서 기록관이 실질적으로 기능하고 있는 사례를 찾기는 매우 어려운 실정이다. 그 원인은 현재의 기록관 구조에 과거의 잘못된 제도가 잔존하고 있기 때문이다.

정부 수립 이후 50여 년 동안 공공기관에서 기록관리 업무는 문서과 역할을 담당했던 총무과가 담당했다. 그것은 주로 처리과에서 생산한 일부 기록에 대한 인수와 서고관리에 한정했다. 2006년 개정 기록관리법은 '기획관리 부서 또는 총무부서'에 기록관을 설치하도록 규정했으나, 이 또한 기록관의 독립적 설치와 운영이라는 기대에는 못 미친 것이었다. 대부분의 공공기관은 총무부서 내에 문서과와 기록관을 동시에 설치하고, 형식적으로 운영하고 있다.

서구와 같이 문서과(Records Office) - 기록관(Records Center) - 아

카이브(Archives)로 이어지는 전문적 기록관리 체계는 형성하지 못하고 있다. 이와 같은 원인은 어디에서 비롯되는 것일까? 이러한 문제를 해결하기 위해서는 기록관의 역사적 배경을 비롯해서 기록관 구조, 기록 전문직, 기록관리 방법론 등 기록관 체계의 내적 구조에서 그 원인을 찾아야 한다.

"정부행정은 기록으로 시작해서 기록으로 끝난다. 그것은 행정의 책임성과 투명성이 바로 기록을 매개로 가능함을 의미"[2]하기 때문이다. 이와 같은 점을 고려하면, 한국의 국가기록 관리는 출발부터 과학적이고, 전문적인 기록관리와는 거리가 멀었다.

정부 수립 직후에는 일본제국주의의 문서 행정을 그대로 따라하는 수준에 머물렀고, 권위주의 정부에서는 효율성만을 중시하는 사무관리 관점에서 공공기록을 다루었다. 곧 독립적인 기록관리 법령이 존재하지 않은 상태에서, 사무 처리의 간소화와 행정 능률 향상을 목적으로 한 사무관리의 하위 요소로 기록관리를 규정했다.

기록관리 현장에서 문서과의 역할은 제대로 작동하지 않았다. 1998년 정부기록보존소의 「기록보존법제정 기본방향 보고」는 문서과가 제 기능을 수행하지 못했음을 잘 설명해 주고 있다.

"기록을 관리하는 별도 부서 없이 "총무과 문서담당자가 문서통제 및 수발업무와 함께 관리"하고, 문서담당자는 "행정직·기능직 등으로 순환보직하고 …… 단기근무 후 전보되는 실정"에 있다. 이에 따라 "역대 대통령 통치관련 기록, 국보위문서 등 중요기록이 개인 소장 또는 소재불명 등으로 수집 보존되지 못"하고 있다.[3]

문서과 체계에서 기록 생산 부서는 기록을 문서과로 이관하지 않고 사무실 내의 캐비닛 등에 방치한 상태로 관리했다. 이런 관행을 오랜 기간 지속했다. 문서과의 역할은 매우 제한적이었고, 기본적인 기록관리 조차도 제대로 수행하지 않았다. 곧 행정 능률과 효율성을 중심으로 한 기록 처리 방식은 국가의 중요 기록이 폐기되는 결과를 초래했다.[4]

'사무관리규정'에 따르면 문서과는 "행정기관 내의 공문서의 분류·배부·수발업무 지원 및 보존 등 문서에 관한 사무를 주관하는 과·담당관 또는 계"[5]를 의미했다. 이와 같은 문서과 규정은 정부 수립 이후 지금까지 거의 변화하지 않았다.

반면에 서구에서 문서과(Record Office) 기능은 '모든 형태의 기록을 생산·접수·배부하며, 공식적으로 등록하여 관리하는 모든 문서철과 기록화 과정을 체계적으로 관리·보존·제공하는 것이다. 또한 보존기간을 경과한 모든 기록을 재평가하고 처리하는 일'[6]로 규정했다. 곧 '사무관리규정'의 문서과 기능 보다는 기록관리법에서 정한 기록관의 역할과 유사함을 알 수 있다.

기록관리법 시행 이후 정부는 처리과 – 기록관 – 아카이브 체계를 도입했다. 그러나 공공기관 기록관 또한 제 역할을 다하지 못했다. 2008년 말 국가기록원이 국무회의에 보고한 기록관리 현황 평가결과는 대부분의 기관에 기록관·기록 전문직·기록관 규정이 없는 문제점을 지적했다.[7]

게다가 기록관은 정상적인 조직 구조를 갖추고 있지 않다. 독립적인 전담조직을 설치하지 않은 채 대부분 총무과 소속의 계 단위 형태로 운영하고 있다. 공공기관 기록관을 제대로 설치하지 않는 것은 그만큼 '조직 없는' 기록관리 관행이 뿌리 깊은 것을 의미했다.

2. '처리과 – 문서과 – 기록관' 체계로의 전환

기록관 체계를 재설계하기 위해서는 첫째, 기록관을 독립적으로 운영할 수 있도록 전담 조직으로 설치해야 한다. 기록관리법 시행령 제10조에도 기록관은 "기록물관리부서에 설치함을 원칙으로 한다"고 규정하고 있다. 결국 공공기관이 기록관리법 취지를 왜곡하고 있는 셈이다. 이미 기록관리법 시행 초기에도 다음과 같은 상황을 우려했지만, 기록관 체계는 정착되지 않았다.

> …… (기록관을) 총무과나 기획관리부서에 설치하는 것은 적절하지 않다. 이럴 경우 기록관의 업무가 과거와 같이 문서업무의 연장선으로 인식될 우려가 있으며, 실제로 현재 그러한 관행이 유지되고 있다[8]

둘째, 문서과와 기록관의 분리를 통해 '처리과 – 문서과 – 기록관' 체계로 전환해야 한다. 이 과정에서 문서과와 기록관의 기능과 역할에 대한 명확한 설정이 필요하다. 조직 모형은 다음 〈그림 2-2〉와 같다.

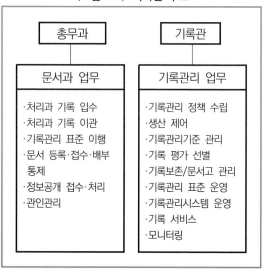

〈그림 2-2〉 기록관 구조

총무과	기록관
문서과 업무	**기록관리 업무**
·처리과 기록 입수 ·처리과 기록 이관 ·기록관리 표준 이행 ·문서 등록·접수·배부 　통제 ·정보공개 접수·처리 ·관인관리	·기록관리 정책 수립 ·생산 제어 ·기록관리기준 관리 ·기록 평가 선별 ·기록보존/문서고 관리 ·기록관리 표준 운영 ·기록관리시스템 운영 ·기록 서비스 ·모니터링

〈그림 2-2〉는 처리과 - 문서과 - 기록관이 병렬하는 구조이다. 총무과에서 문서과의 기능을 수행하고 있는 상황을 반영한 것이지만, 문서과 기능을 강화한 형태이다. 문서과는 기록 등록·접수·배부 등 제한적 역할에서 탈피하여 해당 기관의 기록화 과정을 체계적으로 관리해야 한다. 기록관리 표준 운영 절차를 집행하는 등의 활동을 수행해야 한다. 기록관은 기록 생산과 관리를 제어하고, 표준화 방안을 수립하여 문서과에 지침을 제공하는 등 전문적 기록관리 방법론을 개발해야 한다. 공공기관에서 기록관리 정책과 집행을 총괄하는 기관은 기록관이다. 문서과는 해당 기능의 실무 집행 단위로 그 위상과 권한을 분명하게 규정해야 한다.

〈그림 2-3〉 지방 아카이브의 내부 구조

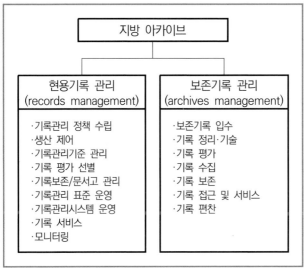

지방기록관리 기관을 설립해야 하는 광역 지방자치단체 등은 〈그림 2-3〉와 같이 지방 아카이브 설립 모형을 설계할 수 있다. 현용기록관리 부서가 기록관 기능을 수행하는 모형이다.

셋째, 문서과와 기록관을 분리함에 따라 기록연구직의 역할에 대해서도 검토해야 한다. 현재 각급 공공기관에서 기록연구직은 기관별로 1명씩 배치하고 있다. 그러나 전문적인 기록관리 실무를 구축하기 위해서는 문서과의 기록관리 기능을 집행하는 기록연구직, 기록관에서 전문적인 기록관리 업무를 수행하는 기록연구직 등 다수의 전문 인력이 필요하다.

문서과 기록연구직은 기록 생산과 기록화 작업에 대한 업무를 수행하고, 기록관 기록연구직은 입수 이후의 기록관리 프로세스를 관장하는 형태이다. 이러한 방향으로 전문 인력이 재구성되면, 기록관리 업무의 전문성 향상을 꾀할 수 있을 것이다.

넷째, 기록관의 기록관리 프로세스는 전문성에 기반 하지 않으면 실행할 수 없는 업무들이 대부분이다. 생산제어, 입수, 보존, 처분, 서비스, 기준관리, 모니터링 등으로 구분되는 기록관의 기록관리 프로세스는 전 과정을 전문화해야 한다. 그러나 기록관 업무는 시대적 흐름을 도외시한 채 문서과 체계에서 수행했던 기록의 인수와 이관, 폐기 등의 실무에 한정하고 있다.

예를 들어, 기록관에서 기록 처분 지침(records schedule)[9]을 재설계하고 기록 보존기간을 과학적으로 책정하는 작업은 대단히 중요한 업무이다. 그러나 기록관이 해당 기관의 업무와 기능을 분석하고, 과거 생산한 기록과 현재 생산하고 있는 기록을 조사한 적은 거의 없다. 이에 기초하여 기록의 처분 지침을 재설계한 사례 또한 없다. 곧 기록관리 방법론적 측면에서 기록관리 프로세스의 전문성을 높이는 것이 시급한 과제인 것이다. 또한 기록관리 국가표준 KS X ISO 15489를 기록관에 적용할 수 있도록 기록관리 표준 연구와 대안을 마련해야 한다.[10]

다섯째, 기록관에서 '최선의 실무'를 축적할 수 있도록 기록학계 등 기록공동체가 협력해야 한다. 이 과정에서 기록관마다 다양한 기록관리 사례를 축적하고 이를 다시 이론화한다면, 앞으로 한국적 기록관리 모형을 창출하는 것이 가능할 것이다.

4장 기록의 공개와 소통, 그리고 투명사회

1. 왜 기록을 통한 소통인가

2011년 10월 박원순 서울시장 후보의 10대 정책공약 '소통·협력·참여·혁신 열린 시정 2.0'에 따르면, "불통 정부, 불통 서울에 대한 시민들의 불만이 높다. 지금까지 서울시 정보공개는 극히 제한적이며, 시민의 시정 참여도 어렵다"고 문제를 인식했다.

당시 서울시장 선거에 제안된 '야당·시민사회정책 합의문'은 시정운영에 실질적인 주민참여가 가능하도록 제도적 기반을 구축하고, 정보공개를 활성화해 투명한 시정운영을 실현하려 했다. 이는 부정부패 예방, 비리 척결, 시정 혁신의 전제조건이었다. 나아가 집행기구로 '서울정보소통센터'를 설립하고 정보공개의 투명성을 높이려 했다.

투명한 행정을 구현하는 수단으로서 정보공개 확대는 민주주의를 진전시키는 방안 가운데 하나이다. 보다 많은 정보를 공개하기 위해서는 '완전하고 정확한' 기록 생산과 과학적 기록관리가 가능한 기록관리 체계를 설계하는 것이 반드시 필요하다. 과거 참여연대가 정보공개운동에서 출발해서 기록관리 개혁에 많은 관심을 기울인 것은 제대로 된 정보를 알기 위해서는 기록관리를 올바르게 해야 한다고 인식했기 때문이다.

기록관리는 정책의 입안단계부터 종결될 때까지 일련의 과정을 기록화하는 것은 물론 이를 바탕으로 의사결정의 투명성을 제고하는 기능을 수행한다. 또한 업무수행과 행정의 책임성을 구현하는 국가 행정의 기본적인 분야로 그 중요성이 확대되고 있다. 기록관리에 대한 인식 증대는 민주주의 사회에서 '설명책임'에 대한 시민들의 요구와 깊은 관련이 있다. 특히 현대의 기록관리는 설명책임을 강조하고 있다.

기록관리 국제표준 ISO 15489는 조직의 투명성과 설명책임을 구체화하는 기록관리 정책과 프로세스를 제시하고 있다. 기록관리 국제표준에 따르면 설명책임은 "개인, 조직 그리고 사회가 각자의 행위에 대해 책임을 지고, 이를 다른 이들에게 설명해야 한다는 원칙"이다. '기록은 어떤 의사소통이 이루어졌는지, 또 어떤 결정을 했는지, 어떤 행동을 취했는지를 정확하게 반영해야 한다. 기록은 또한 "관련 업무를 지원할 수 있어야 하고 설명 책임의 목적으로 사용할 수 있어야 한다." 조직 활동에 영향을 주는 규제환경은 법령 · 표준 · 규약 · 윤리강령 이외에도 공동체의 기대치도 포함하고 있다.[1] 설명책임은 자율적 윤리보다는 사회적 책임과 의무를 강조하는 쪽으로 변화하는 추세이다.

사회 전 영역에서 공개성과 투명성을 요구하는 시대이다. 우리 사회는 또한 아카이브가 알권리와 기록에 대한 접근을 실현하는 주체로서 자임할 것을 기대하고 있다. 따라서 국가 아카이브는 기록을 통해 설명책임을 요구하고 감시자로서 그 역할을 담당해야 한다. 아카이브가 설명책임을 다하기 위해서는 비밀기록, 비공개 기록의 공개를 통해 충분한 접근을 보장해야 한다.

이러한 흐름을 인식하여 2005년 정부혁신지방분권위원회는 기록관리 혁신 로드맵 초안에서 '기록관리를 통해 업무의 책임성과 신뢰성을 높이고', '정보공개를 통해 국민과의 소통을 확대' 한다고 제안하였다.[2] 기록관리법은 기록관리의 목적을 '투명하고 책임 있는 행정의 구현'으로 설정하고 있다. 공적행위에 대한 정부의 설명책임과 투명한 행정, 기록정보의 공개 확대를 바탕으로 한 시민들과의 소통은 민주주의 진전에 있어서 매우 중요한 과제인 것이다.

2. 서울시의 정보소통 혁신

박원순 서울시장은 취임 초기부터 "시민에게 정보를 주고 참여할 공간을 만들어주는" '熟議 민주주의(informeddemocracy)'라는 용어를 사용하여 정보공개의 의미를 부여했다.[3] 또한 "정책 실패는 용서해도 정보 비공개는 용서가 안 된다."[4] "투명성이 우리시대의 최고의 가치"라는 메시지를 전달하여 강력한 혁신 의지를 천명했다. 이와

같은 인식은 혁신의 동력으로 작용하여 2013년 3월 '정보소통 혁신 종합계획'으로 구체화되었다.[5]

첫째, 정보소통 혁신의 목표는 '철저한 기록·관리', '투명한 공개·공유', '활발한 소통·참여'이며, 비전은 '정보소통 혁신으로 열린 시정 완성'으로 설정했다. 아래에서 인용하는 서울시 '정보소통 혁신 선언'은 최초의 사례로, 정보소통이 시정의 핵심 정책임을 천명하고 있다.[6]

정보소통 혁신 선언

소통, 협력, 참여의 열린 시정 구현과 시민의 알권리 보장 및 시정의 투명성과 책임성을 확보하기 위해 서울시가 업무와 관련하여 생산·관리하고 있는 모든 공공정보는 투명하게 공개함을 원칙으로 한다.

1. 정보공개 청구는 시민의 알권리를 법적으로 보장하는 정당한 시민의 권리이다.
2. 정보공개 법률이나 다른 법령에서 정한 비공개 사항을 제외한 모든 공공정보를 공개한다.
3. 시민의 공개요구가 없는 공공정보에 대해서도 시민의 알권리 충족을 위해 가능한 적극적으로 사전공개 한다.
4. 서울시는 시민의 정보공개 요구에 성실히 응하여야 하며, 정보의 공개를 거부할 경우에는 그 사유를 구체적으로 제시한다.
5. 모든 공공정보는 언젠가는 공개된다는 전제하에 비공개 정보에 대해서도 그 목록은 공개한다.
6. 시민이 정보를 어디서나 편리하게 찾을 수 있고, 열람하며 효과

적으로 활용할 수 있도록 검색도구 제공 등 최대한 노력한다.

7. 시민의 알권리 보장과 효율적이고 원활한 정보소통을 위해 지속적으로 정보공개 제도를 정비하고 개선한다.

둘째, 서울시는 정보소통 혁신을 추진하면서 먼저 업무 과정의 철저한 기록화를 천명했다. 서울시장 집무실에서 이루어지는 "업무보고나 회의를 비롯해 공식, 비공식 면담을 할 때 …… 모든 대화 내용을 기록하도록" 했다.[7] 주요 회의·정책·사업 등 시정 업무의 준비 단계는 물론이고, 계획·집행·평가에 이르는 업무 프로세스 전 과정을 기록화하는 방안을 추진했다. 이는 곧 공공기관이 시민들과의 소통을 원활히 하기 위해서는 그 전제조건으로 '완전하고 정확한 기록'을 생산해야 함을 의미한다.

공적 업무를 기록화하는 작업은 이미 참여정부 기록관리 혁신 로드맵에서 제시한 바 있다. 업무 과정에서 생산하는 모든 기록을 관리대상으로 포착하는 것이 목표였다. 과거 공공기관이 생산한 기록 가운데 중요 기록을 등록하지 않고, 관리가 소홀한 가운데 멸실시킨 관행을 극복하려는 시도였다. 공공기관은 한 번 비공개로 선정한 기록은 오랜 시간이 흘러도 다시 공개로 바꾸지 않았다.[8] 또한 기록이 없어서 정보를 공개하지 못하는 경우도 상당했다.

철저한 기록화, 기록을 적극적으로 공개하는 행정이 가져온 변화는 시민들과의 소통을 바탕으로 한 업무 프로세스를 설계하게 했다. 곧 정책 구상 단계에서 기록을 이용하고, 시민들과 소통하면서 업무 계획을 작성하는 것이 가능한 것이다. 아울러 정책 시행과 평가 과정까지 시민들과의 소통을 염두에 두고 있다. 이는 공공 기록 생산 과정에 시민들이 참여할 공간이 생기는 것을 의미했다.

셋째, 네거티브 방식의 정보공개, 곧 "공개되면 안 될 것을 제외하고 모두 공개"하는 원칙을 천명했다. 이를 위해 "모든 문서는 작성 순간 공개"[9]하는 것을 원칙으로 결재문서를 시민들에게 공개하고 있다. 2014년 8월 14일 현재 결재문서의 공개율은 75.5%에 이른다.[10] 이는 곧 시민이 정보공개를 청구해야 마지못해 공개하던 관행을 극복하는 의미 있는 혁신 사례라 할 수 있다.

또한 서울시가 보유한 빅데이터 공개를 추진하여 교통·환경·도시 관리·보건 등 시민 생활과 밀접한 관련이 있는 공공 정보를 개방하고 있는 점도 주목할 만하다.[11] 서울시는 보유하고 있는 공공 데이터 개방을 확대하고 있다.[12] 공공기관과 민간에서는 이를 가공하여 새로운 형태의 정보를 제작하게 된다. 곧 공공기관이 제공하는 정보를 모든 시민들이 적극적 활용하게 되면, 삶의 질을 높이는 효과를 기대할 수 있는 것이다.

넷째, 서울시는 정보공개 담당 기구를 확대 개편하여 정보소통 혁신 인프라를 강화했다. 개방형 직위로 정보공개정책과를 신설했다. 정보공개정책과는 정보소통 혁신, 정보공개 지원, 기록관리, 통계 정보 등을 담당하고 있다. 또한 정보소통 혁신을 법제화하기 위해 공공데이터 제공에 관한 조례, 기록관리에 관한 조례 제정을 추진하였다. 특히 "서울시 기록물의 체계적인 생산·관리와 안전한 보존 및 효율적 활용을 위한 기록관리 기준을 정립하고, 기록의 적극적 공개를 통한 시정운영의 투명성과 책임성을 높"[13]일 목적으로 기록관리

조례를 제정했다. '서울특별시 기록물관리에 관한 조례'는 2014년 1
월 공포되었다.

다섯째, 서울시는 공공기록의 기록화와 체계적인 보존·서비스,
행정 정보의 공유를 실행할 소통 시정의 중추기관인 「서울기록원」
설립을 추진하였다.[14] 기록관리법에서 정한 지방기록관리기관으로
서의 「서울기록원」은 설립 절차를 진행하고 있으며, 은평구 녹번동
에 부지를 확정하였다. 「서울기록원」이 건립되면, 최초의 시(市) 아
카이브로서 그 "대표성과 상징성"을 갖는다.[15]

서울시 정보소통 혁신 추진은 분명 기록관리 분야에서 새로운 전형
을 만들고 있으며, 귀추가 주목되는 사례이다. 그러나 기록을 통해 소
통을 확대하기 위해서는 행정적·기술적 문제로만 접근해서는 안 된
다. 관료 조직이 기록을 생산하지 않고, 기록을 쉽게 폐기하고, 제대로
공개하지 않는 관행이 여전하기 때문이다. 한국전쟁 전후 민간인집단
희생사건 관련 기록, 의문사 관련 기록, 8·15 이후 인권침해 사건과
조작의혹 사건 기록들 중 상당수는 여전히 공개하지 않고 있다.

따라서 관료 사회와 그 문화를 전면적으로 개편하는 행정 혁신을
전제하지 않으면, 소통은 지속가능하지 않다. 이는 선출된 권력이 한
국의 관료 사회를 어떻게 민주적으로 통제할 것인가, 곧 정치의 문
제이다.

5장 문화유산기관의 협력[1]

1. 들어가며

최근 학계에서 기록관·도서관·박물관 등 문화유산기관[2]의 협력과 융합에 대한 논의를 진전시키고 있다. 문화유산기관의 협력 필요성이 대두한 것은 디지털시대의 본격적인 전개와 그 궤를 같이 한다. 곧 디지털 환경의 도래와 함께 문화유산기관 사이의 "전통적인 경계를 초월"[3]하는 문제가 제기되었고, 각기 다른 소장 자원의 차이보다는 디지털 문화자원의 통합적 이용과 같은 공통의 과제에 주목하고 있다.[4]

문화유산기관의 협력을 견인하는 이유는 '정보통신기술의 혁신과 인프라의 확대 등에 따른 이용자의 요구가 변화'[5]한 점이다. 곧 이용자는 각기 다른 디지털 자원을 통합된 공간을 통해 편리하게 접근할 수 있기를 기대하고 있기 때문이다. 또한 문화유산기관이 보유하고 있는 디지털 자원의 '형식과 매체, 관리 기술 등의 유사성'도 한 요인으로 지적한다.[6] 아울러 협력에 따른 '비용 절감 효과와 콘텐츠의 공동

이용에 따른 효과[7]는 물론 이용자에게 더 좋은 서비스를 제공하기 위해 문화유산기관의 협력을 제기하고 있는 것이다.

선행연구들은 문화유산기관의 다양한 협력 사례를 소개하고 있다. 문화유산기관 사이의 조직 협력 모형은 2000년에 설립된 영국의 박물관·도서관·아카이브협의회(Museums, Libraries and Archives Council, 이하 MLA)가 대표적이다. MLA의 주요 활동은 공동체의 기대에 부응하는 문화유산기관의 역할 증대, 발전 전략과 정책 개발, 사회통합 아젠다의 수행, 이용자의 확대와 서비스 개선, 교육·훈련 등을 통한 전문성 향상 등에 초점을 맞추고 있다.[8] 또한 캐나다의 LAC(Library and Archives Canada), 미국의 IMLS(Institute of Museum and Library Services) 등에 대해서도 소개한 바 있다. 문화유산기관의 사이의 협력은 조직 통합부터 '디지털 문화자원의 보존, 통합검색, 전문가 집단의 협력' 등 매우 광범위하다.[9]

그러나 국내에서 문화유산기관 사이의 협력 사례는 매우 빈약하다. 국가기록원 역사기록관과 부산시민도서관의 협력, 한국 관련 해외기록의 중복 수집을 방지하기 위해 국사편찬위원회·국가기록원·국립중앙도서관 등이 구성한 협의체 등 몇몇 사례에 지나지 않는다.[10] 문화유산기관 사이의 협력이 부진한 이유는 '인식 부족, 기관이기주의, 정책결정구조의 분산, 전문성의 부족, 기관의 독립성 미비' 등을 지적하고 있다.[11]

이 글은 선행연구에서 논의된 문화유산기관 사이의 협력 필요성에 대한 문제제기를 수용하고, 구체적으로 실행 전략을 비교 검토하여 그 가능성을 모색하고자 한다. 특히 문화유산기관의 정책은 논의의 출발점이 될 수 있다. 문화유산기관 사이의 '협력을 추진하는 데 있어서 정부의 정책은 대단히 중요한 요소'[12]이기 때문이다.

따라서 이 글은 첫째, 장기 발전 전망은 물론이고 협력 과제 실행과 밀접한 관련을 맺고 있는 문화유산기관의 위상에 대해서 검토할 것이다. 둘째, 문화유산기관의 발전 전략을 비교하여 그 특징을 분석하고자 한다.

2008년 8월 대통령소속 도서관정보정책위원회는 '도서관발전종합계획(2009~2013)'(이하 '도서관 발전계획')을 수립했으며,[13] 2009년 6월에 국가기록원은 '국가기록관리 선진화 전략'(이하 '기록관리 선진화전략')을 채택했다. 2012년 5월에는 문화체육관광부가 '박물관 발전기본구상'(이하 '박물관 발전구상')을 발표했다. 이와 같은 발전 전략은 각 문화유산기관들의 현재 구상과 발전 방향을 이해하고, 협력의 가능성을 엿볼 수 있는 정책 자료라 할 수 있다.

본고는 앞서 언급한 문화유산기관의 발전 전략을 비교하여 정책의 차이와 공통점을 파악하고, 추진과제의 특성을 분석할 것이다. 또한 협력을 가능케 하는 정책이 존재하는지의 여부도 검토할 것이다. 이를 통해 발전 전략의 재설계 방향에 대한 시사점을 도출하고, 새로운 협력 틀을 제시하고자 한다.

2. 문화유산기관의 낮은 위상

문화유산기관 발전 전략의 수립 주체와 위상 문제를 검토하는 것은 문화유산기관 사이의 협력 확대, 공동의 과제 창출 등이 어떤 행정환경에서 이루어지는가를 확인하는 과정이다. 문화유산기관의 위상은 발전 전략이 현실적으로 구현될 수 있는가 하는 문제와 관련이 있으며, 향후 협력의 전망과 관련된 부분이므로 검토할 필요가 있다.

첫째, 국가 대표 기억기관들은 모두 행정부처의 소속기관이다. 곧 국가기록원장은 "행정안전부장관의 명을 받아 소관 사무를 총괄"[14] 하며, 국립중앙박물관장과 국립중앙도서관장은 "문화체육관광부장관의 명을 받아 소관 사무를 통할"[15]한다. 이들 기관은 설립 이후 현재까지 행정부처 소속기관의 지위를 벗어난 적이 없다. 따라서 인사·예산·정책 결정 과정 등 모든 업무가 소관 부처의 통제 하에 놓여 있다고 할 수 있다. 문화유산기관의 발전 전략 수립과 추진과정에는 이와 같은 조건이 반영되어 있다.

먼저 국가기록원은 행정안전부의 소속기관임에도 불구하고 2000년부터 기록관리 정책 수립과 제도 개선 사항을 관장하고 있다. 국가기록원이 수립한 '기록관리 선진화 전략'은 비록 기록관리법에서 규정한 대로 국가기록관리위원회의 심의·의결을 거쳤지만, 단 한 차례의 형식적 심의에 그치고 있다.[16] 이는 참여정부 기록관리 혁신 로드맵의 기조인 '거버넌스 기록관리'가 형식화되었음을 의미한다. 아울러 발전 전략을 집행하기 위한 예산은 행정안전부 전체 예산 범주에서 설정될 수밖에 없는 한계를 지니고 있다.

국립중앙도서관의 기능은 '도서관발전종합계획에 따른 시책의 시행'이라는 집행 업무가 중심이다. 도서관 정책은 대통령소속 도서관정보정책위원회(이하 '도서관위원회')에서 수립하도록 하고 있다. 2006년

〈표 2-5〉 문화유산기관의 정책 수립 권한과 기능

조직		기능
기록관	국가기록관리 위원회	다음 사항을 심의함 1. 기록물관리에 관한 기본정책의 수립 2. 기록물관리 표준의 제정·개정 및 폐지 3. 영구기록물관리기관 간의 협력 및 협조사항 4. 대통령기록물의 관리 5. 비공개 기록물의 공개 및 이관시기 연장 승인 6. 국가지정기록물의 지정 및 해제
	국가기록원	1. 기록물관리에 관한 기본정책의 수립 및 제도의 개선 2. 기록물관리 표준화 정책의 수립 및 기록물관리 표준의 개발·운영 3. 기록물관리 및 기록물관리 관련 통계의 작성·관리 4. 기록물의 전자적 관리체계 구축 및 표준화 5. 기록물관리의 방법 및 보존기술의 연구·보급 6. 기록물관리 종사자에 대한 교육·훈련 7. 기록물관리에 관한 지도·감독 및 평가 8. 다른 기록물관리기관과의 연계·협조 9. 기록물관리에 관한 교류·협력
도서관	도서관정보 정책위원회	1. 도서관발전종합계획의 수립 2. 도서관 관련 제도에 관한 사항 3. 국가와 지방의 도서관 운영체계에 관한 사항 4. 도서관 운영평가에 관한 사항 5. 도서관 및 도서관자료의 접근·이용격차의 해소에 관한 사항 6. 도서관 전문인력의 양성에 관한 사항
	문화체육관광부 도서관박물관 정책기획단	1. 도서관정보정책 발전에 관한 종합계획의 수립·조정 2. 국가와 지방의 도서관 운영 체계에 관한 사항 3. 도서관정보정책위원회의 운영 지원 4. 도서관 관련 법령 제정·개정 및 제도의 개선 5. 공공도서관의 설립 및 육성지원 6. 도서관 운영 평가 및 통계 관리 7. 도서관 이용 및 민간참여에 관한 사항 8. 도서관자원 공동활용 및 도서관 간 협력 9. 독서문화의 진흥 10. 도서관 관련 법인 및 비영리단체에 관한 사항
	국립중앙도서관	1. 도서관발전종합계획에 따른 시책의 시행 2. 국내외 도서관자료의 수집·제공·보존관리 3. 국가 서지 작성 및 표준화 4. 정보화를 통한 국가문헌정보체계 구축 5. 도서관직원의 교육훈련 등 국내 도서관에 대한 지도·지원 및 협력 6. 외국도서관과의 교류 및 협력 7. 도서관발전을 위한 정책 개발 및 조사·연구 8. 「독서문화진흥법」에 따른 독서 진흥 활동을 위한 지원 및 협력

조직		기능
박물관	문화체육관광부 도서관박물관 정책기획단	1. 박물관정책에 관한 종합계획의 수립·조정 및 시행 2. 학예사 양성 등 전문인력의 육성 3. 박물관 관련 단체의 육성·지원 등 박물관 진흥
	국립중앙박물관	1. 국내외 문화재의 보존·관리 2. 국내외 박물관자료의 체계적인 보존·관리 3. 국내 다른 박물관에 대한 지도·지원 및 업무 협조 4. 국내 박물관 협력망의 구성 및 운영

출전: 「공공기록물관리에 관한 법률」, 「도서관법」, 「박물관 및 미술관 진흥법」, 「문화체육관광부와 그 소속기관 직제」 참조.

출범한 '도서관위원회'는 14명의 민간위원과 10명의 당연직 위원으로 구성되어 있다.[17] 비록 전문가들이 참여하고 있지만, '도서관위원회'의 위상은 상당히 낮은 편이다. 정책 수립에 대한 조정·집행 권한은 문화체육관광부 도서관박물관정책기획단이 갖고 있다. 곧 아래 신문보도에서 지적한 것처럼 문화체육관광부의 통제로부터 자유롭지 못하다.

설치 이후 6년 동안 대통령에게 한 번도 도서관정책을 보고한바 없다. 이에 따라 도서관정책이 제대로 추진되지 못하고 도서관위원회는 유명무실한 기관으로 전락했다. 박근혜 정부 들어서 도서관위원회는 총리실 소속으로 격하되거나 폐지될 운명에 놓여있다. 위원회는 별도의 사무국이 없이 문화체육관광부(문화부) 소속인 도서관정보정책기획단(도정단)을 통해 정책을 추진하고 있다. 이로 인해 범정부차원의 도서관정책을 추진하자는 도서관법의 취지는 무색해지고, 위원회는 대통령소속이지만 도서관정책은 문화부에 국한되는 결과를 낳고 있다.[18]

박물관 정책 수립 권한은 문화체육관광부 도서관박물관정책기획단 소관 사항이다. 문화체육관광부는 2012년 9월 박물관 정책 수립과 시행을 위해 박물관 정책 전담부서인 박물관정책과를 신설했다.[19] 곧 국립중앙박물관은 정책 수립 기능이 배제된 채 박물의 수집·보존·전시·서비스 등을 주요 업무로 설정하고 있다. 국가대표 문화유산기관은 다소의 차이는 있지만, 정책 수립과 집행 과정이 독립적이지 못한 상태라 할 수 있다.

둘째, 문화유산기관 기관장의 직위와 전문성에 대한 부분이다. 먼저 국가기록원장의 재임기간을 살펴보면, 1969년 정부기록보존소 설립 이후 2003년 3월까지 정부기록보존소장의 평균 재임기간은 약 1년 3개월, 2003년 4월부터 2012년 11월까지 국가기록원장의 평균 재임기간은 약 1년 2개월에 지나지 않았다.[20] 국립중앙도서관장의 경우는 1945년 설립 이후 평균 재임기간이 1년 8개월이었다.[21] 이처럼 짧은 재임기간으로는 국가 대표 문화유산기관의 전문성을 확보할 수 없다. 반면에 국립중앙박물관장은 1945년 설치 이후 2006년 8월까지 평균 재임기간이 7년을 상회했다.[22] 또한 국립중앙박물관장은 정무직 차관급으로 임용되어 문화유산기관 가운데 가장 직위가 높고 해당 분야의 전문가를 주로 임용하고 있다.

다음으로 기관장의 직위를 살펴보면, 국가기록원장과 국립중앙도서관장은 고위공무원단에 속하고, 직무등급은 가등급이며 대부분 행정관료 출신을 임용한다. 그러나 국가를 대표하는 문화유산기관은 문화적 측면의 식견이 요구되는 자리이며, 복합적 기능을 수행해야 하는 기관의 성격상 전문성이 반드시 필요한 직위이다. 따라서 행정관료 출신의 기관장들로 채워지는 한 문화유산기관의 발전은 기대하기 어렵다.

〈표 2-6〉 문화유산기관 기관장 · 부서장의 직위

구분		직위
국가기록원	원장	고위공무원단에 속하는 일반직 공무원 직무등급 가등급
	기록정책부장	고위공무원단에 속하는 일반직 공무원 직무등급 나등급
	기록관리부장	고위공무원단에 속하는 일반직 또는 연구직 공무원 직무등급 나등급
	기록정보서비스부장	고위공무원단에 속하는 일반직 또는 연구직 공무원 직무등급 나등급
	대통령기록관장	고위공무원단에 속하는 일반직 · 연구직 또는 별정직 공무원 직무등급 나등급
국립중앙 도서관	관장	고위공무원단에 속하는 일반직 또는 별정직 공무원 직무등급 가등급
	기획연수부장	고위공무원단에 속하는 일반직 공무원 직무등급 나등급
	자료관리부	고위공무원단에 속하는 일반직 공무원 직무등급 나등급
	디지털자료운영부	고위공무원단에 속하는 일반직 공무원 직무등급 나등급
	국립어린이청소년 도서관	고위공무원단에 속하는 일반직 공무원 직무등급 나등급
국립중앙 박물관	관장	정무직(차관급)
	기획운영단장	고위공무원단에 속하는 일반직 공무원 직무등급 나등급
	학예연구실장	고위공무원단에 속하는 학예연구관 또는 별 정직 공무원 직무등급 나등급
	교육문화교류단장	고위공무원단에 속하는 일반직 공무원 또는 학예연구관 직무등급 나등급

출전: 「행정안전부와 그 소속기관 직제 시행규칙」, 「문화체육관광부와 그 소속기관 직
제 시행규칙」 참조.

한편 국장급 부서장의 경우 직위는 고위공무원단 나등급 이지만, 국가기록원의 경우 모두 행정직을 임용하고 있다. 국립중앙도서관과 국립중앙박물관의 경우도 일부 직위를 제외하고는 행정 관료를 임용한다. 특히 정책 수립과 관련 있는 부서장에는 전문직을 배제하고 있다. 곧 문화유산기관의 낮은 위상과 기관장의 전문성은 매우 취약하다. 그러나 다음에서 살펴볼 문화유산기관 발전 전략에는 이와 같은 핵심 문제들에 대해 전혀 언급하고 있지 않다.

3. 문화유산기관의 발전 전략 비교

추진배경과 목표

문화유산기관의 발전 전략 추진 과정을 살펴보면 다음과 같다. 첫째, '기록관리 선진화전략'의 추진과정이다. '국가기록관리 선진화 전략 수립 추진계획'에 따르면, 국가기록원은 2007년 4월 「기록관리 2020 태스크포스」를 구성했다. 같은 해 12월에는 '국가기록원 차세대 기록관리 추진방향'연구용역을 추진했다. 2008년 6월 '국가기록관리 중장기 발전전략(안)'을 마련하고, 대통령실 연설기록비서관실과 협의했다. 같은 해 10월에는 국가기록원, 대통령실 연설기록비서관실, 전문가, 각급 기록관리기관 등이 참여한 「국가기록관리 선진화 전략 태스크포스」를 구성했다. 태스크포스는 정책·프로세스·정보화·

서비스·대통령기록 분과 등으로 구분했다.[23] 2009년 3월에는 '국가기록관리 선진화 정책 세미나'를 개최하고, 이어서 국가기록관리위원회에서 '국가기록관리 선진화 전략 종합실천계획(안)'을 심의·의결했다.[24] 6월에 '기록관리 선진화전략'을 확정했다.

둘째, '도서관 발전계획'의 추진 과정을 살펴보면 다음과 같다. 2002년 문화관광부는 '도서관발전종합계획(2003~2011)'을 수립한 바 있으며, 2006년 2월에는 '공공도서관 정책현황 및 발전방안'을 대통령에게 보고했다. 같은 해 10월 도서관법을 전면 개정하여 도서관정보정책위원회 설치와 도서관발전종합계획 수립 등을 규정했다. 2007년 6월 대통령소속 도서관정보정책위원회를 설치하였고, 집행을 위해 문화관광부에 기획단을 구성했다. 같은 해 8월부터 '도서관발전계획' 수립에 착수하여 2008년 8월 계획을 확정했다.[25]

셋째, '박물관 발전구상'의 추진 과정은 2012년 문화체육관광부 문화예술국 중심으로 추진한 '중장기 박물관정책 추진방향' 연구용역과 자문회의 등을 통해 구체화하였다. 「박물관 발전 계획 수립 자문회의」는 2012년 1월부터 2월까지 다섯 차례에 걸쳐 진행되었다. 자문회의에서 논의된 사항은 박물관 관련 법령·정책의 문제점과 개선방안, 공립박물관과 대학박물관 운영 활성화 방안, 박물관 관리 전담부서 설치 문제 등이었다.[26] 한편 '중장기 박물관정책 추진방향' 연구용역은 박물관 정책 환경의 변화, 중장기 박물관 정책 방향과 추진과제, 박물관 정책 중점 추진과제 개요 등으로 구성되어 있다. '박물관 발전구상'은 연구용역의 성과를 거의 그대로 수용하고 있다.[27]

요컨대 '박물관 발전구상'은 문화체육관광부 박물관 정책 담당 부서(문화여가정책과)에서 추진했으며, 연구용역 결과물을 상당부분 수용한 특징이 있다. 비록 자문회의를 개최하여 전문가 의견을 수렴하고 있지만, 정책 수립 과정이 매우 짧은 점, 연구용역 결과와 유사한 점 등 발전 전략으로서 상당한 한계를 지니고 있다. '기록관리 선진화전략'은 국가기록원이 중심이 되어 태스크포스를 구성하고 기록관리 현장의 의견을 반영하려 한 점, 국가기록관리위원회의 심의 의결을 거친 점 등이 특징이다. 그러나 학계 등 광범위한 의견 수렴 절차가 진행되지 못한 한계가 있다. 반면에 '도서관 발전계획'은 도서관정보정책위원회가 주도하여 전문가들의 의견을 상당 부분 반영한 점이 특징이다.

다음으로 발전 전략 수립 배경을 살펴보면 다음과 같다. '도서관 발전계획' 수립 배경은 "도서관을 둘러싼 지식정보 환경의 급속한 변화에 효과적으로 대처하기 위해 장기적·종합적인 발전진흥계획 수립을 통한 체계적인 대응"[28]이 필요했기 때문이다. 또한 지식기반 사회에서 도서관의 기능은 '국가 지식 경쟁력과 창조적 지식을 갖춘 인재 양성'의 동력으로 규정하였다.[29] 곧 "국가 지식 인프라의 원천으로서 도서관 육성, 사회통합 및 교육·문화 복지 증진을 위한 국민의 평생학습 공간으로서 도서관의 역할 확장, 정보 불평등 및 지식정보 격차 해소를 위한 도서관 기능 강화"[30] 등을 목적으로 '도서관발전계획'을 수립했다고 할 수 있다.

'기록관리 선진화전략'의 수립 배경은 이명박 정부의 "국정철학을 반영한 국가기록관리 발전 방향 마련, 국가기록관리에 대한 장기적인 마스터 플랜의 부재"[31] 등이었다. 또한 "전자기록관리 체계로의 전환, 기록유산의 국가브랜드화 요구 등의 환경변화와 정부의 선진화를 통한 세계 일류국가 구현 시책에 발맞춰 국가기록관리의 신성장 동력을 확보할 목적"[32] 등이다. 이명박 정부 출범 이후 새 정부의 정책 기조를 충실히 따르려고 하는 모습은 다른 기관과 구별되는 특징이다.

'박물관 발전구상'은 박물관을 "한 국가의 문화수준을 가늠하는 척도"로 인식하는 가운데 "인류 지식생산의 보고이자 정보화 사회의 소통 문화에 걸맞은 다양한 문화콘텐츠 개발의 주요 원천"[33]으로 간주하였다. '박물관 발전구상' 수립 배경은 "문화예술 환경의 급속한 변화와 박물관의 역할 확대에 효과적으로 대처할 수 있는 체계적인 박물관 발전 정책"[34]의 요구로 집약할 수 있다.

이명박 정부에서 기록관 · 도서관 · 박물관 등 문화유산기관들은 지식정보화 사회의 도래와 함께 변화된 환경에 적극 대응할 필요성을 인식하고, 중장기 발전 전략을 수립했다. 그러나 문화유산기관의 발전 전략이 시기적으로 차이가 나는 점, 어떠한 연관관계도 맺지 않고 추진된 점, 협력의 필요성을 충분히 인식하지 못한 점 등은 한계라 할 수 있다. 이는 애초에 이명박 정부의 문화정책 범주에 문화유산기관을 포함하지 않았으며, 범정부적 차원에서 문화유산기관의 발전 문제를 다루지 않았기 때문이다. 곧 문화정책의 틀 안에 문화유산기관이 자리 잡지 못한 것이 주요한 원인이라 할 수 있다.[35] 이와 같은 한계는 문화유산기관의 현재 모습을 드러내는 것이며, 그 위상이 낮은 점에 기인하는 것이다.

<표 2-7> 문화유산기관 발전 전략의 비전과 목표

	국가기록관리 선진화 전략	도서관발전종합계획	박물관 발전 기본구상
발표 시기	2009년 6월	2008년 8월	2012년 5월
추진 체계	국가기록원 국가기록관리위원회 (심의)	도서관정보정책위원회 도서관박물관정책기획 단(조정)	문화체육관광부 박물관정책과
비전	글로벌 경쟁력을 갖춘 선진 기록관리 실현	선진 일류 국가를 선도하는 도서관	인류 유산과 함께 미래 사회와 교육 발전을 선도

목표	1. 내실 있는 기록관리로
	  신뢰받는 정부구현
	2. 국가기록관리 기반
	  강화로 선진 인프라
	  확충
	3. 기록정보 자원화와
	  편리한 서비스로
	  지식정보사회 선도
	4. 우리 기록문화의
	  글로벌 국가브랜드화로
	  국제적 위상 제고
		1. 도서관 서비스의
		  선진화로 국민의
		  삶의 질 향상
		2. 도서관·정보 인프라의
		  고도화로 국가지식
		  경쟁력 강화
		3. 유비쿼터스 환경에
		  따른 미래형 도서관
		  구현
			1. 양적 성장과 질적
			  성장이 조화된
			  박물관
			2. 공성성과 전문성을
			  겸비한 박물관
			3. 문화와 교육이
			  함께하는 박물관

출전: 국가기록원, 『국가기록관리 선진화전략 종합실천계획』, 2011; 도서관정보정책위원회, 『도서관종합발전계획』, 2008; 문화체육관광부, 『박물관 발전 기본구상』, 2012.5.

〈표 2-7〉에서 보는 것처럼 문화유산기관 발전 전략의 비전은 "글로벌 경쟁력을 갖춘 선진 기록관리 실현", "선진 일류 국가를 선도하는 도서관", "인류 유산과 함께 미래 사회와 교육 발전을 선도" 등을 제시했다. '박물관 발전구상'이 이명박 정부 말기에 수립된 점을 예외로 하면, 나머지 발전 전략은 선진화를 강조한 이명박 정부의 정책 기조를 반영하여 비전을 설정하고 있다.

문화유산기관 발전 전략의 목표는 인프라 구축에 상당한 비중을 두고 있다. 곧 "국가기록관리 기반 강화로 선진 인프라 확충", "도서관·정보 인프라의 고도화로 국가지식경쟁력 강화", "양적 성장과 질적 성장이 조화된 박물관" 등이 제시되었다. 또한 '기록관리 선진화전략'과 '도서관 발전계획'의 추진 목표는 지식정보사회에 대한 대응으로 문화유산기관의 변화된 역할을 포함했다. 곧 "기록정보 자원화와 편리한 서비스로 지식정보사회 선도", "도서관 서비스의 선진화로 국민의 삶의 질 향상" 등으로 구체화되었다. 그러나 '박물관 발전구상'에는 서비스에 대해 언급하지 않았다.

추진과제의 구성

'기록관리 선진화전략'은 국가기록관리 선진화 전략, 4대 목표별 추진과제, 국가기록관리 선진화 추진체계 등으로 구성되어 있다. '도서관 발전계획'은 개요, 지난 계획의 성과와 한계, 환경 변화와 대응, 계획의 비전 및 목표, 도서관 정책과제, 정책과제 추진일정 및 소관 부처 등으로 구분하여 서술하였다. '박물관 발전구상'은 현황과 문제점 분석, 4대 추진방향 설정, 4대 추진방향 별 박물관 발전 추진과제, 소요예산 및 추진일정 등으로 구성하고 있다.

이 글에서는 분석의 편의를 위해 문화유산기관의 발전 전략 추진과제를 제도 개선, 인프라 구축, 전문인력과 교육, 정보 자원화와 서비스, 국내외 협력 등의 영역으로 구분하여 서술하였다. 추진과제의 구성은 〈표 2-8〉과 같다.

'기록관리 선진화전략'은 33개의 추진과제 중 인프라 구축 42.5%,

<표 2-8> 추진과제의 구성

	제도 개선	인프라 구축	전문인력 · 교육	정보자원화 · 서비스	국내외 협력	계
기록관	–	14 (42.5%)	3 (9.1%)	11 (33.3%)	5 (15.1%)	33 (100%)
도서관	4 (5.7%)	21 (30.0%)	9 (12.9%)	27 (38.6%)	9 (12.9%)	70 (100%)
박물관	14 (51.9%)	6 (22.2%)	4 (14.8%)	1 (3.7%)	2 (7.4%)	27 (100%)
계	18 (13.8%)	41 (31.5%)	16 (12.3%)	39 (30.0%)	16 (12.3%)	130 (100%)

출전: 〈표 2-7〉과 같음.

정보자원화 · 서비스 33.3% 순이었으며, '도서관 발전계획'은 70개의 추진과제 중 정보자원화 · 서비스 38.6%, 인프라 구축 30.0% 순이었다. '박물관 발전구상'은 27개의 추진과제 중 제도개선 51.9%, 인프라 구축 22.2% 순이었다. 곧 기록관 · 도서관의 발전 전략은 인프라 구축과 정보자원화에 집중하고 있으나, 박물관의 경우는 제도 개선 과제가 압도적이다. 이러한 추진과제의 구성은 문화유산기관의 조건을 이해하는 데 도움을 준다.

추진과제 분석

제도 개선 추진 과제를 살펴보면 다음과 같다. '기록관리 선진화전략'에는 제도 개선과 관련된 추진과제는 포함하지 않았다. 참여정부에서 추진한 기록관리 혁신의 결과 기록관리법 전부 개정, 대통령기록관리법의 제정 등으로 제도적 과제를 많이 개선한 점과 관련이 있는 것으로 유추할 수 있다.

<표 2-9> 제도 개선 영역 추진과제

	세부과제
기록관	-
도서관	1) 대학도서관 정책 지원체계 강화 2) 대학도서관 평가제도 및 통계시스템 개선 3) 공공도서관 평가제도 및 통계체계 구축 4) 전문도서관의 지식유통활성화를 위한 자원개발정책 수립
박물관	1) 박물관 설립·운영 최소 기준 마련 2) 국·공립 박물관 건립에 대한 사전평가제 및 사후감리제 도입 3) 국·공립 박물관 등록 의무화 등 박물관 등록제도 개선 4) 설립 예정 사립박물관 대상 사전컨설팅 제도도입 5) 사립박물관 비영리법인화 지원으로 안정적·항구적인 운영체제 구축 6) 박물관 평가인증제 도입 7) 국·공립 박물관 민간위탁 운영관리 기준 수립 보급 8) 박물관 관련 세제의 전반적 개선 추진 9) 국외 유물의 국내전시 활성화를 위한 '정부 지불보증제' 도입 검토 10) 「박물관 기증유물 감정평가위원회」 설치 운영 11) 지방자치 단체 연계 사립 박물관 운영활성화 12) 지방자치단체 및 대학 평가에 박물관 운영실적 등 반영 추진 13) 장애인, 노인, 임산부 등 문화향유 소외계층을 위한 박물관 이용 서비스 개선 지원으로 사립박물관 재정 부담 완화 14) 박물관 전문화를 위한 정책 추진체계 개선

출전: 〈표 2-7〉과 같음.

'도서관 발전계획'에서도 제도 개선 사항은 두드러지지 않는다. 다만, 대학도서관 정책 지원체계 강화를 위해서 '(가칭)대학도서관진흥법'제정 추진을 검토하고 있다. 또한 한국대학교육협의회의 대학 평가에서 대학도서관 평가 비중을 높이는 계획을 수립하였다.[36]

'박물관 발전구상'은 상대적으로 제도 개선과 관련된 추진 과제를 다수 포함하고 있다. 예를 들면 문화체육관광부 박물관정책과의 신설 등과 같은 정책 담당부서의 설치를 비중있게 포함하고 있다. '박물관 발전구상'의 제도 개선 사항은 주로 평가 인증, 컨설팅, 설립 기준과 등록제도 개선, 재정 부담 개선 등이 주를 이룬다. 구체적으로 '(가칭)종별 박물관 설립 및 운영 최소기준'을 마련하는 것이다. 또한 사립박물관을 대상으로 한 사전컨설팅 제도 도입 방안은 "환경, 관람객, 설립계획 분석 등 건립타당성 점검, 설립계획 전반에 대한 대안 및 운영계획, 마케팅, 건축, 디자인 등 전 과정"을 포함하고 있다.[37]

'박물관 발전구상'은 기록관에 일정한 시사점을 제공한다. 곧 '기록관리 혁신 로드맵'과 '기록관리 선진화 전략'은 기록관 자체의 발전을 위한 제도적 조치를 취하지 못한 한계가 있었다. 기록관리법령에 따른 기록관 제어 수단은 기록관리 현황을 평가하는 것에 머물러 있다. '박물관 발전구상'이 제시한 내용을 수용하면, 다양한 기록관 모형 설정과 설립·운영 기준 등을 검토할 수 있을 것이다. 또한 기록관 설립·운영과 관련한 컨설팅을 체계적으로 진행할 필요도 있다. 제대로 된 기록관을 설립하고, 운영하는지 여부를 정부 감사 등에 반영할 필요가 있다. 정부 합동감사 등의 형태를 통해 기관 평가 항목에 부정기적으로 기록관리를 포함하는 경우는 있었지만, 이를 제도화하는 것도 검토해야 한다.

인프라 구축

앞서 살펴본 것처럼 문화유산기관의 발전 전략은 인프라 구축에 상당한 비중을 할애하고 있다. 이와 같이 인프라 구축 비중이 높은 것은 문화유산기관의 역할이 사회가 요구하는 수준에 못 미치기 때문으로 보인다.

〈표 2-10〉 인프라 구축 영역 추진과제

	세부과제
기록관	1) 정부간행물·시청각기록물 전자적 관리체계 구축 2) 데이터세트·웹기록 등 전자기록물 체계적 관리 3) 표준시스템 보급 촉진으로 전자기록관리시스템 구축 및 확산 4) 기록관리 표준 고도화 및 확산 5) 기록물분류 및 평가체계 확립 6) RFID기반 업무처리를 통한 기록물관리의 효율성 강화 7) 정부산하 공공기관 기록관리체계 구축 8) 구 전자문서의 관리체계 구축 9) 전자기록 보존전략 및 재난 복구체계 마련 10) 전자기록체계 장기 보존·검증 관리체계 구축 11) 세종시 및 혁신도시 이전대비 기록물 관리 대책 마련·추진 12) 대통령기록물 유형별 보존·복원 방안 마련 13) 지역 특성에 맞는 지방기록물관리기관 설치 지원 14) 중간기록관리시설 건립
도서관	1) 선진 문화환경 조성을 위한 생활권 공공도서관 확충 2) 생활밀착형 공공도서관(작은도서관)의 진흥 활성화 3) 지역대표도서관의 설치 및 운영체계 수립 4) 주민서비스 향상을 위한 공공도서관 행정체계 개선 5) 공공도서관의 장서 확충 6) 학교도서관 인프라 확충 7) 학교도서관 지원예산의 확충 8) 학교도서관진흥 추진체계 개선 9) 학교도서관 진흥재단 및 지원시스템 도입 10) 장병의 자기계발을 위한 병영도서관 개선 11) 수용자 복지향상에 기여하는 교도소도서관 개선 12) 국립 과학기술·농학·의학도서관 등 설립 추진 13) 각급 행정기관 자료실의 주제분야별 전문도서관화 추진 14) 세계 8위 수준의 장서확충계획 추진 15) 국가문헌의 과학적 보존관리와 전승 16) 국가 도서관지식정보서비스 체계 구축 17) 도서관 조사연구기능 확대 18) 국가 서지 데이터 작성 및 제공 강화 19) 국회 법률도서관 기능 확대 20) 법률정보서비스 고도화를 위한 물적·인적 인프라 확충 21) 민간기업의 전문도서관 구축 유도
박물관	1) 박물관을 지역 관광의 거점으로 육성 2) 박물관을 사회문화예술교육의 거점으로 육성 3) 장애인, 노인, 임산부 등 문화향유 소외계층을 위한 박물관 이용 서비스 개선 지원으로 사립박물관 재정 부담 완화 4) 국립박물관의 선도적 역할 강화 5) 국립민속박물관 용산 확대·이전 건립 추진 6) 자연사박물관 건립 추진 지원

출전: 〈표 2-7〉과 같음.

인프라 구축은 대체로 다양한 문화유산기관의 설립을 과제로 삼고 있다. '기록관리 선진화 전략'은 중간기록관리 시설 건립, 지방기록관리기관 설립 지원, '도서관 발전계획'은 장서 확충, 과학기술·농학 등 분야별 도서관과 전문도서관 설립, '박물관 발전구상'은 자연사박물관 건립 추진 등에 중점을 두고 있다. 기록관은 국가 또는 광역자치단체 수준에서 설립을 추진하고 있는 반면에 도서관 설립은 학교 도서관, 병영도서관, 작은 도서관 등 그 층위가 아래로 내려가 있다. 이는 문화유산기관의 인프라 환경이 균등하지 않으며, 도서관과 박물관에 비해 기록관 환경이 열악한 상황임을 의미한다.

인프라 구축 과제에는 웹 기록·데이터 세트 등 전자기록관리 체계 구축, 국가 서지 데이터 구축 등과 같은 문화유산자원의 관리와 관련된 인프라도 포함하고 있다.

전문인력·교육

발전 전략에는 '기록관리 전문인력 양성·배치', '도서관 인력의 전문화 및 관련 제도의 선진화', '박물관 인력의 전문화' 등 전문가의 양성과 배치 등을 주요 과제로 제시하고 있다. 이는 문화유산기관 발전 전략의 공통된 특징 가운데 하나이다. 그러나 '기록관리 선진화전략'은 기록관리법에서 규정한 내용에서 더 나아가지 못했다. 곧 대학원 교육과정의 문제점과 교과과정 표준화, 인증제도 등 전반적 제도 검토가 필요한 사안임에도 이를 반영하지 않았다. 반면에 '박물관 발전구상'은 '박물관학 교육과정 표준안의 연구·보급'[38]을 설정하고 있

<표 2-11> 전문인력·교육 영역 추진 과제

	세부과제
기록관	1) 기록관리 전문인력 양성 및 전문성 강화 2) 각급기관 기록물관리 전문요원 배치 지원 3) 기록관리 역량 강화를 위한 맞춤형 교육
도서관	1) 도서관서비스 전문화를 위한 사서자격제도 개선 2) 사서양성 교육과정 강화 및 평가제도 도입 3) 주제전문사서제도 및 양성 프로그램 활성화 4) 도서관 전문인력의 재교육 프로그램 강화 5) 공공도서관 전문인력 확보 6) 공공도서관 전문인력 충원의 내실화 7) 학교도서관 전문인력 배치에 관한 기준 마련 8) 학교도서관 운영인력 전문화 9) 사서교사 배치기준 마련 등 학교도서관 전문인력 확충
박물관	1) 학예사 제도의 수직적 등급 체계 단순화 및 수평적 전문화 도모 2) 박물관 업무영역 세분화 및 전문인력 적정 배치기준 마련 3) 전공과정, 교수 및 학습시스템 등 연계, 특성화 대학박물관 지원 4) 박물관 행정 담당 공무원 대상 교육프로그램 운영 체계화

출전: 〈표 2-7〉과 같음.

으며, '도서관 발전계획'은 대학의 '문헌정보학 교육제도와 교육내용의 개선' 등에 대해 상세히 기술하고 있다.[39]

정보 자원화·서비스

앞선 연구들은 문화유산기관들 사이의 정보서비스 협력방안에 대해 강조하고 있다. 그러나 각 기관들은 여전히 정보자원화가 미흡한 것으로 보인다. 곧 국가기록물 검색기반 강화를 통한 기록정보자원화, 국가기록물 고유 식별체계 구축, 기록정보 온라인 시스템 고도화, 지식창조형 Library 2.0 환경 구축, 국가 디지털 레퍼런스 서비스 체계 구축, 국가메타데이터 레지스트리 체계 구축, 국가자료종합 데이터베이스 구

〈표 2-12〉 정보자원화 · 서비스 영역 추진 과제

	세부과제
기록관	1) 국가기록물 검색기반 강화를 통한 기록정보자원화 추진 2) 대국민 기록정보서비스 확대를 위한 다양한 콘텐츠 개발 3) 디지털기록의 통합 관리체계 구현 4) 온라인 및 모바일 열람서비스 확대 5) 대국민 서비스를 위한 기록물 공개제도 개선 6) 국가기록물 고유 식별체계 구축 7) 기록정보 온라인 시스템 고도화 추진 8) 전시회 등 찾아가는 기록문화 확산 9) 대통령기록물 생산기관 기록관리 컨설팅 지원 10) 해외기록물 수집 다원화 및 홍보강화 11) 기록문화 인식 확산을 위한 민간기록물 발굴 및 홍보 강화
도서관	1) 도서관을 통한 원스톱 주민생활 서비스 제공 2) 공공도서관 독서 · 문화프로그램 활성화 3) 공공도서관 어린이서비스 확대 4) 공공도서관 자원봉사체계 확립 5) 학교도서관 이용서비스 확대 6) 도서관 활용 프로그램 다양화 7) 장애인 등 취약계층 대상 도서관서비스 활성화 8) 고령자를 위한 도서관서비스 제공 9) 다문화 가정을 포용하는 도서관 서비스 제공 10) 정보접근 취약계층에 대한 지속적인 정보접근기회 제공 11) 실용위주의 맞춤형 정보활용교육의 강화 12) 차별화된 전문도서관서비스 고품질화 구현 13) 전문도서관의 서비스 가치평가와 운영평가 기준 개발 14) 지식창조형 Library 2.0 환경 구축 15) 협력형 국가 디지털 레퍼런스 서비스 체계 구축 16) 도서관 지식정보콘텐츠의 효율적인 정보유통망 구축 17) 국가 메타데이터 레지스트리 체계 구축 18) 지식공유문화 확산을 위한 오픈액세스 거버넌스 체계 구축 19) 인포메이션 커먼스 기반의 하이브리드형 도서관 모델 개발 20) 국가도서관정보화에 대한 조정 역할 및 기능 강화 21) 도서관정보화 관련 성과관리 체계 개발 22) 도서관 - 교육활동 연계서비스 확대 23) 입법정보서비스의 질적 수준 제고 24) 종합법률정보서비스의 수준 제고 및 개방 확대 25) 학술정보자원의 확충 26) 대학도서관 간 자원공유 확대 27) '국가자료종합DB' 구축
박물관	1) 박물관 소장품의 DB 구축 등 보존관리 및 공공적 활용 강화

출전: 〈표 2-7〉과 같음.

축, 박물관 소장품 데이터베이스 구축 등을 추진과제로 설정하고 있다.

기록관의 서비스 전략은 콘텐츠 개발, 온라인·모바일 서비스 등에 관심을 갖고 있으며, 변화된 환경에 적극 대응하려는 움직임을 엿볼 수 있다. 도서관의 서비스 전략은 대상을 구체화하고, 정보 소외 계층으로 서비스를 확대하려는 특징이 있다.

국내외 협력

문화유산기관은 국내외 교류, 협력을 발전 전략에 포함하고 있다. 특히 '도서관 발전계획'은 '문화유산관련 기관간의 지식·정보 공동활용'을 명시하여 문화유산기관의 협력에 가장 적극적인 것으로 보인다.

〈표 2-13〉 국내외 협력 영역 추진 과제

	세부과제
기록관	1) 우리 문화의 국가브랜드 제고 2) 기록관리 국제협력 강화 3) 남북 기록관리기관간 기록물 교류 추진 4) 산관학 협력을 통한 기록관리 연구개발 5) 헌법기관 기록물관리기관과의 협력체계 구축
도서관	1) 대학도서관 국제교류 및 협력체제 강화 2) 관종·지역·분야별 도서관 협력네트워크 구축 3) 문화유산관련 기관간의 지식·정보 공동활용 4) 상호대차 강화를 통한 국가 학술·연구정보협력 활성화 5) 세계주요도서관 및 도서관정책기구와의 교류협력 강화 6) 남북한 도서관간 상호교류 및 협력 확대 7) 학교도서관 협력 네트워크 강화 8) 지방의회 지원 및 입법정보 교류협력 확대 9) 국내외 법률 관련 기관과의 협력체계 구축
박물관	1) 국내외 기관 연계 학술연구 및 국제 교류 진흥 2) 해외 박물관 한국실 지원 효율화 및 체계화

출전: 〈표 2-7〉과 같음.

곧 '국가 차원에서 지식정보관리기관 사이에 연계 필요성이 증대'했으며, 이에 따라 '문화유산기관의 소장 자료 통합 검색·활용' 등이 필요하다고 진단하였다. 구체적인 추진전략으로 '문화유산 공동 활용 협력체결, 협의체 구성' 등을 제안하였다. 또한 구체적으로 국가기록포털, 문화유산종합정보서비스, 문화예술종합정보시스템 등의 연계를 제시했다.[40] 이와 같은 문제의식은 다른 기관에서 적극적으로 수용할 필요가 있다. 오랜 기간 독자적 발전과정을 추구했던 문화유산기관들이 시대적 변화에 따라 공통의 과제를 설정하고, 공동체의 기대에 부응하는 협력 방안을 마련하는 것은 디지털 시대의 요구이기 때문이다.

한편 문화유산기관 사이의 남북교류를 적극적으로 표명하고 있는 점이 특징이다. 기록관은 내부 네트워크가 구축되지 않은 조건으로 인해 국내 교류협력은 헌법기관과의 협력 등에 한정하고 있다. 국제협력의 필요성에 대해서는 문화유산기관의 공통 관심사이다.

4. 협력을 위한 문화유산기관의 발전 전략 재설계

디지털시대로의 전환에 따른 이용자의 요구 변화는 분명 문화유산기관의 협력을 촉진하는 요소이다. 그러나 문화유산기관의 발전 전략은 이를 충분히 반영하고 있지 못한 실정이다. 물론 '도서관 발전계획'은 문화유산기관의 협력을 추진과제로 설정하여 가장 적극적이다. 그러나 문화유산기관협의회의 구성, 문화자원의 공동 활용 등을 대안으로 제시하고 있을 뿐이다. 따라서 문화유산기관의 협력을 촉진하고, 변화된 환경에 적극 대응하기 위해서는 문화유산기관의 발전 전략을 재설계할 필요가 있다.

(1) 문화유산기관의 정책 기조를 변화시키는 것이 요구된다. 이명박 정부에서 수립한 문화유산기관 발전 전략은 개별 기관의 독자적 성장에 초점을 두고 있다. 그러나 이는 변화된 환경에 대한 적극적인 대응으로는 부족해 보인다. 또한 오랜 기간 지속된 문화유산기관의 낮은 위상을 감안하면, 독자적인 발전 전망은 그리 밝지 않다. 따라서 공동의 협력을 통해 문화유산기관을 사회 속에 뿌리 내리고, 이 과정에서 개별적인 성장을 도모하는 전략을 채택할 필요가 있다. 소속기관으로서의 한계를 극복하기 위해 지금까지의 독자적 발전 전망을 폐기하고, 공동 발전 전략을 수립하는 것은 변화의 출발점이다. 곧 기록관·도서관·박물관 등을 아우르는 큰 틀에서 연대와 협력을 기반으로 공동 발전 전략을 수립하는 정책 전환을 통해 시너지 효과를 극대화할 수 있을 것이다.

(2) 정책 기조의 전환과 함께 당면한 문화유산기관의 한계를 극복하기 위한 활동을 구체화할 필요가 있다. 협력은 중층적으로 이루어질 수 있다. 국가 수준의 문화유산기관 발전은 물론 마을 공동체 수준의 기초 단위에서 협력할 문제 등을 포괄해야 한다. 또한 전체 문화유산기관의 협력뿐만 아니라 기록관과 도서관, 도서관과 박물관, 기록관과 박물관 사이의 협력을 적극적으로 추동해야 한다. 이 과정에서 기록관·도서관·박물관 등 문화유산기관의 네트워크도 구축할 수 있을 것이다.

(3) 문화유산기관의 낮고 불균등한 위상을 바로 세우는 문화정치를 전개해야 한다. 이를 위해 국가기록원장, 국립중앙도서관장의 직위를 국립중앙박물관과 같이 정무직 차관급으로의 전환을 요구해야 한다. 기관장의 전문성을 보장할 수 있는 인사시스템도 갖추어야 한다. 또한 인사·예산, 정책 수립·집행권을 문화유산기관이 독립적으로 수행할 수 있도록 제도화해야 한다. 이러한 과제에 대해 문화유산기관은 '도서관 발전계획'에서 제시한 '문화유산기관협의체' 구성을 추진하고, 관련 학계 등은 학회 구성 등을 통해 문제제기와 정책 과제 개발 등을 추진할 필요가 있다. 이를 통해 '(가칭)문화유산부'와 같은 정부조직으로의 발전 전망을 모색하는 것이 가능할 것이다.

(4) 문화유산기관이 당면한 공통 과제는 협력을 바탕으로 제도화해야 한다. 앞에서 살펴본 것처럼 문화유산기관 발전 전략의 상당 부분은 다양한 기관 설립 등 인프라 구축에 집중하고 있다. 그러나 개별적으로 전개되어 일정한 한계를 지니고 있다. 곧 공공부문과 민간부문의 균형적 발전은 물론 다양한 문화유산기관 설립을 촉진하기 위한 제도화가 필요하다. 예를 들면, 문화유산 발전의 기반 조성, 사업과 활동을 지원할 목적으로 '(가칭)문화유산 진흥 기본법' 등의 제정을 공동 추진할 필요가 있다.[41] 이를 통해 문화유산 진흥 과제를 국가 정책 의제로 설정하는 것이 가능할 것이다. 또한 '문화유산 예산 30% 증액'과 같은 슬로건을 내걸고 예산 증액을 위해 공동으로 노력할 필요가 있다.

(5) 문화유산기관 사이의 협력은 국가 차원뿐만 아니라 자치의 공간에서도 이루어져야 한다. 시민들에게 다가가는 문화유산기관으로

거듭나기 위해서는 일상생활과 밀접한 다양한 문화유산기관이 만들어져야 한다. 예를 들어 마을에 주목할 필요가 있다. 최근 서울시는 마을 만들기 사업을 적극 추진하고 있으며, 마을 만들기 주요 사업 가운데에는 마을 아카이브 구축을 포함하고 있다. 곧 마을 아카이브를 기록관·도서관·박물관 등의 기능을 포함한 공간으로 설정하고, 문화유산기관이 공동 대응하여 구체적인 협력 사례를 축적할 필요가 있다.[42] 작은 도서관, 학교 도서관 또한 이러한 작업이 가능한 공간이다. 이와 같은 낮은 단계의 협력을 통해서도 구체적 사례가 축적되면, 자치구 또는 광역자치단체의 수준으로 협력 모형을 확대하고, 나아가 국가 수준의 다양한 협력 모형을 창출하는 것이 가능할 것이다.

(6) 또한 문화유산기관의 협력은 소장하고 있는 문화유산 자원의 공동 이용과 서비스를 통해서도 이루어져야 한다. 그러나 이를 위해서는 먼저 문화유산기관 공동으로 국가 전체의 광범위한 문화유산 자원에 대한 종합적 조사·분석, 연구가 선행되어야 한다. 곧 어떠한 자원을 선별하여 서비스 할 것인지 분석해야 양질의 서비스를 기대할 수 있다. 또한 이 과정에서 문화유산 자원 조사 방법론을 축적한다면, 구체적인 목표를 설정할 수 있을 것이다.

(7) 문화유산기관의 협력적 발전을 위해서는 기록학·문헌정보학·역사학·박물관학 등의 분야에서 문제의식을 지닌 관련 전문가들을 중심으로 학회를 구성하는 것이 요구된다. 학회 구성 전 단계에는 관련 연구자들이 문화유산 진흥 방안 등을 공동으로 연구할 필요가 있다. 이러한 활동을 통해 학회를 구성하고, 문화유산 관련 연구

성과를 공유해야 한다. 이는 문화유산기관에 대한 이해를 증진시키고, 문화유산의 중요성을 알리는 데 기여할 것이다. 또한 문화유산기관과 공동으로 전문성 향상 방안 연구, 교육 프로그램 공동 개발 등의 활동을 통해 문화유산기관 사이의 협력 범위를 넓혀 나가야 한다.

5. 나오며

문화유산기관의 발전 전략은 각 기관의 독자적 성장에 초점을 두고 있다. '도서관 발전계획'이 비록 문화유산기관의 협력을 추진과제 중의 하나로 설정하고 있지만, 기록관·박물관 등은 이에 대해 전혀 언급하지 않고 있다. 디지털 시대로의 변화라는 이전까지와는 전혀 다른 환경 변화에 외국의 문화유산기관들이 적극 대응하고 있는 것과 대조적이다. 이는 우리 문화유산기관의 저발전 상태를 보여주는 사례이기도 하다. 곧 한국의 문화유산기관은 아직 인프라의 부족, 다양한 제도 개선 과제를 갖고 있는 형편이다.

따라서 문화유산 진흥을 위해 문화유산기관 사이의 협력을 강화하고 이를 바탕으로 공동 발전을 모색하는 방향으로 전환하는 것이 요구된다. 곧 문화유산기관의 협력을 바탕으로 공동 발전 전략을 구상하는 것은 각 기관의 당면 과제를 실현하는 새로운 접근 방법이 될 수 있다. 공동 발전 전략에는 문화유산기관의 협력과 조정을 위한 '문화유산기관 협의회'구성, 문화유산 예산 증액, 문화유산기관의 독립성과 전문성 제고 방안 등을 포함해야 한다.

이와 같은 방향 전환을 바탕으로 문화유산기관의 협력 수준은 낮은 단계, 곧 마을공동체와 같은 최소 지역단위에서 구체화할 필요가 있다. 대학교 또한 기록관·도서관·박물관의 협력 모형을 구축할 수 있는 최적의 공간이다. 작은 단위에서 문화유산기관이 공동의 사업을 통해 성과를 축적할 필요가 있다. 이러한 과정에서 축적된 협력의 경험을 바탕으로 기초 자치단체 나아가 광역 자치단체, 국가 차원으로 점차 확대해 가는 단계적 발전 전략을 채택할 필요가 있다.

문화는 정치의 주요 요소 가운데 하나이며, 문화의 초석은 문화유산이다. 문화유산의 진흥은 한국을 문화국가로 이끄는 견인차 역할을 담당할 것이다. 따라서 문화유산기관의 협력과 연대를 바탕으로 한 공동의 노력은 그 출발점이라 할 수 있다.

3부

민주주의시대 기록

1장 권위주의 정부가 남긴 기록들

1. '파편화된' 기록들

국가는 '사회간접자본의 제공, 사회체계의 재생산을 위한 경찰력 등의 물리적 통제, 사회복지 서비스와 함께 사회구성원들이 체제에 순응하도록 언론·문화 등의 이데올로기적 기구를 동원한다'. 또한 '자본의 축적을 보장하는 생산 영역은 물론 주택·의료 등 노동력재 생산과 관련된 소비의 영역, 즉 보통사람들의 일상적 삶에 침투한다.'[1] 따라서 국가 아카이브의 기록은 "사회 구성요소들의 단순한 총합이 아니라"[2] 사회 전체에 대한 총체성을 반영해야 한다.

국가기록원이 보존하고 있는 기록의 성격 분석이 필요한 이유는 당대사 기록의 총체성을 파악하는 작업으로 그 의미가 있기 때문이다. 증빙 기록 중심으로 영구기록을 선별했던 기록 처분 제도의 역사는 고스란히 국가기록원 보존 기록에 반영되어 있다.[3] 대한민국 정부 수립 이후 권위주의 정부가 어떤 기록을 남겼는지 살펴보고, 민주주의시대에는 어떤 기록을 남겨야 하는지 시사점을 찾고자 한다. 여기에서는 중앙행정기관을 중심으로 국가기록원 보존 기록을 분석하였다.[4]

분야	기관	연혁	생산시기	문서 수량 (권)
행정 · 감사	감사원	1948년 감찰위원회, 1949년 심계원, 1963년 감사원	1949~2001	20,673
	내무부	1948년 내무부, 1998년 폐지	1951~1988	5,036
외교 · 국방	외교통상부	1948년 외무부, 1998년 외교통상부	1945~2000	5,765
	통일부	1968년 국토통일원, 1990년 통일원, 1998년 통일부	1964~1991	87
	국방부	1948년 국방부	1945~1997	2,782
경제	경제기획원	1955년 부흥부, 1961년 경제기획원, 1994년 재정경제원으로 흡수 폐지	1948~1994	5,110
	재무부	1948년 재무부, 1994년 재정경제원으로 흡수 폐지	1931~1994	10,909
	재정경제부	1994 재정경제원, 1998년 재정경제부	1994~2005	154
산업	농림수산부	1948년 농림부, 1973년 농수산부, 1987년 농림수산부, 1996년 폐지	1946~1995	6,174
	동력자원부	1948년 상공부, 1977년 동력자원부, 1993년 상공부와 통합하면서	1911~1993	2,973
	상공부		1948~1993	2,405
	통산산업부	상공자원부, 1994년 통산산업부, 1998년 산업자원부로 개편	1993~1997	535
사회 · 복지	보건복지부	1955년 보건부와 사회부 통합하여 보건사회부, 1994년 보건복지부	1955~1991	4,939
	환경부	1979년 환경청, 1989년 환경처, 1994년 환경부	1965~2001	848
	노동부	1963년 노동청, 1982년 노동부	1963~1999	2,181

출전: 국가기록원, 『국가기록원 소장기록물 가이드 Ⅰ』, 2007 참조.
※ 소속기관을 제외한 통계임, 본부만 해당함.

첫째, 행정·감사 분야 기록 현황은 다음과 같다. 내무부 기록군은 지방행정기구 조직관리 기록(1,167권, 23.2%), 지방세제 운영 기록(552권, 11.0%), 지방자치제도 운영 기록(488권, 9.7%), 지적제도 운영 기록(453권, 9.0%), 외국인 토지취득 허가 기록(382권, 7.6%) 등이 약

60.5%를 차지하고 있다.[5] 감사원 기록군은 감사결과처리 기록(15,603 권, 75.5%)이 대부분이다. 감사위원회 회의록 등 각종 회의 기록 (1,914권, 9.3%), 심사청구 심리 결정 기록(1,543권, 7.5%), 직무감찰 기록(671권, 3.2%) 등이다. 곧 몇몇 특정 분야 기록을 중심으로 보존 하고 있다.

둘째, 외교·국방 분야 기록 현황은 다음과 같다. 외교통상부 기록 군은 국제조약체결 기록(1,332권, 23.1%), 영사업무 기록(626권, 10.9%), UN외교 기록(465권, 8.0%), 국제기술협력 기록(332권, 5.8%) 등을 보 존 중이다. 그러나 외교통상부는 1948년부터 2004년까지 체결한 조 약 1,597건 가운데 46건의 조약원본을 분실했다. 아울러 대통령 결재 문서와 국회비준서 17건도 역시 또한 분실했다고 감사원 감사를 통 해 밝혀진 바 있다.[6]

통일부 기록군은 훈령제정 등 법규 기록(18권, 20.7%), 인사발령대 장 등 인사관리 기록(16권, 18.3%), 법인 등록·허가 등 법인관리 기 록(16권, 18.3%) 등이 주요 기록이지만 기록 이관 양이 극히 소량에 지나지 않았다. 통일정책 기록은 이관하지 않았고, 통일정책 연구 기 록만 2권 있을 뿐이다.

국방부 기록군은 인사관리 기록(521권, 18.7%), 법령 질의응답 기 록(204권, 7.3%), 방위성금 등 자금관리 기록(178권, 6.4%), 조직 관리 기록(143권, 5.1%) 등을 보존 중이다. 한편 국방부 합동참모본부(1963 년 설치) 준영구 이상 비밀기록 "1,229건 중 1970년 이전 문서는 단 3건", "1971년부터 1980년 사이에 생산된 문서도 모두 14건"에 지나지 않았다. 곧 1980년대 이전 중요 비밀기록 대부분을 파기했다.[7]

이처럼 외교·국방 분야의 정책 기록도 대부분 국가기록원으로 이관하지 않았고, 남아 있는 기록 또한 특정 분야에 편중되어 있다.

셋째, 경제 분야 기록 현황은 다음과 같다. 경제기획원 기록군은 "1966년부터 1975년까지 일본으로부터 제공된 무상자금 3억 달러와 유상자금 2억 달러의 사용내역, 대일청구권자금의 연도별 실시 계획 및 월별 보고" 등 대일청구권자금 기록(3.111권, 60.9%), 경제장관회의록 등 경제정책회의 기록(632권, 12.4%)이 주요 기록이다. 재무부 기록군은 "외자도입 관련 회의와 차관에 관한 내용"을 담고 있는 외자도입관리 기록(6,430권, 58.9%), 북미·유럽의 차관 기록(1,230권, 11.3%) 등이다. 재정경제부 기록군은 경제장차관회의 기록(119권, 77.2%)이 대부분을 차지한다.[8]

넷째, 산업 분야 기록 현황은 다음과 같다. 농림수산부 기록군은 토지개량사업 기록(1,560권, 25.3%), "농지 전용과 국토이용의 변경" 등 농지보전 기록(855권, 13.8%), 인사관리 기록(433권, 7.0%), 공유수면 매립·관리 기록(384권, 6.2%) 등이 52.3%를 차지했다. 동력자원부 기록군은 거의 광업원부, 광업권설정등록 등 광업권 설정·관리 기록(2,802권, 94.2%)이라 할 수 있다. 상공부 기록군은 기술도입과 외국인 투자 기록(1,318권, 54.8%), 자유무역지역 관리·운영 기록(255권, 10.6%), 무역정책 기록 (116권, 4.8%) 등이다. 그러나 무역정책 기록으로 제시된 대표 기록은 '일반시장개설허가관계철', '대외무역법 개정' 등이며, 이는 법규 기록에 해당한다고도 볼 수 있다. 통상산업부 기록군은 광업권 설정·관리 기록(357권, 66.7%)이 대부분이다. 한편 "중화학공업 정책을 수립·결정했던 중화학공업추진위원회는

1973년 2월 설립 이후 6년 동안에 200여 차례의 회의를 통해 1,000여 건의 안건을 처리했으나, 국가기록원에는 관련 기록이 1권만 보존되어 있고 이 위원회의 승계기관인 산업자원부(전 상공부)도 관련 기록을 보존"하지 않았다.[9]

다섯째, 사회·복지 분야 기록 현황은 다음과 같다. 보건복지부 기록군은 "주로 의약품의 제조·유통에 대한 지도·단속·허가" 등의 의약품 관리 기록(2,830권, 57.3%), 화장품·의약부외품 관리 기록 (948권, 19.2%), 식품·첨가물 지도·단속 등 관리 기록(405권, 8.2%) 등이다. 환경부 기록군은 "주로 지역별 상수도 사업 인가 등" 상수도시설 관리 기록(235권, 27.7%), 법규 기록(167권, 19.7%), "독극물 제조·유통업 등의 인허가 등 유해화학물질 안전관리 기록(141권, 16.6%) 등이다.

〈표 3-2〉 국가기록원이 보존중인 주요 중앙행정기관 기록 현황 2

분야	기관	연혁	생산시기	문서 수량 (권)
과학 · 교육	과학기술부	1967년 과학기술처, 1998년 과학기술부	1963~1993	709
	문교부	1948년 문교부, 1990년 교육부, 2001년 교육인적자원부	1912~1989	3,160
	교육인적 자원부		1990~2000	0
문화 · 체육	체육부	1982년 체육부, 1990년 체육청소년부, 1993년 문화부와 통합되어 문화체육부/ 1968년 문화공보부, 1989년 문화부, 1993년 문화체육부로 통합, 1998년 문화관광부	1956~1991	61
	체육청소년부		1991~1992	9
	문화체육부		1986~1997	29
	문화공보부		1968~1989	1,007
	문화부		1989~1992	26
	문화관광부		1989~2003	2
지식 정보	정보통신부	1948년 체신부, 1994년 정보통신부	1911~1996	926

출전: 〈표 3-1〉과 동일.
※ 소속기관을 제외한 통계임, 본부만 해당함.

한편 국가기록원의 '노동부 기록군'(노동청 기록 포함)을 자세히 살펴보면 〈표 3-3〉과 같다. 노동부 기록군의 생산 시기는 1963년부터 1999년까지이며, 기록 수량은 문서 2,181권, 카드 36권, 사진필름 14권 등이다. 노동부 기록군은 기능에 따라 30개 기록계열로 구분하고 있다. '노동부 기록군' 문서 2,181권 가운데 '법규' 계열 39.6%(864권), '소송' 계열 17.4%(381권), '고용보험 산재보험 운용관리' 계열 11.4%(249권) 순이었으며, 3개 계열이 전체 기록의 68.4%를 차지하고 있다.

〈표 3-3〉'노동부 기록군' 주요 기록

기록계열	생산연도	주요 내용	주요 기록	수량(권)
고용보험 산재보험 운용관리	1972~1999	고용보험·산재보험의 기금운용, 보험 적용·보상 등	『업무상재해인정기준』, 『진폐관계철(진폐보험 급여결정서)』 등	249
산업보건 기준 설정 및 운영	1974~1994	보건기준, 근로자 건강 진단 관련 규정 등의 제·개정, 직업병판정심의위원회운영 등	『근로자 건강진단 관련 (고시,예규)』, 『진폐기금 운용계획』	43
임금정책 운영	1983~1994	임금정책 수립, 최저임금 심의, 조정 등	『1992년도임금정책(2)』, 『최저임금 심의관계철(1)』 등	34
근로복지 증진	1986~1993	근로자 복지증진을 위한 계획수립, 장애인 고용 촉진 기금운용 등	『중소기업근로자복지 진흥관계철(1)』 등	11
노동조합 설립 및 운영	1988~1995	중앙노동위원회의 개최, 임원 선출 등	『고려용접봉(금속)』, 『전교조 관련철』 등	6
중앙노사 협의회 운영	1989~1990	중앙노사협의회의 회의 개최, 위원 위촉 등	『중앙노사협의회철』 등	2
법규	1963~1995	근로기준법, 최저임금법, 노동조합법 등 노동관계 법 제·개정 등	『근로기준법 개정철』, 『질의회시』 등	864
소송	1972~1996	산업재해 등 사건의 소원, 노사 간 소송 등	『소원소송관계철』, 『행정소송관계철』 등	381

출전: 국가기록원, 『국가기록원 소장기록물 가이드Ⅰ』, 2007, 382~386쪽.

노동부 기능 가운데 일부 기능에 대한 기록만 보존하고 있을 뿐이며, 해당 기능의 기록도 온전히 보존하지 못한 실정이다. 이와 같은 사례는 앞서 언급한 것처럼 '노동부 기록군'만의 문제가 아니라 국가기록원 기록군 전체에서 발견할 수 있다.

'노동부 기록군'의 특징은 보존기록이 파편적으로 존재한다는 점이다. 보존기록은 노동행정과 관련된 일부 기록만 남아 있을 뿐이다. 국가가 노사협조주의를 강요하던 시기에 '중앙노사협의회 운영' 계열은 단 2권, '임금정책 운영' 계열은 34권만이 남아 있을 뿐이다. 생산현장에서 노사협조주의가 어떻게 관철되고 있는지, 정부의 임금정책 결정과 운영이 어떻게 이루어졌는지를 밝히는 작업은 국가의 공적인 기록만으로는 접근하기 어렵다.

여섯째, 과학·교육 분야 기록 현황은 다음과 같다. 과학기술부 기록군은 원자력시설관리 기록(359권, 50.6%), 과학기술관련 단체·법인 지원 기록(101권, 14.2%)이 대부분이다. 문교부 기록군은 학원·학교 법인 관리 기록(1,913권, 60.5%)이 대부분이며, 인사관리 기록(181권, 5.7%), 학위 승인 등록 등의 학위관리 기록(144권, 4.6%) 등으로 구성되어 있다. 교육인적자원부 기록군에는 문서가 전혀 없고 사진필름만 12권이 있다.

일곱째, 문화·체육 분야 기록 현황은 다음과 같다. 문화공보부 기록군은 법인관리 기록(652권, 64.7%), 감사 기록(110권, 10.9%) 등으로 구성되어 있다. 문화체육부 기록군은 29권, 문화부 기록군은 26권, 문화관광부 기록군은 2권에 지나지 않았다.

여덟째, 지식정보 분야 기록 현황은 다음과 같다. 정보통신부 기

록군은 체신자금운용 기록(499권, 53.9%), 법규 기록(90권, 9.7%) 등
이었다.

세계일보가 1950년부터 1993년까지 주요 역사·정책 사건과 대통
령 통치 관련 기록 150건을 선정, 국가기록원을 통해 보존 실태를 조
사한 결과 106건 기록(70%)은 기안과 결재, 집행문서(사건보고서 포
함)가 없는 것으로 밝혀졌다. 106건 중 70건은 아예 기록이 존재하기
않았고, 36건은 국무회의록에 짧게 언급되거나 국무회의 안건목록
또는 관계 법령철 등에 제목만 남아 있었다. …… 특히 '80년 서울의
봄'을 짓밟은 신군부의 '국보위'관련기록은 현판과 관인대장 등 고작
2건이었다.[10]

요컨대 중앙행정기관을 사례로 권위주의 정부에서 남긴 기록 현
황을 살펴본 결과, 양적으로 매우 빈약하며, 몇몇 기록 유형에 편중
되어 있었다. 곧 한국 현대사의 주요 역사적 사건과 정책에 대한 기
록이 남겨지지 않았음을 알 수 있다.

2. '분절된' 기록들

2005년 10월 '국가기록 관리 혁신 로드맵' 국무회의 보고 당시 노무
현 전 대통령은 주요기록 보존 실태에 대해 조사할 것을 지시했다.
다음은 국가기록원이 실태 조사한 결과이다. 조사대상은 과거사 관

련 기록과 정부수립 이후 시행된 주요 정책, 국책사업, 역사적 사건, 대형 사건·사고, 외교·남북관계 등 5개 분야였다. 조사대상 기관은 국가기록원, 중앙행정기관, 지방자치단체 등 123개 기관이었다.[11]

첫째, 과거사 기록은 매우 빈약한 실정이다. ① 여순사건, 보도연맹, 제주 4·3항쟁, 거창사건 기록은 국가기록원이 형사사건기록·판결문 등을 주로 보존하고 있으며,[12] 「반민족행위자처벌 특별위원회」(1949년) 기록은 '반민특위와의 교섭의 건', '반민특위와의 회담결과보고의 건' 2건만 국가기록원이 보존 중이었다. ② 4·19혁명 기록은 상황일지, 사망자명단, 계엄 및 작전수행 관련기록, 형사사건기록 등을 보존하고 있다.[13] ③ 5·16군사쿠데타 기록은 군사혁명위원회 포고, 계엄 관련 기록, 국가재건최고회의 심의사항 등을 일부 보존 중이다.[14] ④ 1960년대 베트남전쟁 파병 기록은 한미 협정문, 군사원조, 비밀군사협정, 파병·철군자료, 인사명령, 전사망보고서, 월남참전연명부 등이 존재한다.[15] ⑤ 1967년의 동백림사건 기록은 형사사건 기록과 서독과의 외교교섭 기록이 보존 중이었다.[16] ⑥ 1974년의 민청학련 기록은 법무부와 대검찰청이 형사사건 기록 89권만을 보존하고 있었다. ⑦ 1980년 삼청교육대 기록은 교육계획, 감호자 명단, 난동사건, 검시사건부 등 사망자 관련기록, 삼청교육 사진첩, 피해자 신고자료 등을 보존 중이었다.[17] ⑧ 5·18 광주항쟁 기록은 상황일지, 사망자명단, 계엄기록, 작전기록, 군법회의·군사재판 판결기록 등을 보존 중이었다.[18]

요컨대 과거사 기록은 양적으로 매우 빈약한 것은 물론 오랜 시간이 지난 기록을 국가기록원에 이관하지 않고, 각 기관에서 자체 보존하고 있음을 알 수 있다. 곧 국방부는 문서 1,249권, 마이크로필름

32롤, 검찰청은 323권의 문서를 이관하지 않았다. 이는 이들 권력기관의 기록 이관을 강제하지 못하는 국가기록원의 낮은 위상을 잘 보여주는 사례이다.

둘째, 역대 정부의 주요 정책 기록은 추진과정, 정책 결정과정을 알 수 없는 최종 결재문서, 법규 기록 등이 남아 있다. ① 1960 · 70년대 경제개발 5개년계획 기록은 기본계획안, 대통령 재가문서, 국무회의 의안 등 일부를 보존중이다.[19] ② 1968년 이후 대학입시제도 개편 기록은 기본계획 등만 있을 뿐이다.[20] ③ 금융실명제 시행 기록은 기본계획, 실시상황, 평가 등의 기록을 재정경제부가 주로 보존 중이었다.[21] ④ 1997년 금융위기 관련 기록은 대통령보고문서, IMF협의관련 문서, 비상대책 추진상황 등이 일부 남아 있으나, IMF합의서 일부는 사본이다.[22]

셋째, 대규모 국책 사업 기록 또한 일부만 보존하고 있다. ① 1968년 이후 고속도로 건설 기록은 정책을 알 수 있는 기록이 빈약한 가운데 차관 도입 기록, 토지구획 정리 등 집행 기록만 일부 보존하고 있다.[23] ② 1980년대 과천신도시 건설 기록 또한 정책 결정과정에 대한 기록은 없으며, 건축허가 · 상수도사업인가 등 집행 기록 일부만 남아 있다.[24] ③ 1966년 이후 원자력발전소 건설 기록은 "원자력장기계획, 원자력위원회 회의록, 원자력발전소 설계, 원전 후보지 선정, 발전소 건설 등"을 국가기록원과 산업자원부가 보존 중이었다.[25]

넷째, 외교 기록은 대외 교섭상의 기록은 거의 남아 있지 않으며, 조약문 · 협정문 등을 보존 중이었다. ① 1951년 한 · 미 상호방위조약 기록은 조약체결 과정을 알 수 있는 기록은 거의 없으며, 양해각서 ·

조약문 등이 남아 있다.[26] ② 1948년부터 1967년까지 한일회담 기록은 "한일협정 회의록, 어업관계회의, 경제협력" 기록과 외교통상부가 보존중인 청구권 관련 기록이 남아 있다.[27] ③ 1998년의 한일어업협정 기록은 "실무자회의, 당국자회의, 협정안, 협정이행" 등의 기록 20권을 해양수산부가 보존 중이었다. ④ 1971년 이후 남북회담 기록은 원본을 보존하는 것이 아니라 '남북회담 사료집', '남북군사실무접촉 종합자료집' 등 백서 형태로 보존하여 기록관리 원칙을 훼손했다.[28]

다섯째, 대형 사건·사고 기록 또한 체계적으로 관리하지 않았다. ① 1993년 서해 페리호 침몰 사고 기록은 "상황보고, 전문철, 종합보고서 등" 일부 기록 16권만 해양경찰청에 남아 있었다. ② 1994년 성수대교 붕괴사고 기록은 "정부차원의 사고수습 대책 기록"은 소방방재청에 단 4권 남아 있을 뿐이고, 서울시에 피해자 배상 관련 기록 389권이 보존 중이었다. ③ 1995년 삼풍백화점 붕괴사고 기록은 "상황일지, 종합보고서, 피해검증서, 보상 관련기록" 일부가 남아 있다.[29] ④ 2003년 대구지하철 참사 기록은 "관계 장관회의, 사고대책추진, 수사상황, 보상, 추모사업, 국회보고 등"의 기록이 남아 있다.[30] 곧 소방방재청, 해양경찰청 등에는 사고 수습 대책 기록 일부만 남아 있을 뿐이고, 지방자치단체에 사고 수습과 보상 기록이 보존 중이다.

요컨대 권위주의 정부에서 국가가 남긴 기록으로는 정책결정 과정을 알 수 없으며, 그나마 남아 있는 기록도 분절적으로 존재했다. 곧 주요 기록을 국가기록원에 이관하지 않았으며, 각 부처에서 자체 보존했다.

2장 권위주의 정부 기록의 재조직
– 노동청 기록을 중심으로[1]

1. 문제제기

1960·70년대 박정희 정권의 경제개발계획 시기 동안 한국의 노동 정책은 노동에 대한 국가의 통제가 강화되는 방향으로 전개되었다. 노사협조주의 이데올로기를 바탕으로 국가가 거시적 노동통제뿐만 아니라 직접적으로 생산현장의 노동통제에까지 개입하였다.

노동청은 1963년 조직되어 1981년 노동부로 승격되기 전까지 존속 했다. 특히 이 시기는 경제개발 과정에서 나타난 자본과 노동 간의 모순이 본격화되는 시기이기도 했다. 그러나 노동청은 사회적으로 문제가 되고 있던 노동문제를 해결하는 데에 상당히 제한적인 역할 만을 수행했다. 노동청은 노동정책 결정 과정에서 배제된 채 대통령 비서실·중앙정보부·경제기획원 등 상위 정책결정기관의 하위 집 행기관으로서 노동정책과 관련된 통계자료의 제공 등 주로 기술 실 무적인 노동행정 기능을 담당했다.[2]

노동정책 결정과정에서는 소외되어 있었으나, 한편으로 노동청은 생산현장과 가장 밀접한 관련을 맺고 있는 행정기관이었다. 곧 생산현장에서 노동관련 주요 법령을 집행하고, 행정명령을 통해 노동자들의 삶을 규제할 수 있는 권력기관이었다. 따라서 1960·70년대 국가의 노동정책을 이해하기 위해서는 노동청 잔존 기록을 검토할 필요가 있다. 국가기록원 소장 잔존 기록은 제한적 의미에서 현대사 연구의 특정 부분을 밝혀 줄 수 있는 가치 있는 기록 또한 존재한다.[3]

분석대상은 국가기록원 소장 1960·70년대 노동청 잔존 기록이다. 그러나 노동청 잔존 기록은 양적·질적으로 상당히 제한적인 기록들만이 남아 있다. 또한 노동정책 결정 과정을 알 수 있는 중요 기록이 거의 남아 있지 않은 것이 사실이다. 따라서 이 글에서는 국가의 거시적 노동정책을 파악하기 위해 대통령비서실에서 생산한 잔존 노동기록도 살펴볼 것이다.

그러나 국가기록원이 보존하고 있는 잔존 기록에 대한 접근은 단순한 기록물 목록 검색 등에 의존하고 있는 실정이다. 따라서 국가기록원 소장 기록의 학술적 이용을 촉진하기 위해서는 이용자가 접근하기 쉽게 기록을 재조직해야만 한다. 또한 이들 잔존 기록을 재조직하는 것은 공공기록을 바탕으로 어떤 분야에 대한 연구가 가능한지 여부를 살펴 볼 수 있는 기회를 제공하며, 현대사 연구에서 사료 이용을 다양화하는 계기가 될 것이다.

물리적으로 아카이브에 존재하는 중요 기록을 연구자와 시민들이 이용할 수 있도록 제공해야 하는 것은 아카이브의 의무일 것이다. 곧 아카이브와 아키비스트의 책무는 기록 이용을 촉진하는 것이다. 이를 위해 기록에 대한 과학적 정리(arrangement)와 기술(description), 다양한 검색도구(finding aids)의 개발을 통해 접근성을 높여가는 것이 일반적인 추세이다.

기록의 재조직과 관련된 중요한 연구 성과는 기록 평가 측면에서 접근하였다. 특히 김익한은 기관의 조직과 기능 파악을 위해서는 법규·규정·절차를 정리하고, 세부기능을 구조적으로 재구성하여 의사결정구조를 파악해야 한다고 지적하였다. 또 이러한 작업의 결과물로 획득된 구조화된 조직 기능 맵에 잔존기록을 연계시키는 순서로 평가 프로세스가 진행되어야 한다고 기록평가 방법론을 구체화하였다.[4] 이와 같은 잔존 기록에 대한 기록 평가 과정은 노동기록을 재조직하는 데에 많은 시사점을 주었다.[5]

국가기록원은 『소장기록물 가이드Ⅰ·Ⅱ』를 비롯해서 『대통령기록물목록집』·『일제문서해제집』 등을 발간하고, 나라기록포털 등 웹사이트를 통해 이용자의 접근성을 개선해 왔다. 그러나 기본적으로는 기록 생산기관에서 이관 시에 작성한 "기록물 기본목록·세부목록"에 대한 정보가 국가기록원에 입수되어 가공되지 않은 채 그대로 열람실에서 이용되고 있는 실정이다. 이러한 현실은 여전히 연구자의 공공기록 접근을 가로막는 요인으로 작용하고 있으며, 국가기록원에서 수행하는 기록관리 업무의 후진성을 보여주는 대표적인 사례이다.

그러므로 기록을 이용할 수 있게 재조직하여 기술하고, 검색도구를 다양화하지 않으면, 기록 이용 과정에서 그 불편은 온전히 연구자와 시민의 몫이 될 것이다. 이는 결과적으로 아카이브가 왜 존재하는지에 대해 의문을 갖게 할 수 있으며, 나아가 한국 사회에서 아카이브 문화의 확산을 가로막는 요인으로 작용할 가능성이 크다.

2. 노동청(1963~1981)의 기능

1974년 10월 31일 당시의 노동청 직제에 따르면, 노동청은 노동조합, 노동관계조정, 근로조건 개선, 산업안전보건, 근로감독, 부녀소년 근로자 보호, 산업재해 보상보험, 직업안정, 노동력 수급조정, 해외 인력진출 및 관리 실업대책, 직업훈련, 노동통계, 근로자 복지 후생 및 노동위원회 기타 노동에 관한 사무를 관장하였다.[6]

〈표 3-4〉 노동청 직제 (1974.10.31)

구분		주요 업무
근로기준관		근로기준 정책의 수립, 근로감독관의 지도 및 감독, 근로기준법 위반에 관한 조치, 근로자의 근로능률 증진, 노무관리 협의회의 제도, 임금정책 및 퇴직금제도, 근로기준법의 규정에 의한 모든 인가, 임금위원회의 운영, 체불임금에 관한 사항, 산업안전정책의 수립, 산업재해예방 및 산업안전에 관한 지도, 사업장 산업안전관리자 및 재해예방관계관의 훈련, 노동환경의 개선 및 직업별 관리, 근로자 건강진단, 여자와 소년근로자의 근로조건의 개선, 특별보호, 실태조사
노정국	노정과	노동조합의 운영지도, 노동관계 법규에 관한 사항 노동조합의 설립 및 변경 신고, 노동조합의 실태파악 · 분석 단체협약, 노동조합의 분규조정, 노동정책의 수립 노동위원회의 운영지도, 노동관계 해외여행자의 추천 노동관계 연구단체 및 근로자 복지 후생시설의 지도 육성 노동관계 지도자의 훈련 및 노동계몽, 노동관계 국제협력
	노사조정담당관	노사분쟁의 조정, 노사협조, 노사문제 판단자료의 수집 분석 외국기관 노동조합과 외국인 투자기업체의 노동조합설립 신고 · 변경 및 노사분쟁의 조정 한 · 미행정협정에 의한 노무분과위원회의 운영
직업안정국	직업안정과	직업안정사업 정책, 노동력 인력 수급 조절과 계획 직업안정기관의 지도 및 감독, 근로자의 등록 직업적성검사 직업 분석 직업상담 및 직업지도 노동시장 정보의 조사 분석, 국내 취업알선

구분		주요 업무
	해외 고용과	해외 고용정책, 해외 노동시장의 조사 분석과 개척 근로자의 해외진출, 해외취업자의 근로조건과 복지 해외취업 인적자원의 조사 확보 해외주재 노무관의 지도 감독
	근로 동원과	근로동원계획의 수립 및 시행, 근로동원 소요 및 능력파악 근로동원 자원관리, 실업대책
직업 훈련국	직업 훈련과	직업훈련정책, 직업훈련심의위원회 운영 직업훈련관계법인의 설립 허가 및 감독 직업훈련기관의 지도 감독, 직업훈련의 기준 설정 및 계몽 직업훈련교재 편찬 및 훈련교사의 면허, 위탁훈련
	기술 협력과	국제협력에 의한 훈련시설계획의 수립 및 설치 운영지도 직업훈련에 관한 국제협력 및 차관사업 직업훈련에 관한 해외파견 훈련 국제협력에 의한 외국인 용역관리
	기능 검정과	기능검정정책, 기능검정기준의 설정 기능자 양성에 관한 지도관리, 기능검정단체의 지도 육성
노동 보험국	보험 관리과	노동보험정책, 노동보험관계 법규에 관한 사항 산업재해보상 보험 특별회계 운영관리, 산업재해보상보험 시설의 설치 및 운영관리, 산업재해보상보험 심의위원회 운영 지방 노동행정기관의 노동보험 업무 지도감독
	보험 징수과	산업재해보상보험 적용과 보험료 징수에 관한 계획 수립 사업종류의 분류 조정, 보험료율의 책정 산업재해보상보험의 세입총괄 · 채권관리 · 결손처분관리 산업재해보상보험의 적용 · 징수상황 조사 · 이의신청 처리 산업재해보상보험의 적용사업장과 징수단체의 파악 및 지도
	재해 보상과	산업재해보상보험 급여업무계획의 수립 및 관리 근로자의 재해보상업무에 관한 지도 및 심사중재 산업재해보상보험 요양담당 의료기관의 지정 및 지도 진료수가의 책정 및 조정, 직업병 연구 및 보상대책 신체장애자 직업재활 및 의료보호 산업재해보상보험 요양급여 심의위원회의 운영 보험급여회수 및 징수에 대한 이의 심사

출전: 노동청 노정국 노동조합과, 『훈령 및 예규』, 1974.

〈표 3-5〉 노동청 소관 법률 현황 (1974.11.20)

소관 부서	법률	대통령령	제정일
기획 관리관		노동청직제	1963.8.1
		중앙노동위원회사무국직제	1969.12.8
		지방노동위원회사무국직제	1970.6.12

소관 부서	법률	대통령령	제정일
		노동청지방사무소직제	1974.10.2
		직업훈련원직제	1973.10.11
		산업재활원직제	1971.9.7
		직업안정소직제	1968.6.25
노정국	노동조합법	노동조합법시행령	1963.4.17 (1969.11.10)
	노동쟁의조정법	노동쟁의조정법시행령안	1963.4.17 (1969.11.10)
	노동위원회법	노동위원회법시행령	1963.4.17 (1969.12.8)
	외국인투자기업의 노동조합 및 노동쟁의조정에 관한 임시특례법	외국인투자기업의 노동조합 및 노동쟁의조정에 관한 임시특례법시행령	1970.1.1 (1970.5.14)
근로 기준관	근로기준법	근로기준법시행령	1953.5.10 (1969.11.10)
	근로자의 날 제정에 관한 법률		1963.4.17
		임금위원회 규정	1969.12.8
		근로감독관 규정	1969.11.10
		기능자양성령	1969.11.10
		근로안전관리규칙	1969.11.10
		근로보건관리규칙	1969.11.10
직업 안정국	직업안정법	직업안정법시행령	1961.12.6 (1969.11.10)
	전시근로동원법	전시근로동원법시행령	1953.6.3 (1969.11.16)
		전시근로동원협의회규정	1969.12.8
		실업대책위원회규정	1969.12.8
직업 훈련국	직업훈련법	직업훈련법시행령	1967.1.16 (1969.11.10)
		직업훈련심의위원회규정	1969.12.8
노동 보험국	산업재해보상보험법	산업재해보상보험법시행령	1963.11.5 (1969.11.10)
	산업재해보상보험특별회계법	산업재해보상보험특별회계법시행령	1963.12.16 (1969.11.10)
	산업재해보상보험업무 및 심사에 관한 법률	산업재해보상보험업무 및 심사에 관한 법률시행령	1963.12.16 (1969.11.10)
		산업재해보상보험심의위원회규정	1971.12.31
		요양급여심의위원회규정	1969.12.8

출전: 〈표 3-4〉와 같음. 제정일의 괄호는 시행령 제정일임.

노동청의 기능을 조직별로 살펴보면, 노동정책국은 노동정책의 수립, 노동조합법령 제개정, 노동조합의 감독, 노사분쟁 조정, 노사협조 등 생산현장에서 이른바 '건전한' 노사관계를 유지할 수 있는 제반 사항을 담당하였다. 근로기준관은 작업장의 노동환경과 노동자 보호를 위한 근로기준 정책의 수립, 근로기준법령 제개정, 근로기준법 위반조치,[7] 여성·유년노동자 보호 등을 수행했다.

직업안정국은 고용안정을 위해 직업안정정책의 수립, 노동력수급 조절계획, 해외근로자공급사업, 실업대책 수립 등을 담당했다. 다음으로 직업훈련국은 직업훈련정책 수립, 기능검정정책을 추진했으며, 주로 숙련노동자의 양성과 훈련정책이 주를 이루었다. 노동보험국은 노동보험정책의 수립, 산업재해보상보험법령 제개정, 산업재해보상 보험업무 제도 개선 등을 담당했다.

〈표 3-4〉, 〈표 3-5〉의 노동청 직제와 소관 법령을 중심으로 노동청의 주요 기능을 정리하면 다음과 같다. 첫째, 노동쟁의와 단체 교섭 조정 기능 둘째, 기업의 근로기준 준수 여부에 대한 근로 감독 기능 셋째, 산업재해보상보험 제도의 운영 등을 통한 노동자의 노동조건 향상 기능 넷째, 노동시장에서 고용증진을 통한 직업안정 기능 다섯째, 직업훈련 등의 노동인력 관리 기능 등을 들 수 있다. 주요 기능을 다시 분해하면 〈표 3-6〉과 같다.

노동청의 기능을 크게 노동정책, 직업안정, 직업훈련, 노동보험, 근로기준, 행정관리로 구분하였다. 노동정책 기능은 다시 노동정책 수립 운영·노사관계 조정·노동조합으로 세분화하였고, 직업안정 기능은 고용안정·노동력수급조절·해외근로자공급·실업대책 등으

제1레벨	제2레벨	제3레벨
노동	노동정책	노동정책수립운영
		노사관계조정
		노동조합
	직업안정	고용안정
		노동력수급조절
		해외근로자공급
		실업대책
	직업훈련	직업훈련정책
		기능검정
	노동보험	노동보험정책
		산재보험
	근로기준	근로기준정책
		근로감독
		임금정책
		기능자양성
		여성 · 유년노동자 보호
		산업안전보건
	행정관리	기획관리
		홍보
		인사
		비상계획
		시설관리
		기록관리
		재산관리
		조직관리

로 구분하였다. 직업훈련 기능은 직업훈련정책 · 기능검정으로, 노동
보험 기능은 노동보험 정책 · 산재보험으로, 근로기준 기능은 근로기
준정책 · 근로감독 · 임금정책 · 기능자 양성 · 산업안전보건 등으로
분해하였다.

3. 노동청 잔존 기록의 존재형태

〈표 3-7〉에서 보는 것처럼 노동청 기록은 기본적으로 기록철·건 목록 형태로 존재한다. 또한 기록철·건명이 기록의 관리와 검색을 위한 주요 수단이다.

〈표 3-7〉 노동청 생산 기록철·건 목록 예시

생산부서	기록철명	기록건명	생산일자	보존기간
노동부 기획관리실 법무담당관실	훈령관계철	직업훈련지도원규정개정시달	1978.4.12	준영구
		노동청보안업무처리규정개정시달	1978.4.12	
		노동청출입증규정제정시달	1978.4.2	
		공사감독근무규칙제정시달	1978.3.29	
		노동청세부사무분장규정폐지	1978.3.18	
		노동청당직근무규칙개정시달	1978.3.15	
		유인물구매관리규정개정시달	1978.2.10	
		노동청위임전결규정시달	1978.1.28	
		노동청전문위원근무규정제정시달	1978.1.9	
노동부 노정국 노동조합과	임시특례법 및 시행령	외국인투자기업의노동조합및노동쟁의조정에관한임시	1970.4.27	준영구
		외국인투자기업특별조정위원회설치 동의요청	1969.11.21	
		제10차수출확대회의회의각서조치 계획통보	1969.11.13	
	질의회시	단체교섭대상에관한질의회시	1970.5.10	준영구
		노동조합운영에관한질의회시	1970.5.19	
		노동조합임시총회소집개최에대한 질의회시	1970.5.7	
		법정지부장직무대행권한에대한 질의회시	1970.4.13	
		노동조합간부자격질의회시	1970.4.1	
		노동조합조합원자격에대한질의회시	1970.3.14	
		노조대의원대회개최에대한질의회시	1970.2.16	
		노사관계의포괄적승계질의회시	1970.1.21	

생산부서	기록철명	기록건명	생산일자	보존기간
	질의회시5	조합원가입한계에대한질의회신 (전국연합노동조합위원장)	1972.12.26	준영구
		임원및대의원자격에대한질의회신 (전국자동차노동조합위원장)	1972.12.26	
		경비원의노동조합원자격해석에관한 질의회신 (전국금속노동조합위원장)	1972.12.14	
		노동조합운영에관한질의회시 (전국금속노동조합위원장)	1972.11.30	
		노동조합산하노동단체에관한질의 회시(전국부두노동조합)	1972.10.27	
노동부 직업안정국 고용관리과	근로자공급 사업허가	2종직업안내소허가취소	1980.2.6	준영구
		2종직업안내소허가갱신결과보고	1979.1.26	
		4/4분기유료직업안내소지도현황보고	1980.1.11	
		2종직업안내사업갱신허가보고	1979.12.24	
노동부 직업안정국 해외고용과	제1차광부 최종결산금 지급요령	제1차파독광부특별회계최종결산금 지급	1974.12.9	준영구
		제1차파독광부특별회계최종결산금 지급명세서송부	1974.11.27	
		제1차파독광부특별회계최종결산자금 송부	1974.10.31	
		제1차파독광부특별회계최종결산금 지급	1974.10.29	
	파독광부 선발	광부등록자경력조회중지	1978.3.28	준영구
		78년도신규파독광부등록자원확정	1978.3.10	
		파독광부등록접수자명단송부	1977.12.13	
		파독광부선발에따른관계기관회의 개최결과보고	1977.6.8	
		78년도신규광부파독교섭결과통보	1977.11.10	
노동부 직업안정국 고용대책과	K.S.C 관계철	미8군KSC노무자선발에따른보고	1972.5.3	준영구
		KSC고용원채용여부결과보고	1972.7.11	
		KSC(한국노무단)고용원모집	1972.6.9	
		KSC회계전문가모집지시	1973.5.24	
		미극동군사해상수송단규모축소에 따른조치	1973.9.7	
		한국인노무단(KSC)종업원감원자취 업증진방안	1973.1.1	
노동부	국가보위에	단체교섭조정결정의이행촉구	1972.9.8	준영구

생산부서	기록철명	기록건명	생산일자	보존기간
노정국 노동조합과	관한 특별조치법	국가보위법제9조제1항에관한질의	1972.8.9	
		조정업무처리에관련된예규개정및 제정통보	1972.3.30	
		국가비상사태하의단체교섭권등조정 업무처리요령개정(제104호)	1972.3.24	
		단체교섭권및노사협의회의범위 (제105호)	1972.3.24	
		비상사태하의단체교섭권등조정업무 처리요령시행방침시달	1972.3.4	
		국가보위에관한특별조치법해석에 관한질의	1972.1.21	
		국가비상사태하의노동쟁의조정업무 처리지침	1972.1.12	
		대통령령제정심의의뢰	1972.2.1	

그러나 첫째, 출처가 정확하지 않은 점을 지적할 수 있다. 곧 본래의 기록 생산기관인 노동청으로 출처가 분류되지 않고, 기록물을 이관할 당시의 이관기관명인 노동부가 생산기관으로 분류되어 있다. 생산일자와 해당 기관의 연혁을 파악해야만 생산기관을 정확하게 알 수 있으며, 이는 국가기록원 소장 기록 대부분에서 발견되는 오류이다.

둘째, 기록 생산과 이관 시에 편철이 체계적으로 이루어지지 않아 기록철명을 통해서는 어떤 내용인지 알 수 없는 경우가 많다. 『K.S.C관계철』을 예로 들면, 기록철명만으로는 해독이 불가능하다. 기록건명을 보아야 KSC가 주한미군 한국인노무단의 영문 약자임을 알 수 있다. 또한 과거 공기록 편철방식이 『××관계철』과 같이 정확하지 않은 기록철명을 부여한 결과 기록건명을 다시 파악해야 하고, 결국에는 기록건을 보고 내용을 구체적으로 정리해야 하는 문제를 지니고 있다. 이와 같이 기록의 부정확한 편철방식에서 나타나는 문제점을 개선하는 것이 잔존 기록 재조직 시에 고려되어야 할 중요한 요소라 할 수 있다.

셋째, 기록의 생산일자가 잘못 입력되어 있는 경우도 상당수 있다. 『훈령관계철』을 보면 기록철명에 입력된 기본목록에는 생산년도가 1976년으로 되어 있으나, 실제 생산년도는 1978년이다. 『임시특례법 및시행령』의 경우에도 기록철은 생산년도가 1970년이었으나 실제로는 1969년과 1970년에 걸쳐 있다. 『K.S.C관계철』과 같이 기록 생산일자가 뒤섞여서 편철되어 있는 경우도 있다. 결국 기록 이용자의 입장에서는 기록철과 기록건을 일일이 대조해야 하는 문제가 발생한다.

넷째, 노동청 노정국 노동조합과에서 1964년에 생산한 『질의회시』의 기록건 내용의 일부를 살펴보면 다음과 같다.

〈표 3-8〉『질의회시』기록건 구성

구분	기록건명	특기사항
기안 문서	노동위원회 사무국 직력 개정요청에 대한 회시	· 기안자의 성명만 정확하게 기재되어 있고, 검토자(계 장·과장·국장), 결재자(차장)의 실명은 확인할 수 없 는 사인 기재 · 보존년한은 기재되어 있지 않음 · 생산년도는 1966년 8월 5일자 · 내무부장관 명의의 접수공문 첨부함
접수 문서	지방노동위원회 상임위원 수당 지급에 대한 질의	· 전북사회 1211-423(1966.3.7)
기안 문서	지방노동위원회 상임위원 수당 지급에 대한 질의	· 전라북도 사회과에서 보내온 공문에 대한 처리 내용 · 전북사회 1211-333(앞의 공문과 다름) 전라북도 사회 과에서 보내온 공문이 첨부됨(66.2.22) · 내지재 1211-1459 내부부장관 명의의 '지방노동위원회 상임위원 수당 지급액에 대한 질의회시' 접수공문 첨 부 (66.1.31) · 제주보사 1453-285 제주도지사명의의 '지방노동위원 회 상임위원 수당 지급에 대한 질의' 접수공문 첨부 (66.1.25)

구분	기록건명	특기사항
기안 문서	노동위원회운영에 관한 질의(회시)	· 접수문서 첨부. 경기노사 1453.2-13 경기도지방노동위 원회 명의의 '노동위원회 운영에 관한 질의' (1964.2.3) · 접수문서 첨부, 강노위 1453.2-19 '노동위원회 운영에 대한 질의' "노정노 145.2-316(64.1.25) 지시 통첩에 의하면 근간 근로자위원이 출석을 거부한다 하드래도 노동위원회 법 제11조 제3항에 의하여 노동위원회의 기능을 발휘 할수 있다는 것이오나 그 소집 절차에 있어 다음과 같 이 이의가 있음으로 질의하오니 조속 회시하여 주심 을 바랍니다. 1. 근로자위원은 이미 사직원까지 제출한 바 있어 누 추소집한다 하드래도 출석치 않을 것은 기정사실인 데도 동법규정에 의한 2회 이상의 출석통지까지 하면 서 회의일자를 연기하여야 할 것인지 불연이면 절차 상 1회 소집통지로서 끝이고 회의를 진행하여도 무방 할것인지의 여부. 끝." · 부전지 첨부. "노동위원회에 대하여 2회이상 출석통지 를 하고자 회의를 연기하는 일 없이 적의 처리할 것"

(1) 편철 순서가 이 당시에는 최초 생산기록이 맨 나중에 나오고, 가장 최근에 생산된 기록이 처음에 편철되고 있음을 알 수 있다. (2) 일반적으로 기안자의 실명은 기재되어 있으나, 거의 대부분 검토자·결재자의 실명을 확인할 수 없다. 따라서 검토자·결재자의 실명을 확인하기 위해서는 인사기록을 바탕으로 재구성할 필요가 있다.[8] (3) 접수문서가 기안문서에 첨부되어 있는 경우가 대부분이지만, 경우에 따라 맥락을 알 수 없는 접수문서가 중간에 뒤섞여 있는 경우도 있다.

<표 3-9> '노동정책' 기능 분해와 잔존 기록 연계

제1레벨	제2레벨	제3레벨	제4레벨	기록철(기록건)
노동	노동 정책	노동 정책 수립 운영	노동정책수립	(노동행정과 노사협조의 개선방안)/ (노동법개정 방안)
			노동위원회법령 제개정및운영	
			노동통계관리	
		노사 관계 조정	노사관계동향 분석 및 대책	(노총장학재단설립계획 보고)/(휴폐업에 따른 노사분규 예방대책 및 금융지원기준)/ (전국외국기관 노동조합의 동향)/(사회 노동문제연구소 설치 운영)/(금요회 회의 결과보고)/(외기노조쟁의종결)/(노동쟁의 의 현황과 대책)/(외기노조 쟁의 종결)/ (외기노조 산하 한국인종업원 감원문제)/ (조공 노조쟁의 종결을 위한 대책 건의)/ (대한조선공사 파업 및 직장 폐쇄에 관한 보고)/(석탄공사노조의 임금인상 쟁의)/ (씨그네틱스전자회사의 노동쟁의)/ 민영탄광광부처우실태 조사보고)/ (철도노조의 분규)
			노사협조	(각 노조간부들에게 보내는 친서)
			노사분쟁조정	
			외국인투자기업 노사분쟁조정	
		노동 조합	노동조합운영지도	(전국부두노동조합 운영의 문제점에 관한 조사보고서 통보)/ (예비비지출재가품의전)
			노동조합설립및 변경신고	질의회시
			노동법령운영	법개정관계철/해석예규/법령관계철/ 예규관계철
			외국인투자기업 노동조합설립및 변경신고	
			외국인투자기업 노동조합및노동 쟁의조정에관한 임시특례법령운영	임시특례법및시행령
			한·미행정협정 관련 노무분과 위원회운영	

※ 괄호 안은 대통령비서실 생산 잔존 노동기록임.

다섯째, 〈표 3-9〉에서 보는 것처럼 노동정책 기능과 관련된 노동청 잔존 기록철 유형은 '노동조합설립 및 변경신고' 기능의『질의회시』, '노동법령운영' 기능의『법령관계철』,『예규관계철』, '외국인투자기업 노동조합 및 노동쟁의조정에 관한 임시특례법령 운영' 기능의『임시특례법및시행령』뿐이다. 곧 이를 통해서는 1960·70년대 노동정책 수립, 정책결정 과정, 집행과정을 파악하는 것은 불가능하다. 특히 1970년대 노동운동사를 재구성하기 위해서는 운동 주체의 기록뿐만 아니라, 국가의 노동정책 결정과 집행과정에 대한 기록은 물론이고 노동조합 동향 분석·대책에 대한 기록이 존재해야 한다. 따라서 국가기록원 대통령기록관에 소장된 1960·70년대 대통령기록 가운데 노동기록을 살펴보는 것은 유의미하다. 왜냐하면 이 시기 노동정책 결정과정에서 대통령비서실의 역할이 매우 컸기 때문이다.

여섯째, 정부기록보존소에서 2002년에 간행한『대통령기록물목록집 – 박정희대통령 문서편』을 살펴보면, 기록생산 부서에 대한 출처정보는 제공되지 않고 있으며, 생산년도와 기록건명을 통해서만 접근할 수 있다. 또한 일정한 원칙 없이 주제별로 기록건이 분류되어 있다.[9] 이 가운데 노동기록을 선별해 보면 다음 〈표 3-10〉과 같다.

또한 이들 잔존 기록을 〈표 3-9〉'노동정책' 기능에 연계하면 '노사관계 동향대책 및 분석' 기능에 많은 기록이 분포하고 있음을 알 수 있으며, 이러한 작업을 통해 제한적이지만 노동정책 기능 가운데 일부를 파악하는 것이 가능해진다.

주제	기록건명	생산년도
의명지시	전국부두노동조합 운영의 문제점에 관한 조사보고서 통보(첨부: 조사보고서 사본 1부)	1975
재경	씨그네틱스전자회사의 노동쟁의	1968
	노총장학재단 설립 계획 보고	1976
	광산지구 지시사항 조치계획	1978
	휴폐업에 따른 노사분규 예방대책 및 금융지원기준	1979
	예비비지출재가품의전(노동조합 간부 계몽교육비)	1974
	에비비지출재가품의전(한국노동조합총연맹 지원)	1974
과학기술	기능사 양성 보고	1976
노동원호	전국 외국기관 노동조합의 동향	1966
	사회노동문제연구소 설치 운영	1975
	제1차 금요회 회의 결과보고	1975
	금요회 회의 결과보고(2 · 3차 회의 종합)	1975
	금요회 회의 결과보고(4 · 5 · 6차 회의 종합)	1976
	금요회 회의 결과보고	1976
	금요회 회의 결과보고	1976
	금요회 회의 결과보고	1976
	금요회 회의 결과보고	1976
	금요회 회의 결과보고	1976
	금요회 회의 결과보고	1976
	노동쟁의의 현황과 대책	1966
	외기노조 쟁의 종결	1966
	외기노조 산하 한국인 종업원 감원 문제	1969
	기술계 노동자의 등록	1966
	철도노조의 분규	1966
	기술요원 양성계획 추진 보고	1966
	기술요원 양성을 위한 김무임소 현지 조사	1966
새마을운동	공장새마을운동의 전개 보고(상공부)	1973
상공	조공 노조쟁의 종결을 위한 대책 건의	1969
	대한조선공사 파업 및 직장 폐쇄에 관한 보고	1969
	석탄공사 노조의 임금인상 쟁의	1970
	마산수출자유지역 가동 실태조사	1974
연설문	각 노조간부들에게 보내는 친서	1970
	중동지역 주재 공무원 국영기업체 직원기술인 근로자에게 보내는 친서	1975
경제과학	인력개발 효율화 방안	1967
	노동행정과 노사협조의 개선 방안(의안 12호)	1968

주제	기록건명	생산년도
	노동법 개정 방안	1969
	기능공 양성을 위한 종합대책	1970
감사	민영탄광광부 처우 실태 조사보고	1977

출전: 『대통령기록물목록집 I - 박정희대통령 문서편』, 정부기록보존소, 2002에서 재작성.

〈표 3-11〉'직업안정' 기능 분해와 잔존 기록 연계

제1레벨	제2레벨	제3레벨	제4레벨	기록철(기록건)
노동	직업 안정	고용 안정	노동시장분석	
			노동력수급조절계획	
			직업안정사업정책	직업안정업무처리지침
			직업안정법령운영	예규관계철/질의회시관계철(예규)/예규
			직업소개법인관리	직업안내소허가(유료)/유료직업안내소허가관계철/무료직업안내소허가관계철/직업안내소허가갱신
			해외고용정책	
		근로 동원	전시근로동원법령운영	
			근로동원계획수립	인력동원업무이관관계철
		해외 인력 관리	해외근로자공급사업	근로자공급사업허가/파독광부선발/K.S.C관계철/파독광부간호사소재지파악인적사항확인/광부경력증명서
			해외진출기업 근로자보호	제1차광부최종결산금지급요령/광부적립금출납공무원/광부투자사업안내/제2차광부적립금위임/광부적립금인계인수서/적립금지급오류(김○○)/적립금종합보고/적립금관리위원회협의사항/적립금지급절차협조/제2차광부적립금가결산금부족액
			해외진출기업노무관리 지원	*대통령기록 (중동지역 주재 공무원 국영기업체 직원기술인 근로자에게 보내는 친서)
		실업 대책	실업대책수립	
			실업대책위원회운영	

일곱째, '직업안정' 기능을 분해하여 노동청 잔존 기록에 연계하면 〈표 3-11〉과 같다. 노동청 잔존 기록 가운데 대부분의 기록철이 '직업안정' 기능에 집중적으로 분포하고 있다. 특히 '직업소개법인관리' · '해외진출기업근로자보호' 기능의 잔존 기록이 다수를 차지한다. '해외진출기업근로자보호' 기능에 연계한 기록철 대부분은 '광부 적립금' 관련 기록이며, '직업소개법인관리' 기능에 연계한 기록은 인허가 기록으로 모두 사료적 가치가 낮게 평가되는 기록들이다.

〈표 3-12〉 '직업훈련' · '노동보험' · '근로기준' 기능 분해와 잔존 기록 연계

제1레벨	제2레벨	제3레벨	제4레벨	기록철(기록건)
노동	직업훈련	직업훈련정책	직업훈련정책수립	
			직업훈련법령운영	법령질의해석/소원소송관계철/소원재결관계철
			직업훈련관련법인관리	정관및규정제개정
			직업훈련사업추진	
		기능검정	기능검정정책	
			기능장려시책	
	노동보험	노동보험정책	노동보험정책수립	
		산재보험	산업재해보상보험법령운영	산재보험법개정철/산재보험법시행령개정철/질의회시관계철/보상질의회시관계철
			산업재해보상보험특별회계운영관리	산재보험특별회계개정철
			산업재해통계관리	
	근로기준	근로기준정책	근로기준정책수립	
			근로기준법령운영	
			노무관리협의회제도	
		근로감독	근로감독관제도	
			근로기준법위반조치	
		임금정책	임금정책수립	
			임금위원회운영	
			임금교섭지도	

제1레벨	제2레벨	제3레벨	제4레벨	기록철(기록건)
		기능자 양성	기능자양성법령운영	*대통령기록 (기능공 양성을 위한 종합대책)/ (기능사 양성 보고)/(기술계노동자의 등록)/(기술요원양성계획추진보고)
		여성· 유년 노동자 보호	여성·유년노동자 실태조사	
			여성·유년노동자 근로조건개선	
		산업 안전 보건	산업안전및보건관계 법령운영	
			산업재해예방	
			교육계몽	
			사업장지도감독	
			산업안전보건위원회 운영	
			질병예방	

여덟째, 이 시기 노동청 기능 가운데 '근로기준' 기능은 노동력 보호와 관련하여 매우 중요한 업무였다. 특히 박정희 정권은 경제개발계획에 기초하여 독점자본을 지원하고 수출 경쟁력 확보를 위해 저임금·장시간 노동, '병영적' 노동통제를 바탕으로 노동력을 유지하였다.[10] 이와 같은 상황에서 1970년대 급속하게 추진된 중화학공업화 정책으로 인해 생산현장에서는 많은 산업재해가 발생했다. 1964년부터 1972년까지 발생한 산업재해는 총 216,182건이었으며, 사망 3,734명, 부상 214,457명, 이로 인한 경제적 손실액은 562억 원에 이르렀다.[11]

그러나 〈표 3-12〉에서 보는 것처럼 '근로기준' 기능 가운데 남아 있는 기록은 한 건도 존재하지 않는다. 대통령기록 가운데에도 '기능자양성' 기능에 속한 기록이 몇 건 존재할 뿐이다. "당시 발전단계에 있었던 의료보험을 제외한다면 산업재해 보상보험은 유일하게 노동자를 위한 폭넓은 사회보장제도였다. 1963년 초부터 모든 피고용자에게 적용되는 근로자보상보험제도는 노동청에 의해 직접 운영"[12]되었음에도 '산재보험' 기능과 관련된 잔존 기록은 '산업재해보상보험법령 운영'에서만 일부 존재할 뿐이다.

예를 들어 '근로기준 – 산업안전보건 – 산업재해예방' 기능의 '산업재해예방주간 설정' 활동을 보면, 〈표 3-13〉과 같이 다양한 행위가 이루어졌다. 노동청은 1968년 7월 1일부터 같은 달 7일까지 제1회 산업재해 예방주간을 설정했다.

〈표 3-13〉 '산업재해예방' 기능의 활동 · 행위 예시

기능	활동	행위	비고
산업 재해 예방	산업 재해 예방 주간 설정	재해예방 중앙대회 개최	1968.7 600명 참석
		재해예방 지방대회 개최	각 시 · 도청 2,541명
		안전보건교육	
		안전보건사항 점검	
		모범사업장 선정 표창	
		사업장 안전보건위원회 설치 운영	
		유해 위험사업장 시청각 순회 계몽	
		사업장별 안전표시판 부착 권장	
		각종 포스터, 표어, 계몽책자 발간 배포	포스터 100,000매 표어 3종 90,000매 팸플릿 100,000부
		방송, TV좌담, 계몽교육	
		시청각 계몽을 위한 지자재 구입	
		재해예방 계몽용 문화영화 제작	

출전: 노동청, 『노동행정 10년사』, 1974, 102~103쪽.

각각의 행위에 대해 자세한 업무프로세스 분석을 하지 않아도 '시청각 계몽용 문화영화 제작'[13] · '시청각 계몽용 기자재 구입' · '시청

각 순회 계몽'[14] · '모범사업장 선정 표창' 기록을 포함하여, 포스터 ·
표어 · 팸플릿 등 다양한 기록이 발생했을 것으로 추정할 수 있다.
'산업재해예방주간설정' 활동에서 생산된 기록 셋트(set)가 매우 광범
위했음을 확인할 수 있다.

따라서 '근로기준' 기능과 관련된 기록을 수집하는 경우 이와 같은
주요 활동과 행위에 대한 분석 과정을 바탕으로 잔존하는 노동기록

〈표 3-14〉 '행정관리' 기능 분해와 잔존기록 연계

제1레벨	제2레벨	제3레벨	제4레벨	기록철(기록건)
노동	행정 관리	기획 관리	노동행정중장기계획	
			법령질의해석	소원재결서(이의신청결정서)/ 질의회시(근로기준)/질의회시(노정)/ 질의회시(산재보험)
			법령입안심사	
			노동청직제운영	훈령관계철/업무위임관계철/ 훈령및예규
			국가소송	
			행정개선	
		홍보	노동시책 홍보	
		인사	인사제도	
			인사기록카드관리	
			임용	
			징계처분대장관리	
			상훈대장관리	
		비상 계획	비상계획수립운영	
		시설 관리	청사관리	청사임차계약관계철/ 건물임차계약관계철/ 군산지방사무소건물임차관계철
		기록 관리	보존기록물관리	
		재산 관리	국유재산관리	
		조직 관리	조직정원관리	

에 대한 광범위한 조사 작업이 선행되어야 할 것이다.

아홉째, '행정관리' 기능 가운데에는 '기획관리 – 법령질의해석' 기능 중 『질의회시』 기록이 존재하며, '노동청직제운영' · '청사관리' 기능과 관련된 기록도 파편적으로 남아 있다. 즉 노동청에서 수행했던 "노동시책 및 업적의 홍보 · 선전", "노동행정 중장기계획 수립 · 조정", "노동통계 자료의 집계 및 제표" 등 노동행정의 방향과 구체적 데이터를 알 수 있는 기록은 전혀 남아 있지 않다.

이와 같이 노동청의 기능을 분해하여 각각의 기록철을 연계하여 재조직하면, 잔존 기록의 평가와 수집정책의 기초자료로 활용할 수 있다. 또한 노동사 연구자의 입장에서도 이와 같은 방법을 통해 잔존 기록의 위상을 파악하고 연구 방향과 틀을 설정하는 데 많은 도움을 받을 수 있을 것이다.

4. 기록 개요 목록 작성과 '논리적 재편철'

첫째, 현재 국가기록원에서 이용자를 위해 제공하고 있는 기록정보는 『소장기록물 가이드Ⅰ · Ⅱ』와 같은 총괄적인 검색도구뿐이다. 또한 이용자가 열람할 때 내용을 파악하기 전에 접근할 수 있는 기록정보는 생산기관, 기록철 · 건명, 생산년도로 제한되어 있다. 그러나 잔존 기록의 이용을 촉진하기 위해서는 〈표 3-15〉 · 〈표 3-16〉과 같은 상세한 기록물 개요 목록을 작성하여 제공하는 것이 필요하며, 이를 통해 잔존 기록에 대한 접근을 보다 쉽게 할 수 있다. 기록물 개요 목록은 생산기관, 생산부서, 이관기관, 기능별 분류 정보, 기록물철명, 기록물건명, 생산일자, 생산자, 주요 내용 요약, 특기 사항, 검색어, 관련기록 연계, 열람참고 사항 등의 항목으로 구성할 수 있다.

둘째, 노동청 잔존 기록의 '기록물 개요 목록' 구성 예시는 〈표 3-15〉와 같다. (1) 기록철『훈령 및 예규 1』,『훈령 및 예규 2』를 하나로 묶어서 '기록물 개요 목록'을 작성하였다. 즉 성격이 같은 기록철을 하나로 통합하면 이용의 편리성을 제고할 수 있는 장점이 있다. (2) 노정국 노정과가 생산부서이지만, 기능별 분류에서는 실제 기록물의 내용과 부합하도록 '행정관리 - 기획관리 - 노동청직제운영'으로 분류하였다. (3) 기록건의 주요 내용을 수록하여 이용자가 보다 쉽게 공공기록에 접근할 수 있도록 설계하였다.

(4) 예시된 기록철에는 문서를 기안했던 생산부서를 알 수 없으나, 노동청 내부 공문서로 노정과에서 접수한 문서임을 특기사항에 기재하였다. (5) 주제어를 기입하도록 하여 검색에 도움이 될 수 있도록 항목을 설정하였다. (6) 관련 기록 연계를 통해 특정 기록을 찾고자 하는 이용자가 쉽게 다른 기록에 접근할 수 있도록 하였다.

셋째, 대통령기록의 '기록물 개요목록'은 문건의 특성을 반영하여 항목 설정을 조정하였다. 이와 같은 '기록물 개요 목록' 작성은 이용자의 입장에서는 기록철·건은 물론이고, 기록의 내용에 대한 정확한 이해에 도움이 될 것이다.

<표 3-15> '기록물 개요 목록' 작성 예시(노동청 기록)

생산기관	노동청	생산부서	노정국 노정과 조합담당
이관기관	노동부		
기능별 분류	제1레벨: 노동		
	제2레벨: 행정관리		
	제3레벨: 기획관리		
	제4레벨: 노동청직제운영		
기록철명	훈령 및 예규 1 훈령 및 예규 2	생산일자	1974
		보존기간	준영구

기록건명	『훈령 및 예규 1』
	  1. 감찰규정 개정 통보(1974.3.4)
	
	『훈령 및 예규 2』
	  1. 직제 송부 (1974.11.20)
	  2. 근로감독관 자격시험 및 임용규정(1974.1.28)
	  3. 법령현황 배포(1974.12.2)		

주요 내용	『훈령 및 예규 1』
	  1. 감찰규정 개정 통보
	    ○ 감찰규정 중 개정 내용
	    ○ 감찰착안표
	    ○ 감찰결과 처리기준표
	    ○ 1974년 2월 현재 노동청 감찰규정 수록
	
	『훈령 및 예규 2』
	  1. 직제 송부(1974년 10월 31일 현재 노동청 직제 수록)
	    ○ 노동청 공무원정원 총괄표
	    ○ 노동청 직제
	    ○ 중앙노동위원회 직제
	    ○ 지방노동위원회 직제
	    ○ 산업재활원 직제
	    ○ 직업훈련원 직제
	    ○ 노동청 지방사무소 직제
	  2. 근로감독관 자격시험 및 임용규정(노동청 훈령 제143호)
	    ○ 자격, 시험, 임명절차, 전보제한, 교육, 교육과목 등
	  3. 법령 현황 배포
	    ○ 1974년 11월 20일 현재 노동청 소관 법령 현황 수록
	    ○ 노동청 소관 부서별 법률, 대통령령, 부령, 훈령, 예규의 명칭과 제정일 등 수록		

특기 사항	노동청장 명의의 내부공문서이며, 노정과에서 접수한 문서임		
주제어	인명: 사건명: 기구명: 노동청 비고: 노동청 직제, 근로감독관		
관련 기록 연계	『훈령 및 예규』(1975년)		
열람 참고	국가기록원 관리번호/마이크로필름번호		

<표 3-16> '기록물 개요 목록' 작성 예시(대통령기록)

생산기관	대통령비서실	생산부서	
이관기관			
기능별 분류	제1레벨: 노동 제2레벨: 노동정책 제3레벨: 노사관계조정 제4레벨: 노사관계동향분석 및 대책		
기록건명	민영탄광 광부 처우실태조사 보고 / 첨부문서: 실태조사보고서		
생산일자	1977.8.11(보고일자) 1977.8.18(대통령결재)	생산자	감사원장 신두영
주요 내용	○ 주요 내용 요약 - 1977년 4월부터 6월까지 3차에 걸쳐 실시한 민영탄광의 노임인상, 상여금지급, 복지시설, 안전시설의 실태와 그에 대한 관계행정기관의 지도감독 상황에 대한 감사결과를 대통령에게 보고하고, 노동청장과 상공부장관에게 시정을 촉구하는 내용임 - 노동청장 소관 ·탄광근로감독전담반 설치 ·적정 임금을 지급토록 지도할 것 ·안전시설 중 예방설비와 구호장비를 단기간에 완비토록 추진할 것 등 ○ 첨부문서 요약 - 임금 인상계획만 가지고 있는 탄광(29개소), 임금인상계획 조차 없는 탄광(12개소), 복지시설 보유 상황 및 1977년 시설계획 - 민영탄광실태조사일람(감사원) ·주력광산 270개소에 대한 탄광명, 대표자, 생산액, 광부수, 처우개선에 따른 지 출증가액(추정), 후생시설, 안전대책 등에 대한 내용 수록 ·영세탄광 52개소의 대표자, 1976년 생산실적, 1977년 생산 계획, 광부수 집계		
특기 사항	감사원 감사결과보고서로 1970년대 후반 탄광노동자의 임금실태 파악에 도움		
주제어	인명: 신두영 사건명: 기구명: 노동청, 상공부, 감사원 비고: 광산노동자		
관련 기록 연계			
열람 참고	국가기록원 관리번호/마이크로필름번호		

다음으로는 이용자가 원하는 주제의 기록철을 보다 쉽게 찾을 수 있도록 기록물을 논리적으로 재편철하는 것이 필요하다. 국가기록원에 소장된 노동청 생산 기록철의 물리적 재편철은 많은 시간과 인력을 투입해야 하는 어려움이 존재한다. 따라서 물리적 재편철로 인한 문제점을 고려하여 기록물의 '논리적 재편철'을 구상하는 것이 요구된다 할 것이다.

『소장기록물 가이드 I 』에서는 노동청과 노동부 기록물을 구분하지 않았다. 즉 노동청 소관 법령 제·개정 기록을 '노동부 기록물군(KR/NA/AG283) - 법규계열'로만 분류하여 관련 노동 법령의 명칭만을 나열하고 있을 뿐 구체적인 기록철 정보는 제공하고 있지 않다.[15] 소장 기록물 가이드로서 일정한 한계가 있음을 알 수 있다. 따라서 생산·이관 당시의 원질서를 논리적으로 재편철할 필요가 있다. 예를 들어 노정과에서 1973년에 생산된 『법령관계철』 1·2·3·4는 기록철명에서 구체적인 기록의 내용을 파악하는 것이 불가능하다.

첫째, 앞서 살펴본 노동청 잔존 기록의 일반적 존재형태와 마찬가지로 『법령관계철』의 이관 당시 원질서는 논리적인 순서로 편철되지 않았다(〈표 3-17〉). 곧 『법령관계철 1』은 노동조합법·노동위원회법·노동쟁의조정법 개정안 심의를 요청하는 문서와 노동조합법 시행령 개정안을 의뢰하는 문서가 뒤섞여 있어서 맥락을 전혀 알 수 없다. 또한 생산일자가 혼재되어 있어서 선후 관계를 파악하는 데 어려움이 있다. 이와 같은 원질서는 기록철명의 모호함과 함께 이용자의 접근을 저해하는 요인이다.

<표 3-17> 『법령관계철』의 이관 당시 원질서

기록철명	번호	기록건명	생산일자	발신/수신	비 고
법령 관계철 1	1	노동조합법시행 령 개정(안) 등 의뢰	1973.3.20	노동청 노정국	노동조합법 시행령 개정안 노동위원회법 시행령 개정안 노동쟁의조정법 시행령 개정안
	2	노동관계법률중 개정법률(안) 심 의 요청	1973.2	보건사회부 장관 결재	노동조합법 개정안 노동위원회법 개정안
	3	노동쟁의조정법 중 개정법률(안) 심의 요청	1973.2	보건사회부 장관 결재	노동쟁의조정법 개정안
법령 관계철 2	4	노동쟁의조정법 시행령중 개정령 (안)	1973.3	보건사회부 차관 결재	
	5	노동위원회법 시행령(안)에 대 한 협의	1973.5.28	경제기획원	
	6	노동위원회법 시행령중개정령 (안) 협의회신	1973.5.25	보건사회부	
	7	노동위원회법 시행령중 개정령 (안)에 대한 의견 회시	1973.5.16	내무부	
	8	노동위원회법 시행령중 개정령 (안) 협의 회신	1973.5.18	총무처	
법령 관계철 3	9	서식승인	1973.8.23	노동청 기획관리관	
	10	노동쟁의조정법 시행규칙 개정	1973.7.26	노동청 노정국장	
법령 관계철 4	11	노동위원회법	1973.3.13	노동청	1973년 3월 13일 개정된 노동위원회법 첨부
	12	노동쟁의조정법	1973.3.13	노동청	1973년 3월 13일 개정된 노동쟁의조정법 첨부
	13	노동조합법	1973.3.13	노동청	1973년 3월 13일 개정된 노동조합법 첨부
	14	노동조합법 중 개정법률	1973.3.13	노동청	위와 내용 동일

둘째, 논리적 재편철을 위해서는 무엇보다도 생산 당시에 부여된 부정확한 기록철명을 재조정하는 것이 필요하다. 〈표 3-18〉과 같이 1973년도에 생산된『법령관계철』1·2·3·4를 분해하여 각각의 기록 건을 검토하고 기록철명을 부여하였다. 즉 법률·시행령·시행규칙 으로 분류하여『노동3법개정』,『노동3법시행령개정』,『노동쟁의조정 법시행규칙개정』으로 재조정하였다.

〈표 3-18〉『법령관계철』의 '논리적 재편철'

기록철명	번호	기록건명	생산일자	이관 당시 원질서
노동3법개정	2	노동관계법률중개정법률(안) 심의 요청	1973.2	법령관계철 1
	3	노동쟁의조정법중 개정법률(안) 심의 요청	1973.2	법령관계철 1
	11	노동위원회법	1973.3.13	법령관계철 4
	12	노동쟁의조정법	1973.3.13	법령관계철 4
	13	노동조합법	1973.3.13	법령관계철 4
	14	노동조합법 중 개정법률	1973.3.13	법령관계철 4
노동3법시행령 개정	1	노동조합법시행령 개정(안) 등 의 뢰	1973.3.20	법령관계철 1
	4	노동쟁의조정법 시행령중 개정령 (안)	1973.3	법령관계철 2
	5	노동위원회법 시행령(안)에 대한 협의	1973.5.28	법령관계철 2
	6	노동위원회법시행령중개정령(안) 협의회신	1973.5.25	법령관계철 2
	7	노동위원회법 시행령중 개정령 (안)에 대한 의견 회시	1973.5.16	법령관계철 2
	8	노동위원회법시행령중 개정령(안) 협의 회신	1973.5.18	법령관계철 2
노동쟁의조정법 시행규칙개정	9	서식승인	1973.8.23	법령관계철 3
	10	노동쟁의조정법 시행규칙 개정	1973.7.26	법령관계철 3

또한 생산일자 순으로 정리하여 기록의 맥락을 쉽게 파악할 수 있도록 배열하였다. 아울러 생산·이관 당시 원질서의 기록철명을 기재하여 현재의 기록 이용체계에 대응할 수 있도록 설계하였다.

이와 같은 논리적 재편철 작업은 예시에 지나지 않지만, 노동청 기록군 전체에 대한 파악이 전제된다면 보다 효율적으로 재편철 하는 것이 가능할 것이다. 이러한 논리적 재편철 작업의 결과물과 앞서 검토한 기록물 개요 목록을 연계하면, 노동청 잔존 기록에 대한 접근을 보다 쉽게 할 수 있을 것이다.

5. 이용편의성을 위한 잔존 기록 재조직 프로세스 설계

2010년도 국가기록원 주요업무 추진계획에 따르면,[16] 기록 열람건수는 2008년 416,834건, 2009년 622,449건(추정)으로 기록관리법 시행 초기에 비해 3배 이상 증가했다. 또한 '대국민 친화형 기록서비스를 강화'하는 정책 방향을 설정하고 있으며, '열람서비스 강화'를 위해 '열람 업무의 다양한 사례 정리 및 열람 서비스 매뉴얼 발간·배포', '이용자 대상 고객만족도 조사', '이용자 편의 제고를 위한 기록물 정리·기술 활성화'를 주요 사업으로 계획하고 있다.

'기록물 정리·기술 활성화' 사업은 '소장 기록물 기능어, 일반주제어 등 검색어 사전(시소러스) 확대, 단체·인물·사건 등 기록물 전거레코드 구축, 지방자치단체 기록물 군·계열 기술' 등으로 설정하였다. 아울러 주요 역사기록물 해제집 편찬 및 콘텐츠 개발 등 '주요 국가기록의 콘텐츠화'를 계획하고 있다.

그러나 앞서 살펴본 것처럼 국가기록원 소장 노동청 기록은 파편적·분절적으로 존재한다. 이는 비단 노동청 기록에만 해당되는 것은 아니다. 이를 잘 보여주는 자료는 역설적이게도 『소장기록물 가이드 I·II』이다. 국가기록원은 소장기록물 가이드를 발간하면서 '생산기관별로 기록물의 유형 및 구조를 일목요연하게 살펴보고, 나무 한그루 한그루보다는 전체 숲을 보여주기 위한 시도'라고 그 의미를 부여했으나,[17] 이는 앞서 살펴본 국가기록원 소장 잔존 기록의 불균형성에 대한 고려가 제대로 이루어지지 않은 상태에서 내린 평가라 할 수 있다.

곧 불균형적으로 잔존하고 있는 기록에 대한 기초적인 재조직화가 되지 않은 상태에서 진행되는 기록물 기술·시소러스·전거레코드 작업, 주요 기록 콘텐츠화 등은 잔존 기록 재조직화의 선후가 바뀐 계획이라 할 수 있을 것이다. 따라서 기록물 목록 정보, 『소장기록물 가이드』와 같은 접근점 만을 제공할 것이 아니라 한 단계 더 진전된 재조직화가 필요하다.

이를 위해서는 잔존 기록 재조직 프로세스를 설계할 필요가 있다. 첫째, 먼저 잔존 기록 재조직 프로세스는 해당기관의 업무분석을 바탕으로 한 세분화된 기능 분해, 기능 분해에 대응하여 잔존 기록 연계, 기록물 개요 목록 작성, 잔존 기록의 '논리적 재편철' 등을 다각도로 진행하는 것이다. 이러한 작업의 결과물을 열람실에 비치하고,

웹사이트 등을 통해 제공한다면 이용자는 다양한 검색도구를 통해
잔존 기록에 대한 접근을 보다 쉽게 할 수 있을 것이다.

둘째, 국가기록원은 소장 기록의 검색 편의를 위해 분류 방식으로
주제 분류를 택하고 있다. 곧 행정총괄·일반행정·외교·통일국방
등 10개로 대분류하고, 40개의 주제로 중분류했다. 특히 노동부기록
은 '공공질서·사회복지 - 노동인권'으로 분류되어 있다. 노동청기록
은 '노동부기록군'으로 분류되고, 이는 다시 30개의 계열로 구분하고
있다.[18]

<표 3-19> 국가기록원의 보존기록 주제분류표

대분류	중분류
1. 행정총괄	1)정책 2)통계 3)국가발전·개혁 4)민원 5)역사규명
2. 일반행정	1)법제 2)총무행정 3)내무·지방행정 4)재난관리 5)선거·국민투표·정당 6)감사
3. 외교	1)통상외교
4. 통일국방	1)통일·안보 2)국방 3)병무 4)국가보훈 5)비상대비
5. 경제일반·재정	1)재정경제 2)공정거래 3)조달 4)국세 5)관세 6)금융
6. 산업·교통	1)농산 2) 농림 3)해양수산 4)상공·동력자원 5)건설·교통
7. 공공질서·사회복지	1)법무 2)경찰 3)보건·사회복지 4)환경보전 5)노동인권
8. 과학기술	1)과학기술 2)기상
9. 교육문화·관광	1)교육·학술 2)체육·청소년 3)공보 4)문화·예술·관광
10. 지식·정보	1)정보통신·체신 2)특허

출전: 국가기록원, 『국가기록원 소장기록물 가이드 I』, 2007.

그러나 앞에서 살펴본 것처럼 해당 기관의 기능을 세분화하여 잔존기록을 연계시키면, 어떤 유형의 기록이 잔존하고 있고, 어떤 기록은 전혀 남아 있지 않은지 구체적으로 파악할 수 있다. 이러한 작업은 이후에 기록 평가와 수집전략을 수립하는 데 유의미하다. 따라서 주제 분류에 따른 정리(arrangement) 방식과 함께 기능 분류에 따른 기록철 연계 방식을 검토하여 정리체계를 재조정할 필요가 있다.

셋째, 잔존 기록 재조직 프로세스는 필연적으로 구체적인 기록 검토 과정을 통해 진행될 수밖에 없다. 이러한 과정에서 기록의 정리체계가 조정될 수 있으며, 기술과 검색도구 제공 방향이 설정될 수 있을 것이다.

따라서 기능 분류에 따른 잔존 기록의 연계, 기록물 개요 목록의 제공, 논리적 재 편철 작업 등을 통해 아카이브에 대한 이용자의 접근과 이용편의성을 증대시켜야 한다. 나아가 아카이브를 활용한 역사 연구를 촉진할 수 있도록 국가기록원의 업무를 재설계할 필요가 있다.

6. 노동사 지도(map) 작성을 통한 재조직

현대사 연구자를 비롯한 이용자 입장에서 노동사 연구에 필요한 사료를 찾을 때 가장 필요한 부분은 전체 노동기록의 분포 상태를 알 수 있는 지도(map)이다. 어떤 기록이 어디에 어떤 내용으로 잔존하고 있는지를 파악하는 것이 가능하다면 노동사 연구를 한 단계 진전시키는 계기가 될 수 있다.

첫째, 먼저 노동사 지도를 작성하기 위해서는 잔존 노동기록 전반에 대한 광범위한 조사·분석이 필요하다. 1960·70년대 행정기관에서 생산한 노동기록을 예로 들면, 노동청뿐만 아니라 경제기획원·상공부·보건사회부 등 경제사회분야 행정기관, 중앙정보부·검찰청·경찰청 등 수사기관에서 생산한 기록 등을 검토해야 한다. 또한 노동법령에 대한 기록은 노동청 잔존 기록에서는 파편적으로 존재하지만, 국무회의록을 살펴보면 일부 남아 있다. 국회·대법원 기록도 검토 대상이다.

둘째, 이와 같은 노동기록 조사·분석과 함께 1960·70년대 노동사의 주요 사건과 활동을 표상화할 수 있다. 곧 표상화 된 각각의 사건과 활동을 정리하는 작업이 필요하다. 곧 일지·연표 정리를 통해 이 시기 주요 사건과 활동을 주제별·시기별로 표상화 하는 작업을 진행해야 할 것이다.

셋째, 광범위한 노동기록 조사·분석, 노동사 주제별·시기별 주요 사건·활동에 대한 표상화 작업 등을 통해 얻은 결과물을 잔존 기록과 연계하는 순서로 노동사 지도를 작성할 수 있을 것이다.

이와 같은 작업은 노동사 연구자를 비롯한 이용자에게 유용한 기초 정보로 제공될 수 있으며, 아카이브에서는 이러한 자료를 바탕으로 노동기록 수집과 구술사 프로젝트 전략을 수립할 수 있을 것이다. 곧 잔존 기록이 존재하지 않는 사건과 주제에 대한 목록을 만들고, 중요한 사건·주제에 대해서는 구술사 수집 등을 통해 부족한 기록을 보완하는 것이 필요할 것이다. 또 이와 같은 방법론을 바탕으로 작성된 노동사 지도는 현재 생산되고 있는 기록을 이해하는 데에도 도움을 줄 수 있을 것이다.

7. 나오며

첫째, 노동정책 수립과 생산현장에서 노동법령을 관철하는 행정기관으로서 노동청은 직제에 반영된 내용과는 다르게 기술 실무적인 기능을 수행하였다. 잔존 기록 또한 노동정책 결정과정을 알 수 있는 기록은 남아 있지 않으며, 파편적·분절적으로 존재하는 불균형 행정기록의 형태를 대표적으로 보여주고 있다.

둘째, 노동청 잔존 기록의 존재 형태를 구체적으로 살펴보면, 정확한 출처정보가 반영되지 않고 있으며, 생산·이관 당시 무질서하게 편철된 상태가 그대로 유지되어 기록철명을 통해서는 기록 내용을 제대로 파악하는 것이 불가능하다. 이러한 상태에서는 비록 기록철을 찾았다고 해도 일일이 기록건과 내용을 파악해야 하는 수고를 이용자가 부담해야 한다.

셋째, 잔존 기록을 재조직하기 위해 프로세스를 설계하고 노동청의 기능을 분해하여 잔존 기록을 연계하였다. (1) '노동정책' 기능 중에서는 '노동법령운영' 기능과 관련된 기록이 대부분임을 확인하였다. 노동정책결정 과정에 대한 기록을 파악하기 위해 이 시기 대통령기록을 분석한 결과, '노사관계 동향대책 및 분석' 기능과 관련된 기록이 일부 잔존하고 있었다. 곧 노동청 잔존 기록과 대통령기록이 상호 보족적인 관계에 있음을 알 수 있다. 한편 노동청 잔존 기록 중에는 사료 가치가 낮은 인허가 기록이 상당수 존재하고 있으며, 1970년대 생산현장 노동자들의 삶을 제어했던 '근로기준' 기능의 기록은 단 한 건도 존재하지 않았다.

(2) '기록물 개요 목록'을 작성하여 기록 내용에 대한 파악을 쉽게 하려 하였다. '기록물 개요 목록'은 기존 국가기록원의 기록철·건 목록 정보 보다 다양한 항목으로 구성하였다. 즉 생산기관, 생산부서, 이관기관, 기능별 분류 정보, 기록물철명, 기록물건명, 생산일자, 생산자, 주요 내용 요약, 특기 사항, 검색어, 관련기록 연계, 열람참고 사항 등의 항목 등으로 구성하여 이용자가 더 많은 기록 정보를 활용하여 기록에 접근할 수 있도록 구상하였다.

(3) 국가기록원 소장 노동청 잔존 기록은 생산·이관 당시의 기록 철명이 매우 부정확한 점, 선후행 관계를 파악할 수 없게 편철되어 있는 점 등 접근에 상당한 문제가 존재했다. 따라서 이용자가 편리하게 기록철·건에 접근할 수 있도록 잔존 기록에 대한 '논리적 재편철'을 시도하였다. 기록철명을 재조정하고, 생산일자 순으로 배열하여 기록의 맥락 파악을 쉽게 하고자 하였다.

이상과 같은 잔존 기록 재조직 방식은 향후 기록의 기술과 검색도구 제공 방향을 설정하는 데 도움이 될 것이며, 나아가 노동기록의 수집·평가 정책에도 시사점을 줄 수 있을 것이다.

넷째, 노동사 지도(map) 작성을 바탕으로 노동사 연구의 사료 이용을 체계화할 수 있을 것이다. 노동사 지도 작성을 위해서는 먼저 잔존 노동기록의 광범위한 조사와 분석이 필요하다. 경제사회분야 행정기관은 물론이고, 수사기관, 국회 등의 기록을 조사해야 한다. 이와 함께 노동사 주요 사건과 활동을 주제별, 시기별로 표상화하고 정리하는 작업이 요구된다. 이를 바탕으로 잔존 기록과 연계하는 것이 가능하다면, 노동기록 수집과 구술사 프로젝트의 수행 등에 상당한 도움이 될 수 있을 것이다.

3장 노동조합이 남긴 기록들
— 전국노동조합협의회를 중심으로[1]

1. 문제제기

한국에서 근대적 노동계급이 형성된 것은 100년이 지났지만, 노동계급이 역사의 주체로 전면에 나선 것은 노동자 대투쟁 이후의 일이다. 전태일의 분신을 계기로 점화된 민주노조운동부터 1980년 사북항쟁, 1985년 구로지역 노동조합 동맹파업, 1987년 노동자대투쟁, 1991년 전국노동조합협의회 창립, '골리앗' 점거로 상징되는 1994년 현대중공업 노동조합 파업투쟁, 1995년 민주노동조합총연맹의 창립에 이르기까지 한국의 '전투적' 노동운동은 전 세계적으로도 유례를 찾을 수 없을 정도로 빠르게 성장했다.

노동계급의 주체적 형성과정 이면에는 오랜 기간 지속된 국가와 자본의 노동에 대한 일방적 '지배'와 그에 따른 뿌리 깊은 불신이 내재화되어 있음은 물론이다. 1990년대 후반 이후 사회의 양극화 현상이 심화되는 가운데 급증하기 시작한 비정규직 노동자 문제는 현재 한국사회가 해결해야 할 노동문제의 핵심 이슈로 자리 잡고 있다.

그러나 노동계급의 성장과는 다르게 노동사 연구에서 노동계급 주체의 기록을 이용한 연구는 빈약하다.[2] 그 원인은 이용할 기록이 많지 않기 때문이기도 하다. 이렇게 된 이유 가운데 하나는 "저항하는 세력이 기록을 남기는 것은 곧 정보기관에 자신을 내놓는 것과 같았기 때문"[3]이었다. 이러한 견해는 1970년대 이후 한국적 정치상황에서 노동기록이 분절적으로 남을 수밖에 없었던 조건을 잘 설명해주고 있다. 또한 전국노동조합협의회의 사례에서도 알 수 있듯이 "전노협 초기에도 자료실을 구축하려는 시도가 있었지만 탄압 속에서 자료를 이리저리 옮기던 중 상당부분이 소실되기도 했던"[4] 것이다. 그러나 노동계급 주체의 측면에서도 '완전하고 정확한' 기록을 생산하고, 생산된 기록을 올바르게 관리하는 문제를 인식하지는 못하였다. 또한 기록이 남았다 해도 기록 시리즈 전체가 남아 있는 경우는 거의 없었다.

2008년 8월 설립된 '노동자역사 한내'는 창립에 즈음하여 "노동자, 민중의 삶은 더욱 피폐해지고, 사회양극화 현상은 극복하기 어려운 지경에까지 이르고, 노동자에게 희망은 보이지 않고 있다. 이 난국을 돌파할 길은 노동자가 투쟁을 통해 세운 원칙에 입각해 과거를 평가하는 데서 찾아야 한다. 이제 과거를 돌아보고 현재를 조명해 미래에 대한 대안을 마련하자"[5]고 제안하였다. 이는 곧 노동계급 주체의 기록을 통해 과거의 역사를 재현하고자 하는 시도라 볼 수 있다.

한국의 노동 아카이브는 그 역사가 짧고, 노동 아카이브에 소장된 기록은 노동조합·노동운동 기록이 대부분이다. 노동자들 삶의 기록, 노동자 일상을 알 수 있는 기록은 거의 없다. 따라서 아카이브의 기록을 이용하여 1960년대 이후 노동사를 재구성하는 것은 매우 어려운 조건이다. 곧 노동계급의 기록이 총체성을 띠고 존재하지 않는다는 점은 '노동 없는' 민주주의로 규정된 한국 민주주의의 현 상태와 맞닿아 있다.

2. 노동조합의 '원시적' 기록관리 규정

노동조합의 기록관리 관련 규정을 살펴보면, 한국 사회 기록관리 수준의 일면이 드러난다. 곧 사무 처리에 종속되어 기록이 관리되던 시대의 유산을 고스란히 간직하고 있다.

첫째, 기록관리 관련 규정의 명칭을 살펴보면,[6] '처무규정'(전국교직원노동조합 · 기아자동차 노동조합 · 대한화재노동조합), '문서처리세칙'(전국민주노동조합총연맹 부산지역본부), '사무처운영세칙'(민주노총 제주지역본부), '사무처세칙'(전국민주노동조합총연맹 충북지역본부), '사무관리규칙'(전국공무원노동조합) 등이다. 곧 공공기록 관리 분야에서 과거 '정부처무규정', '정부공문서규정', '사무관리규정' 등에 따라 기록을 관리하던 시기와 거의 같은 명칭을 그대로 사용하고 있다.

둘째, 기록관리 관련 규정의 목적도 "지역본부에서 생산, 접수하여 관리하는 문서는 이 세칙에 의하여 효율적인 관리와 이용을 그 목적으로 한다."[7] "조합의 사무관리에 능률을 높임을 목적으로 한다."[8]

"사무처의 운영과 업무처리에 관한 기준을 정함으로써 업무가 원활하게 수행될 수 있도록 함을 목적으로 한다"[9]고 하여 사무관리의 관점에서 기록의 생산·관리 문제가 다루어지고 있다. 곧 기록관리는 사무관리의 종속적인 위치에 존재한다.

셋째, 기록의 정의와 관련된 부분이다.

> 문서라 함은 연맹활동상 발생하는 일반 서류, 장표, 전신, 도표와 조회, 보고, 회답, 공고, 광고 등에 관한 제기록을 말한다. (사무금융연맹 사무처운영규정)

> 문서라 함은 조합 활동 상 발생하는 일반 서류, 전표, 조사, 조회, 보고, 회보, 전신, 도표 기타 일체의 기록을 말한다. (기아자동차노동조합 처무규정)

> 자료라 함은 연맹 가입원소·인준증, 회의자료, 영상물(비디오테이프와 사진), 연맹신문, 선전물, 대자보, 녹음테이프, 도서자료, 그 외 관리책임자가 지정한 자료 (전국공공운수사회서비스노동조합연맹 자료실 운영내규)

> 일반문서는 조합 내부 또는 대외적으로 작성 또는 시행되는 문서로 도면, 사진, 디스크, 테이프, 필름, 슬라이드, 전자문서 등의 특수매체 기록을 포함한 모든 문서. 전자문서는 컴퓨터 등 정보처리능력을 가진 장치에 의하여 전자적인 형태로 작성, 송·수신 또는 저장된 문서 (전국공무원노동조합 사무관리규칙)

전국공무원노동조합의 경우 '사무관리규정'을 그대로 사용하고 있으며, 사무금융연맹·기아자동차노동조합의 경우 문서에 대한 규정은 거의 유사하고, 체계적이지 못하다. 전국공공운수사회서비스노동조합연맹이 자료에 대한 정의를 별도로 하고 있는 점은 매우 특이한 경우이다.

넷째, 처리과 단위에서 이루어지는 기록관리 행위는 다음과 같다. 기록 생산·분류·편철을 살펴보면, "최종 결재자의 결재를 득한 문서는 총무국의 문서통제를 받은 후 문서번호를 부여받아야 그 효력이 발생한다"[10]고 규정하고 있다. "완결된 문서는 업무별로 분류 날짜순에 따라 철하거나 연도별로 편찬 보관한다. 분류, 편찬된 문서는 당해연도 말까지 관련 부서에서 보관하며 문서 목록에 기재한다. 결재문서는 담당자별로 보관한다"[11]고 규정하였다. 민주노총 부산지역본부의 경우 문서번호는 부서약칭 - 분류기호 - 등록번호(예를 들면, 조직 300-0001)로 구분하였다.

〈표 3-20〉 보존문서 기록대장 예시

종 별	내 용	책 수	보존년월일	폐기년월일	비 고

출전: 전국철도노동조합, 「처무규정」, 2005.7.28.

다섯째, 기록 폐기 규정을 살펴보면, 다수의 노동조합이 보존기간이 종료된 문서는 위원장의 승인을 얻으면 폐기할 수 있도록 하고 있다.[12] 또한 경미한 자료 기타 이에 준하는 기록에 대해서도 "당해연도가 경과한 후 위원장의 승인을 얻어 이를 폐기할 수 있다."[13] 민주노총 사무총국은 "보존기간이 끝난 문서는 사무총장의 승인을 얻어 폐기한다"고 규정했다. 다만, "보존기간이 끝난 문서 중 역사적 사료로서 가치를 가지는 문서는 자료실(정책연구원 노동운동자료실)에 보관하도록" 하였다. 또한 폐기 문서의 경우 대다수 노동조합에서 보존문서 기록대장에 폐기일을 기입하여야 한다고 규정하고 있다.

여섯째, 기록 보관 규정을 살펴보면 다음과 같다. 대다수 노동조합은 매년 초 주무부서에서 전년도에 완결된 문서를 색인목록을 작성하여 총무부서(또는 자료실)에 인계하고, 총무부서는 문서를 보존할 때 보존문서 기록대장을 기록하고 보관하여야 한다고 명시하고 있다. 다만, 민주노총 부산지역본부의 경우 "PC의 파일은 별도 보관하여야 한다"고 규정하고 있는 점이 특이하다. 한편 전국공공운수사회서비스 노동조합연맹의 경우 기록의 종류별로 관리책임자·부서를 별도로 설치하고 있다. 곧 연맹 가입원서·인준증은 조직실, 회의자료는 총무실, 영상물은 교육선전실, 연맹신문·선전물·대자보·녹음테이프는 교육선전실, 도서자료는 관리책임자, 그 외 관리책임자가 지정한 자료는 관리책임자 등으로 구분하였다.

3. 전문성이 결여된 보존기간 책정

첫째, 노동조합에서 보존기간을 영구로 책정하는 기준을 살펴보면 다음과 같다. (1) 영구기록으로 보존해야 할 기록은 대부분 증빙기록 중심이다. 조합원 명부, 재정 기록, 인사 기록, 예·결산 기록, 노동조합 인준 기록, 협약서, 부동산 취득 기록 등을 예로 들 수 있다. (2) 영구기록으로 보존기간을 책정하는 행위 자체가 매우 자의적이고 추상적임을 알 수 있다. 곧 민주노총 제주지역본부 등 4개 노동조합의 사례에서 알 수 있듯이 "기본적인 문서 및 이에 준하는 문서", "기타 아주 중요하다고 인정하는 서류" 등으로 그 기준을 정하고 있다. (3) 민주노총 사무총국의 경우 대의원대회 등의 의결기구 회의자료와 회의록만 영구기록으로 책정하고 있다.

<표 3-21> 노동조합의 보존기간(영구기록) 책정 규정

노동조합명	영구기록
전국민주노동조합총연맹 사무총국	민주노총 의결기구의 회의자료, 회의록
전국민주노동조합총연맹 부산지역본부	조합원 명부, 규약, 임원의 성명·주소록, 회의록, 재정에 관한 장부와 서류, 인사에 관한 문서
기아자동차노동조합	규약, 연혁, 규정집, 예결산서, 각종 합의서, 회의록(녹취록), 상벌대장, 부동산대장, 노동조합 발간 간행물 및 자료집, 노동조합 인준서류, 부동산 취득서류, 사무인계서
대우자동차노동조합	규약, 선언, 강령, 연혁, 규정집, 예·결산서, 도서대장, 회의록, 사업보고서, 통계서류, 품의서류, 임직원사령부, 이력서, 상벌대장, 교육수강자 대장, 등록서류, 신고증, 협정서, 조직관계 서류, 비품대장, 간행물원본, 노동조합 인준서류
대한화재노동조합	조합의 설립, 변경 및 이에 준하는 문서. 단체협약, 보수에 관한 협약, 각종 노사간 합의서 및 이에 준하는 문서
금호타이어노동조합	대의원대회 회의록, 사업보고서, 쟁의서류, 등록서, 신고서, 협정서, 단체협약, 노사간의 합의 및 협약서, 기타 아주 중요하다고 인정하는 서류, 도서 및 시청각자료
전국민주노동조합총연맹 제주지역본부	민주노총 총연맹과 제주본부의 기본적인 문서 및 이에 준하는 문서
전국민주노동조합총연맹 충북지역본부	지역본부의 기본적인 문서 및 이에 준하는 문서
전국공무원노동조합	조합의 기본적인 문서 및 이에 준하는 문서
사무금융연맹	연맹의 기초에 관한 문서 및 이에 준하는 문서. 도서는 영구보존 원칙

〈표 3-22〉 노동조합의 보존기간(한시기록) 책정 규정

노동조합명	법령에 의해 일정기간 보존이 강제되는 경우	5년	3년	1년
전국민주 노동조합 총연맹 사무총국	해당 기간	민주노총의 운영상 발생한 주요 문서 (기안문서, 발송공문, 수신공문, 회계장부 및 전표)	좌 이외의 문서	
전국민주 노동조합 총연맹 부산지역 본부	해당 기간		기타 문서	
전국민주 노동조합 총연맹 충북지역 본부	해당 기간	지역본부 운영상 발생한 주요문서 및 이에 준하는 문서		
기아 자동차 노동조합	-		기안문서, 품의서류, 문서수발대장, 수입 및 지출 전표, 증빙서, 신원보증서, 견적서류, 건물 및 차량 취득처분서류, 조합원 명부철, 공고서류, 총계정원장	*(2년) 건의서, 진정서, 소송서류, 사내외 발신문서 *(1년) 도서대장, 비품대장,출장명령부, 잡문서, 접수일지, 기타서류
대우 자동차 노동조합	-	기안문서, 발신문서, 건의서, 진정서, 신원보증서류, 사업계획서, 사무인계서, 소송서류, 차량취득 처분서류	출장명령부, 수입 및 지출전표, 증빙서, 잡문서, 기타서류, 물품청구서, 감사서류, 업무일지, 재정관계장부	
대한화재 노동조합	해당 기간		조합의 운영상 기본적으로 발생하는 중요문서 및 이에 준하는 문서. 결산 보고서 및 회계감사보고서	좌 이외의 문서
금호 타이어 노동조합		*(4년) 조합비 수입과 지출에 관한 문서 *(5년) 조사 연구 및 기타 업무상의 참고 자료	보존기간을 따로 규정한 것을 제외한 문서	

〈표 3-23〉 전국공공운수사회서비스노동조합연맹의 도서 · 자료의 보존기간

대분류	중분류	보존기간
각종 신문		보존하지 않는다
매일노동뉴스		다음 달 말
각종 정기간행물		해당년도 이후 매년 12월에 폐기 검토
활동보고서	연맹 활동보고서	영구보존
	민주노총 활동보고서	영구보존
	단위노조 활동보고서	3년간 보존
	민주노총 산하 타 연맹 보고서	3년간 보존
각종 보고서와 소책자	연맹 제작 보고서와 소책자	영구보존
	각종 연구단체, 연맹 이외 조직 보고서	5년 보존 후 매년 말 계속 보존여부 검토
서적		구입 5년 후 매년 말 계속 보존 여부 검토
연맹 가입원서 · 인준증		영구보존
회의자료		영구보존
연맹 신문, 선전물, 대자보		영구보존
영상물		해당년도 이후 매년 12월에 폐기 검토
녹음테이프		해당년도 이후 매년 12월에 폐기 검토

출전: 전국공공운수사회서비스노동조합연맹, '자료실 운영내규', 1999.3.29.

둘째, 한시 보존기록 책정 기준을 살펴보면 다음과 같다. (1) 한시 보존기록의 경우 공공기록 관리 분야와 마찬가지로 5년, 3년, 1년 등 기간을 특정하여 구분하고 있다. 그러나 그 기준이 어떻게 도출된 것인지에 대해서는 알 수 없다. (2) 법령에서 규정하고 있는 사항은 해당기간까지 보존하고 있다. 해당기간이 경과한 후에 기록의 처리 방법에 대해서는 언급하지 않았으나, 거의 폐기되는 것으로 보인다.

(3) "운영상 발생한 주요 문서 및 이에 준하는 문서" 등 자의적이고 추상적인 기준은 한시기록에도 마찬가지로 적용되고 있다. 또한 전국민주노동조합총연맹 사무총국 등의 경우 '주요 문서'까지도 보존기간을 5년으로 정하고 있다.

셋째, 〈표 3-23〉에서 알 수 있듯이 전국공공운수사회서비스 노동조합연맹의 경우는 위의 사례와는 다르게 구체적인 보존기간을 정하고 있는 점은 주목할 만하다. (1) 영구 보존기록으로 분류하고 있는 기록을 살펴보면, 민주노총과 연맹 단위의 활동보고서, 연맹에서 생산한 보고서·소책자, 연맹 가입원서·인준증, 회의 자료, 연맹 신문, 선전물, 대자보 등 조직의 활동을 알 수 있는 기록이 망라 되어 있다. (2) 영상물, 녹음테이프 등의 경우 보존기간을 특정하지 않고 매년 12월에 폐기를 검토한다는 규정을 두고 있다. 자체적으로 기록을 분류하여 보존기간을 정하고 있는 점은 다른 노동조합과 구별되는 특이한 사례이다. 다만, 시청각기록을 매년 폐기 검토하고 있는 것은 우려할 만하다.

4. 전국노동조합협의회 잔존 기록 분석

전국노동조합협의회[14](이하 전노협) 사무총국 '처무규정'에서 정한 기록의 보존기간을 살펴보면, 앞서 살펴 본 노동조합의 기록 보존기간 규정과 별 차이가 없음을 알 수 있다. 곧 법령에 따라 일정기간 보존이 강제되는 경우 당해 기간까지 보존하도록 하였고, 조직의 기초에 관한 문서·이에 준하는 문서는 영구 보존, 조직의 운영에 관한 중요 문서는 보존기간이 5년이었으며, 그 밖의 문서는 3년이었다. 도서는 영구보존함을 원칙으로 했다.[15]

이러한 비전문적인 보존기간 규정과는 다르게 전노협은 자체 자료실을 설치하려는 계획을 갖고 있었다. 곧 1990년 말부터 별도의 자료실 설치를 추진하였다. 총무국에 담당자를 두고 기록을 정리하려 하였으나, 공간과 인력 문제 등을 이유로 구체적인 진척을 보이지 못하였다. 그 후 1993년 하반기에 이르러 재차 자료실 설치를 구체화하려 하였다. 이 시기 자료실 설치의 목적은 (1) "부서별로 산재된 자료를 종합적으로 관리하여 이용의 효율성을 극대화"하고, (2) "자료의 정리, 정리의 미숙에 따른 사장을 방지하고 사업의 연관성 강화와 연구의 기초자료로 활용"하며, (3) "자료의 역사적 축적을 통해 조직내외 공급을 활성화" 시키는 것이었다.[16]

1994년에는 자료 전산화 사업을 적극적으로 추진하려 하였다. 자료 전산화 사업의 이점에 대해 "(1) 자료가 일목요연하게 정리됨으로써 관리하기 쉽고 찾아 쓰기 편하다. (2) 가치가 있음에도 사장되는 자료들의 손실을 막을 수 있다. (3) 전국적으로 표준적인 분류체계를 갖출 수 있으므로 각 노동조합과의 자료교류가 용이하고 통일성을 가질 수 있다. (4) 어떠한 자료든지 간단한 편집만 하면 곧바로 교육, 선전활동에 활용할 수 있으므로 노동조합 업무의 효율성을 배가시킨다. (5) 계속적인 자료의 축적, 보관이 가능하므로 어떠한 연구 작업에서도 지난 몇 년간의 자료, 주제별 자료 등 풍부한 근거자료를 확보할 수 있다"고 설명하였다.[17]

그러나 전노협에서 생산된 기록은 체계적으로 관리되지 못하였고, 그 후 1995년 전노협 제9차 중앙위원회의 결정에 따라 백서 발간 사업이 구체화 되었다. 백서 발간 준비 작업을 위해 각 지역노조협의 회의 자료 수집을 추진하였다. 같은 해 12월 3일 중앙위원회와 해산 대의원대회에서 "발간사업을 위한 자료 수집은 전노협을 중심으로 한 민주노조운동의 모든 자료를 수집·정리·보관함을 원칙"으로 한다고 결정하여 전노협 백서가 제작될 수 있었다.[18]

전노협 백서발간 세부계획에 따르면, 수집하고자 한 기록은 "중앙 및 지역조직의 모든 회의록, 수발문건, 신문 등 정기발간물, 전노협 사업과 관련된 일체의 부정기 간행물, 모든 선전물, 선언문, 광고, 모든 관련 연구논문(이를 위한 설문조사, 인터뷰조사 기타 모든 수집자료), 보도자료, 영상자료, 각종 서화 등을 포괄함. 산하 각 단위사업장의 활동보고서, 주요 문건, 발간물도 포함시킴. 법조계의 협조를 얻어 주요 사건별 법정 공판기록"[19] 등이었다.

〈그림 3-1〉에서 보는 것처럼 전노협 사무총국은 2실 13국으로 구성되어 있다. 잔존기록을 분석하기 위해서 첫째, 업무 기능은 사무총국 '처무규정'을 참조하고, 업무 기능과 잔존기록을 대비시키고자 한다.

13개국 가운데 교육국을 사례로 들어 잔존기록을 살펴보면, 교육국에서 생산한 기록은 대체로 전노협 교육 국장단 회의 기록, 교육자료, 교육 실태조사 기록, 교육 요청서·교육 결과 보고서, 단위 사업장 노동교육 기록 등이다. 그러나 교육 사업을 예로 들면, 매월 생산되었어야 할 월간 사업보고는 부분적으로만 존재할 뿐이다. 다른 기능도 이와 마찬가지였을 것으로 유추할 수 있다. 전노협에서 1991년

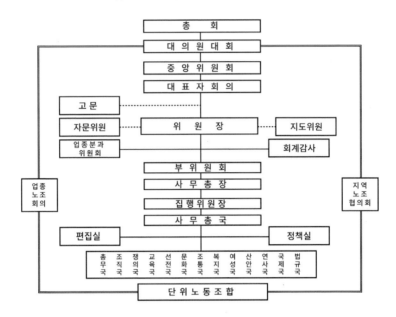

〈그림 3-1〉 전국노동조합협의회 조직 구성

출전: 전노협, 『사업보고서』, 1993; 김진균, 「87년 이후 민주노조운동의 구조와 특징-'전국노동조합협의회'의 전개과정과 주요활동을 중심으로-」, 『산업노동연구』 제1권 제2호, 1996, 215쪽에서 재인용.

생산한 교육 관련 기록으로 출처가 전노협으로 분류된 기록은 80건이다. 그 가운데 주요 기록은 〈표 3-24〉와 같다.

둘째, 대의원대회 잔존 기록은 〈표 3-25〉와 같다. 대의원대회 잔존 기록은 대체로 사업보고 기록, 회의 자료, 행사 준비계획, 회계감사 자료, 대의원대회 결과보고 기록 등이 생산되었다. 그러나 1991년 정기대의원 대회부터 1995년 해산대의원 대회까지 업무과정을 알 수 있는 일체의 기록이 남아 있는 경우는 없었다. 대의원대회 기록도 분절적으로 존재하고 있음을 알 수 있다.

<표 3-24> 전노협 교육 관련 주요 잔존 기록(1991년 생산분)

업무 기능별 (교육)	기록명	생산 출처	생산 일자
조합원 교육·훈련	단위노동조합 대표자 교육	전노협	1991.6.1
	노조교육의 발전방향에 대해	전노협	1991.7.1
	제3호 교육지침 제작에 관하여	전노협	1991.8.28
	신임 간부 교육	전노협	1991.10.25
	마창노련 단위노조 대표자 교육	전노협	1991.10.25
	제3기 교육역량강화 교육에 관하여	전노협	1991.11.7
	마창노련 단위노조 대표자교육 보고서	전노협	1991.11.22
	마창노련 단위노조 대표자교육 기획(안)	전노협	1991.11.22
	제3기 교육역량강화 교육 및 보고서	전노협	1991.11.30
	제3기 교육역량강화 교육 보고서	전노협	1991.12.30
	단위노조 교육활동 현황 기록카드		
회의	제14차 전국 교육국장단 회의에 관한 건	전노협	1991.1.11
	제6차 교육국장단 회의 소집 건	전노협	1991.3.20
	제6차 교선국장회의 4월 사업계획 토론	전노협	1991.4.1
사업계획	교육국 사업보고	전노협	1991.1.31
	전노협 교육현황 조사 사업계획서	전노협	1991.4.1
	1991년 상반기 사업보고 및 평가 시안	전노협	1991.7.1
	교육국 하반기 사업계획서	전노협	1991.7.1
	전노협 교육국 10월 사업보고	전노협	1991.11.1
	11월~12월 교육사업 계획서	전노협	1991.11.1
	1991년 하반기 교육국 사업계획(안)	전노협	1991.0.0
교육 실태조사	지역노조협의회, 업종협의회 교육실태 조사	전노협	1991.3.1
	단위사업장 교육실태 조사서(각 단위노조)	전노협	1991.7.1
	전국 노조 교육실태 조사사업에 관한 건	전노협	1991.7.1
	단위사업장 교육실태 조사 요약	전노협	1991.0.0
교육 자료 수집·관리	임투용 비디오 대본	전노협	1991.3.7
	전노협 신임간부 교육관련 자료(1991~1993년)	전노협	1991.11.8
	조직력 강화 교육자료 정리	전노협	1991.0.0
교육전문위원회 운영	—	—	—

출전: 전국노동조합협의회, 『사무총국 처무규정』, 1991; 전국노동조합협의회 백서 발간위
원회·노동운동역사자료실, 『전노협·노동운동 관련단체 발간자료 색인 모음』, 논
장, 2003.

<표 3-25> 전노협 대의원대회 주요 잔존 기록

업무기능별	기록명	생산 출처	생산 일자
대의원대회	전노협 창립준비위원회 발족식 자료집	전노협(준)	1989.12.17
	창립대회 계획(시안)	전노협(준)	1990.1.15
	전노협 대의원 선출 지침서	전노협(준)	1990.1.18
	전노협 창립대회자료집	전노협	1990.1.22
	전노협 대의원대회 계획(안)	전노협	1990.12.26
	전노협 대의원대회 계획	전노협	1991.1.9
	1991년 정기대의원대회 사업보고	전노협	1991.1.20
	1991년 정기대의원대회 회의자료	전노협	1991.1.20
	전노협 대의원대회 행사준비 계획(안)	전노협	1991.1.20
	전노협 강령, 규약 제2기 대의원대회 확정안	전노협	1991.2.5
	1992년 정기대의원대회 자료모음	전노협	1992.1.26
	1994년 정기대의원대회 회계감사 자료	전노협	1994.1.23
	제5기 대의원대회 결과보고	전노협	1994.0.0
	1995년 해산대의원대회 사업보고	전노협	1995.12.3

출전: 전국노동조합협의회 백서 발간위원회·노동운동역사자료실, 『전노협·노동운동
관련단체 발간자료 색인 모음』, 논장, 2003.

셋째, 기록은 내용, 구조, 맥락으로 구성되며, 업무 수행 과정에서
발생한다. 따라서 기록을 통해 얻을 수 있는 것은 그것이 담고 있는
내용뿐 아니라 기록이 발생하게 된 맥락도 포함된다. 예를 들어, 대
의원대회·대표자회의 등의 의결기관과 사무총국 산하의 총무국·
조직국·쟁의국 등의 집행기관의 업무를 분석하고, 업무 기능 분석
결과를 바탕으로 각 부서의 단위업무로 세분화할 수 있다. 그 가운
데 단체교섭 프로세스를 살펴보면 <표 3-26>과 같다.

〈표 3-26〉 "단체교섭" 프로세스와 기록 생산

a 업무	b 프로세스	c 기록 생산	d 전노협 단위사업장 생산 잔존 기록명
계획수립	계획서 작성	계획서	1993년 임·단투의 기조, 1993년 임·단투의 세부방침(안)(대우조선노조)
	계획서 심의·확정	상무집행위원회 회의록	
	계획서 인쇄 배부		
조사활동	조사양식 작성	조사 양식	
	조사양식 심의·확정	상무집행위원회 회의록	
	조사양식 인쇄		
	조사양식 배포 및 수집	조사서	설문지: 1992년 임·단투를 위하여(유원노조), 대우조선 노조실태 조사서 (대우조선노조)
	집계 정리	조사 결과 분석서	
	외부자료 수집		
단체교섭 요구서 작성 및 의견수렴 활동	대의원교육 및 토론	대의원 교육 자료, 토론내용	
	조합원교육 및 토론	조합원 교육 자료, 토론내용	
	집행부 요구안 작성	요구안	
	요구안 심의 (상무집행위원회)	심의내용	
	현장토의	현장토의 내용	
	요구안 확정 및 교섭위원 선출	확정안, 교섭위원 명부	
	교섭위원 학습		
요구안 제출 및 선전	요구서 인쇄	요구서	대우정밀 1990년 단체협약 요구안 (대우정밀노조)
	요구서 선전		결의문, 성명서(코리아타코마노조)
	모의교섭		
	단체교섭 요구서 제출		
교섭	교섭 개시	교섭일지	맥슨전자 일지·한주전자 일지(전노협) 1994년 금호타이어 파업상황 일지 (금호타이어노조), 단체교섭 회의록(유원노조)
	교섭 중 선전 및 조직강화 활동		1994년 임·단투 기아그룹 실무대표 회의결과(기아자동차노조), 기아자동차

a 업무	b 프로세스	c 기록 생산	d 전노협 단위사업장 생산 잔존 기록명
			공장투쟁위원회를 통한 조직강화 (기아자동차노조)
	교섭 보고대회		단체협약회사안(대림자동차노조), 1994년 임금교섭 경과 사항(대우자동차노조), 1994년도 임금인상 합의서(대우자동차노조), 1993년 단체교섭 진행 상황 보고(대우조선노조)
	단체행동 돌입		농성에 들어가며(KBS노조), 쟁의속보 (과기노조KIST지부), 금성전선 투쟁자료(금성전선노조), 쟁의대책위원회 비상연락망, 1992년 쟁의대책위원회의 할 일(현대자동차노조)
타결 후 활동	교섭타결 보고대회		한국남산업노동조합 단체협약(남산업노조), 1992년 단협 별도 합의서(대우조선노조)
	평가서 작성	평가서	1990년 단협갱신투쟁 평가서(대우조선노조), 1992년 임투의 평가와 반성(서울지하철노조)
	홍보활동		
	평가토의 및 실천방향 수립		
	백서 발간	백서	경동산업 노동자 탄압 백서 (경동산업노조)

출전: 전국노동조합협의회 백서 발간위원회 · 노동운동역사자료실, 『전노협 · 노동운동 관련단체 발간 자료 색인 모음』, 논장, 2003.

단체교섭 프로세스의 시작부터 종결까지 업무 프로세스를 정리하고 그 과정에서 반드시 생산되었어야 할 기록을 체계화 시킬 수 있다. 이를 다시 전노협 단위사업장의 잔존 기록과 비교할 수 있다.

(1) 단체교섭과 관련된 업무는 계획수립, 조사활동, 단체교섭 요구서 작성 · 의견수렴 활동, 요구안 제출 · 선전, 교섭, 타결 후 활동 등으로 구분할 수 있다. 각각의 업무는 다시 b와 같은 프로세스에 따라

분해할 수 있다. 예를 들어, 조사활동의 경우 조사양식 작성, 조사양식 심의·확정, 조사 양식 인쇄, 조사양식 배포·수집, 집계 정리, 외부자료 수집 등으로 구분할 수 있다. (2) 각각의 업무 프로세스에서 반드시 생산되어야 할 기록, '완전하고 정확한' 기록 생산의 예시는 c와 같다. 조사활동의 경우 조사양식, 회의록, 조사서, 조사 결과 분석서 등을 예로 들 수 있다. 그러나 조사활동과 관련하여 전노협 단위사업장에서 생산된 기록은 유원노조의 설문지, 대우조선노조의 노조실태 조사서 등만 남아 있다. 전노협 단위사업장 기록은 단위사업장에서 생산된 기록 전체를 목록화 한 것이다. 따라서 개별 단위사업장 기록만을 대상으로 하면 단체교섭과 관련된 기록은 거의 남아 있지 않거나, 파편적으로 존재할 뿐이다.

이상에서 살펴본 것처럼 전노협은 자료실을 설치하려는 노력과 함께 별도의 백서 발간위원회를 구성하고, 활동 당시의 기록을 수집하려는 노력을 기울이는 등 비교적 조직적으로 기록의 중요성에 대해 인식하고 있었다. 그러나 결과적으로 남게 된 잔존 기록은 매우 분절적이고, 파편화된 형태로 존재한다. 결국 올바른 기록관리 방법론의 부재가 이러한 결과를 초래했다고 할 수 있다.

5. 나오며

기록학 연구자들이 공공영역에서 사회 전반으로 시각을 돌린다면,

우리는 근대 이전의 기록관리 현실과 마주하게 된다. 노동조합의 기록관리 또한 그렇다. 불과 20년도 경과되지 않은 전국노동조합협의회의 기록은 비록 주체들의 노력으로 일부가 남아 있지만, 기록관리 측면에서 보면 그것은 파편화된 또는 분절적으로 존재하는 기록일 뿐이다.

노동조합의 기록관리 현실은 제대로 된 기록관리 규정이 없는 사실 하나만으로도 설명된다. 노동조합의 기록관리 관련 규정 명칭은 심지어 '조선총독부 처무규정'과 마찬가지로 '처무규정'의 이름으로 존재한다. 문서처리 중심인 기록관리 관련 규정의 목적은 사무처리의 효율성 관점에서 접근하고 있다. 마치 어떤 노동조합의 문서처리 규정을 베끼고 있는 것과 같은 느낌이 들 정도로 다수의 노동조합 규정이 거의 흡사하다.

기록에 대한 정의는 매우 제한되어 있으며, 증빙기록 중심으로 구성되어 있다. 기록의 분류·편철·폐기 등은 1970년대 '정부공문서' 규정과 같은 수준에서 이루어지고 있다. 그러한 의미에서 노동조합의 기록관리 규정은 '원시적'이다. 노동조합의 기록 보존기간 책정 기준은 전문성이 결여되어 있다. 영구 기록 선별 기준도 기본적인 문서 또는 이에 준하는 문서라는 규정에 의지하고 있으며, 거의 증빙기록 중심이다. 다분히 자의적이고 추상적이다. 한시 기록의 보존 기간은 1년, 3년, 5년만 존재한다.

전국노동조합협의회 '사무총국 처무규정'에 따르면, "조직의 기초에 관한 문서 및 이에 준하는 문서"가 영구 보존 대상이었다. 그러나 후에 전노협 백서 준비를 하면서 수집하고자 한 기록은 회의록은 물론이고, 정기·부정기 발간물, 선전물, 연구논문, 영상자료, 활동보고서, 주요 문건 등 실로 다양했다. 그러나 전노협의 잔존기록을 살펴보면, 이러한 수집 활동은 많은 성과를 거두지 못한 것처럼 보인다. 전노협 잔존기록은 매우 분절적으로 존재하기 때문이다.

단체교섭 업무를 계획수립, 조사활동, 단체교섭 요구서 작성·의견수렴 활동, 요구안 제출·선전, 교섭, 타결 후 활동 등으로 구분하여 잔존기록을 살펴보았지만, 단위사업장 기록은 일부만 남아 있다. 교육 관련 기록, 대의원대회 기록 또한 마찬가지이다. 업무 과정과 결과 전체를 재현할 수 있는 기록 시리즈는 거의 없다.

결국 백서 발간 준비 시점에 이르러서야 기록을 수집하는 현상은 현재의 노동조합에서도 여전히 나타날 수 있는 문제이기 때문에 기록을 생산하는 시점부터 기록을 관리해야 한다는 인식이 시급히 노동조합에 확산되어야 할 것이다.

노동조합의 기록관리 환경은 기록관리법이 존재하지 않던 바로 그 시기의 자화상이다. 따라서 '노동조합 표준 기록관리 규정', '노동조합 기록관리 매뉴얼' 등의 작성과 보급, 업무 기능 분석에 따른 기록 처분일정 설계와 노동 기록 보존기간의 과학적 설정, 노동조합의 기록관리 모형 개발 등 기록관리 체계를 설계할 과제가 산적해 있다. 특히 노동조합 활동가들에 대한 구술 기록의 생산은 부족한 문서 기록을 보완한다는 점에서 시급히 추진해야 할 기록관리 활동 중의 하나일 것이다. 한국 사회의 노동계급 기록은 사라졌고, 또 사라지고 있다. 노동자와 노동조합의 기록을 올바르게 관리하는 행위는 또 하나의 노동운동이 될 것이다.

4장 노동 아카이브와 노동자 삶의 기록화[1]

1. 노동자역사 '한내'

한국 사회에서 노동기록을 소장하고 있는 아카이브는 노동자역사 한내(이하 '한내'), 성공회대학교 민주자료관(이하 '민주자료관') 등이 대표적이다. 먼저 '한내'의 설립 과정을 살펴보면 다음과 같다.

2008년 8월 "노동운동역사자료실 운영을 통해 노동자 역사를 바로 세우고, 노동자를 노동운동역사의 주체로 만들고, 미래 건강한 노동자 주체의 양성"을 목적으로 한 '노동자역사 한내'(이하 '한내')가 창립되었다.[2] 전 전노협 위원장 양규헌 대표는 "80년대 후반~90년대 전반은 우리나라 노동운동이 가장 격렬했던 때인데도, 노동자 투쟁 기록은 정리된 것이 별로 없어 단체를 꾸렸다"고 설립의 필요성을 역설하였다.[3]

그러나 '한내'는 설립 목적에서 알 수 있듯이 이전의 노동 기록 소장기관과는 상당한 차별성을 갖고 출범하였다. 즉 '노동자역사 한내' 정관 제2조에 따르면, "노동운동 관련 자료들을 수집·분류·보관하는 역사자료관 개관사업 및 노동자의 역사를 기록, 연구하고 이와 관련한 교육문화 활동을 진행함을 목적으로 한다"고 설립 목적을 구체화하였다.

또한 정관 제3조에 따르면 '한내'의 사업은 노동운동 관련 자료 수집·분류·보관, 노동운동 관련 자료 전산화, 노동자 역사 자료관 개관, 노동자 자기역사 쓰기, 노동자운동사 연구 및 발표회·워크숍 및 세미나 개최, 노동자역사 관련 교육·문화·출판 등이다. 따라서 노동 기록의 수집·분류·보존·편찬 등 기록관리를 목적으로 한 '한

〈그림 3-2〉 노동자역사 한내 홈페이지

내'의 출범은 한국 사회에 본격적으로 노동 아카이브가 출범했음을 알려 주었다.

'한내'는 멀게는 전국노동조합협의회 자료실 설치 추진 활동에, 가깝게는 고 김종배 전노협백서발간팀장 중심의 '노동운동역사자료실'에 그 기원을 두고 있다. '노동운동역사자료실'은 『전노협백서』 재발간 사업, 한국통신계약직노조의 투쟁백서 『517일간의 투쟁』 등을 발간하였고, 노동조합 문서 2만여 건 등을 수집하는 등 짧은 기간 활발하게 활동하였다. 2007년 8월 김종배사업회에서 노동운동역사자료실을 복원하고자 준비를 시작하여, 2007년 10월 명칭을 '노동자역사 한내'로 정하고 발기인을 조직하여 2008년 1월 '노동자역사 한내' 준비위원회를 발족시켰다. 같은 해 8월 409명의 준비위원이 참여하여 '노동자역사 한내'가 출범하였다.

2008년 8월 창립 이후 초기의 활동은 아래와 같다. 첫째, 2008년도 '한내'의 사업 목표는 인터넷을 통해 기록의 등록과 검색이 가능한 '한내 웹'(사이버 노동운동역사자료실)의 안정화 추진, 노동운동 진영과 사회운동 진영에 인식 확산, 연구기반 조성, 법인화 추진 등이었다.

둘째, 기록관리 활동은 대체로 전산화 사업이 주를 이루었다. 곧 공공운수연맹·마창노련 등의 기록을 위탁 받아 전산화 사업을 진행하였으며, 한내웹에 도서목록, 공공운수연맹·마창노련 기록 등을 등록하였다. 또한 '한내' 소장 전노협 기록물을 전산화하였다. 기록 수집 활동은 수집과 기증으로 구분할 수 있다. 1990년대 초 노동운동 관련 사진 기록을 수집하고, 1980년대 노동조합 유인물·영상기록물 등을 기증 받았다. 셋째, 2008년 11월 전국노동자대회 전야제에 '노동운동 100년 사진전'을 개최하는 등 전시활동을 진행하였으며, '현대자동차노동조합 20년사' 편찬 등 편찬사업도 병행하였다.

2009년도 사업계획을 살펴보면 첫째, 한내웹 시스템의 안정화와 원문제공 서비스 추진이다. 전노협·공공운수연맹·현대자동차노동조합 기록은 웹을 통해 원문까지, 마창노련 기록은 하반기에 목록을 제공할 계획이었다. 또한 『연대와 실천』, 『현장에서 미래를』 등의 노동 잡지를 웹을 통해 원문 서비스할 계획을 갖고 있었다. 둘째, 전노협 사진 기록 전산화 등을 추진하고, 자체적으로 구술사 사업도 추진할 예정이었다. 셋째, 그밖에도 홈페이지 관리, 뉴스레터의 강화 등 다양한 홍보활동과 노동자 자기 역사 쓰기 활동 등을 계획하였다.

이상에서 살펴본 것처럼, 노동계급의 주체성을 강조한 '노동자역사 한내'는 노동 기록의 중요성과 기록관리에 대한 인식을 바탕으로 노동 아카이브로서의 역할을 자임하고 있다. 그러나 안정적인 기록물 보존 공간의 확보, 재정 기반 마련, 기록관리 전문 인력의 참여, 기록관리의 과학화 등 여러 과제를 안고 있다.

2. 성공회대학교 민주자료관

성공회대학교 민주주의연구소 산하 민주자료관은 2000년 1월 「민주화운동자료관 추진위원회」 결성에 기원을 두고 있다. 민주화운동기념사업회 출범 이후 민주화 관련 기록을 동 기관에 이관한 후 2003년 7월 재개관하였다. 민주자료관은 "한국 노동운동과 진보정치운동의 역사를 조망하며 노동역사에 대한 인식을 고취시켜 민중 지향적인 민주주의의 실현"에 기여하고자 설립되었다. 현재 '민주자료관'은 진보 정치·노동운동 관련 기록을 수집하고, 노동 아카이브 구현을 목표로 활동하고 있다.

민주자료관 소장기록은 회의록, 성명서, 팜플렛 등의 문서 기록 50,000여 건, 기관지·자료집 등의 간행물류 20,000여 건, 시청각기록 4,000여 건, 현수막·깃발 등의 박물류 2,000여 건, 그 밖에 판화·포스터·대자보 등 500여 건, PDF·JPG 파일 등 25,000여 건 등 총 약 100,000여 건이다. 민주자료관은 소장 기록을 노동·정치운동 아카이

〈표 3-27〉 민주자료관 분류체계

노동 · 정치 운동	공투체·임시조직 (일시적, 비상설적인 회의체로써 공동투쟁위원회, 공동대책위원회, 투쟁본부, 연합체 등)	노동자대회조직위원회
		노동진영3자대표자연석회의
		산업재해추방
		선거
		철도지하철(18건) 등 100개 이상의 출처
	노동·정치운동 지원단체 (노동·정치운동을 지원, 교육·선전하는 상담소, 연구소, 학술단체 등의 다양한 조직체)	카톨릭노동사목전국협의회
		노동과건강연구회
		노동인권회관
		울산노동교육협의회 (58건)
		한국노동사회연구소
		한국여성노동자회 등 51개 이상의 출처
	노동문화·언론단체 (노동문화 활동을 통해 노동운동 및 진보정치운동에 기어코자 했던 다양한 창작집단 및 개인, 문화단체 등)	노동자뉴스제작단
		인천노동문화제조직위 (365건)
		노동자신문 등 10개 이상의 출처
	노동자 대중조직 (전국적 산별, 업종별 노동조합 또는 단위사업장 등)	단위사업장 (675건)
		전국민주노동조합총연맹 (176건)
		전국과학기술노동조합 등 553개 이상의 출처

출전: http://www.demos-archives.or.kr

브즈, 사회운동 아카이브즈, 아시아 아카이브즈, 구술 아카이브즈, 참고도서 컬렉션, 시청각류 컬렉션으로 분류하고 있다. 기록은 진보 정치, 노동운동을 비롯해서 NGO · 여성 운동 등으로 폭넓게 분포하고 있다.

그러나 민주자료관의 노동기록은 〈표 3-27〉에서 보듯이 일부 컬렉션에 편중되어 있다. '공투체 · 임시조직'은 '철도지하철' 관련 기록 18건, '노동 · 정치운동 지원단체'는 '울산노동교육협의회' 관련 기록 58건, '노동문화 · 언론단체'는 '인천노동문화제조직위' 관련 기록 365건 등이다. 위에 열거된 조직들 가운데 생산된 기록이 아예 없거나, 1~2건에 지나지 않는 경우가 대부분이었다. '노동자 대중' 조직 기록 가운데에는 '단위사업장' 관련 기록이 가장 많은 675건이었다. 곧 민주자료관의 노동기록도 대부분 노동조합 관련 기록임을 알 수 있다. 한편 민주자료관에는 '박정희시대 생활사 연구'라는 제목으로 새마을지도자, 새마을운동 당시의 이장 등의 구술생애사가 채록되어 있다.

3. 도큐멘테이션 전략과 노동자 삶의 기록화

1960년대 이후 한국사회의 노동기록은 국가 아카이브, 노동 아카이브에 제대로 남아 있지 않다. 국가 아카이브가 소장한 노동기록 가운데 노동정책의 입안과 결정과정을 알 수 있는 기록은 거의 없다. 기록 상호 간의 관련성 없이 우연히 남은 기록일 뿐이다. 따라서

이 시기 노동정책사는 국가의 공적 기록을 바탕으로 연구하는 것이 불가능하다.

노동 아카이브 가운데 '한내'가 소장한 기록은 전노협 기록, 노동조합 관련 기록이 대부분이다. 이러한 기록도 기록 세트로 존재하지 않는다. 활동 전체를 알 수 없고 극히 일부분만을 확인할 수 있는 파편화된 기록일 뿐이다. 민주자료관이 소장한 노동기록 또한 일부 컬렉션에 편중되어 있으며, 노동조합 기록이 대부분이다. 곧 1960년대 이후 국가가 이른바 '산업역군'으로 명명했던 노동자들의 기록, 노동자 일상과 삶의 기록은 아카이브에 거의 남아 있지 않다. 따라서 분절적 · 편향적 · 비총체적으로 존재하는 노동기록의 총체성을 획득하는 문제는 기록공동체가 해결해야 할 과제라 할 수 있다.

한내 · 민주자료관 등 한국의 노동 아카이브는 그 역사도 짧지만, 비로소 노동 아카이브로서의 정체성을 만들어 가는 과정에 있는 기관들이다. 기관의 설립 목적 또한 노동운동 기록을 수집하는 데 초점을 둔 노동 아카이브를 지향하고 있는 것으로 보인다. 그러나 보통사람들이 삶의 주인인 민주주의 시대로 나아가는 과정에서 사회는 노동조합 · 노동운동 기록은 물론이고 노동자 일상을 포함한 노동자들 삶의 기록 모두의 집적을 요구하고 있다.

노동사 연구에서 인용되는 『공장의 불빛』(석정남), 『어느 돌맹이의 외침』(유동우), 『서울로 가는 길』(송효순) 등의 노동자 수기는 "70년대를 살아가는 노동자들의 충원방식, 노동력의 재생산방식, 이주의 유형, 수입의 규모와 원천, 교육 정도, 그리고 그들의 의식세계에 관하여 중요한 정보를 제공"하는 노동자들의 기록이다. 그러나 이들 노동자 수기도 노조의 결성, 노조 탄압으로부터 지켜내는 이야기 등이 주를 이룬다. 곧 다양한 노동자들 삶의 생산과 재생산 영역에 대해 접근하지 못하였다.

따라서 노동 아카이브는 노동기록의 성격에 대한 비판적 인식을 토대로 노동자 일상과 삶에 대한 기록화 전략을 수립할 필요가 있다.

첫째, 특정 지역·주제를 중심으로 그 역사를 기록으로 재현하기 위해 기록을 능동적으로 수집·생산하는 도큐멘테이션 전략[4]을 채택할 수 있다.

예를 들어, 지역적으로 인접해 있는 노동자역사 한내(영등포구)와 민주자료관(구로구)이 협력하여 1960~1980년대 대표적 노동자 도시였던 구로지역 노동자들의 기록을 수집하고 기록화하는 프로젝트를 진행할 수 있다. 프로젝트팀은 아키비스트, 노동사 연구자, 활동가 등으로 구성하여 구로지역에 대한 분석을 바탕으로 기록화의 대상과 범주를 설정할 수 있을 것이다. 또한 잔존 기록의 조사를 진행할 수 있을 것이다. 이미 「구로동맹파업 20주년기념사업 추진위원회」에서 구로동맹 파업 관련 기록을 수집했으나, 체계적으로 진행되지 못하였고 수집된 기록의 양도 많지 않았다.

프로젝트는 구로지역의 노동자들, 그들의 삶과 일상, 노동조합의 활동과 투쟁, 동맹파업 등으로 범위를 넓히고, 문서 기록의 부족한 부분은 구술기록의 생산과 수집을 통해 보완해 가는 방식으로 진행할 수 있을 것이다. 이러한 작업은 노동운동 기록 중심의 노동 아카이브의 성격을 변화시키고, 노동기록의 총체성을 지역 차원에서 구현하여 역사적 기억을 재구성하는 단초가 될 것이다.

둘째, 노동기록의 총체성을 획득하기 위해서는 노동자와 노동자 조직을 대상으로 노동기록을 조사하고, 각 시기별 주제별로 주요 사건·활동을 정리하여 노동기록의 현 상태를 분석하는 것이 필요하다. 이러한 작업은 노동사 연구자를 비롯한 이용자에게 유용한 기초정보로 제공될 수 있다. 노동 아카이브에서는 이러한 자료를 바탕으로 노동기록 수집과 구술기록 생산 계획을 수립할 수 있을 것이다.

셋째, 노동자 일상의 기록화 작업은 현재를 살고 있는 노동자들의 삶과 일상이 그 대상이다. 특히 임시직·파트타임·파견직·용역직 등의 비정규직 노동자와 이주노동자를 대상으로 한 일상의 기록화는 한국의 노동현실에 비추어 볼 때 유의미한 작업이 될 수 있을 것이다. 이들은 하층 노동시장에 편입되어 불안정한 삶을 재생산하고 있으며, 우리 시대의 사회적 현상을 대변하는 계층이다. 노동자 삶과 일상을 기록화하는 작업은 한국 현대 기록관리의 실패에 대한 반성인 동시에 동시대를 살고 있는 기록공동체의 의무일 것이다.

민주주의시대에는 어떤 기록이 남겨져야 하는가? 이를 위해 기록공동체는 무엇을 할 것인가? 과거와 단절된 민주주의시대 아카이브를 구축해야 하며, 보통사람들 삶의 기록을 수집하고, 그들의 일상을 기록화 해야 한다. 그 가운데 노동기록의 총체성을 획득한 노동 아카이브를 조직하고, 노동자들 삶과 일상의 기록을 수집하고 기록화하는 작업은 가장 먼저 시작해야 할 과제일 것이다.

4. 노동 아카이브 설립의 과제

노동자역사 한내와 같은 조직이 명실상부한 노동 아카이브로 발전하기 위해서는 중장기적인 기록관리 실천 전략이 필요하다.

첫째, 노동 아카이브 설립을 위한 기록관리 기반 조성이 필요하다. 노동조합의 체계적인 기록관리 활동과 그로 인해 얻어진 성과는 노동 아카이브 설립의 기초적인 조건이기 때문이다.

이를 구체화하는 것은 노동조합에 대한 기록관리 컨설팅 활동이다. 기록관리 컨설팅 활동은 단위노조·연맹·중앙 수준의 기록관리 실태 조사, 업무 기능 분석, 처분일정표의 작성, 기록관리 매뉴얼 제작, 기록관리 교육 등을 포함하는 활동이다. 이를 바탕으로 노동조합의 기록관리에 대한 인식 수준을 순차적으로 높여 갈 수 있을 것이다. 필요에 따라서는 몇 개의 노동조합을 시범사례로 삼아 올바른 노동조합 기록관리 모형을 만들 수 있을 것이다.

둘째, 노동 아카이브 허브(Archives Hub) 역할을 담당해야 한다. 노동 아카이브 허브는 영국의 '노동사 아카이브와 연구센터(Labour History Archive and Study Centre)'[5] 등이 참조모형이 될 수 있다. 그러나 노동 아카이브 허브는 영국 사례와 같이 웹사이트를 통해 노동 기록 정보를 단순히 연결시켜주는 일에 국한해서는 안 된다. 곧 노동 기록 정보를 안내해주는 중심 기관 역할을 해야 한다. 따라서 노동 기록 소장 기관과의 연대는 무엇보다 중요하다. 그 기관이 민주화운동기념사업회 사료관 같은 아카이브가 될 수도 있고, 노동조합이 될 수도 있다. 아울러 국가기록원, 노동부 기록관 등 정부기관의 기록, 주요 방송사의 영상기록 등에 대한 안내도 필요하다.

뉴욕 주립기록관에 소장된 기록 중에는 노동자 건강·안전·임금 등을 조사한 뉴욕주 공장조사위원회(Factory Investigating Commission)의 기록이 존재한다. 노동부에도 이러한 기록이 존재할 것이기 때문에 그 기록에 대한 파악과 분석을 진행하여야 한다. 노동 기록에 대한 정보를 모으고 그것을 통합하여 안내자 역할을 하는 것은 또 다른 연대의 경험을 노동 아카이브 허브 기관에 제공할 것이다.

셋째, 노동조합의 기록관(Records Center) 역할을 해야 한다. 노동조합 독자적으로 기록을 관리할 능력을 갖추는 것이 어려운 현실, 일정기간 동안 기록을 보관할 장소가 마땅치 않은 점 등을 고려하여 전문적인 기록관을 구축하는 것이 필요하다. 이러한 활동은 중요한 노동조합 기록이 노동 아카이브에 수집될 수 있는 안정적인 조건을 제공할 것이다.

넷째, 노동조합의 기록관리 방법론에 대한 연구가 필요하다. 예를 들면, 어떤 노동 기록을 영구적으로 보존할 것인가, 어떤 업무에서 생산된 기록의 보유기간은 얼마 동안으로 할 것인가, 기록의 분류는 어떻게 할 것인가 등은 매우 중요한 과제이다.

다섯째, 중요한 노동 기록의 소재 정보 파악과 이를 수집하는 문제는 시기를 다투는 문제가 될 수 있다. 중요한 노동 기록이 방치된다면 시간이 지날수록 멸실될 가능성이 크기 때문이다. 이를 위해서는 노동 기록 기증 운동을 전국적 노동조합과 연대하여 조직적으로 전개할 필요가 있다. 노동 기록을 기증받거나 수집하는 경우에는 각 지역마다 중심 기관을 두고 활동하는 방안도 고려해 볼 수 있다. 각

지역 중심 기관이 향후 지역 단위 노동 아카이브로 발전할 수 있도록 준비할 필요가 있다.

5장 일상(everyday life) 아카이브로의 전환
– '거인의 기록' 부터 '난쟁이의 기록' 까지[1]

1. 문제제기

중세 교회와 도시의 아카이브에는 '권력의 소유와 혈통의 권리를 유지하기 위한 증거 기록을 보존했다.'[2] 현대에 이르러 아카이브는 과거와 같이 특권적 기록만을 보존하지 않는다. 아카이브는 민주주의 제도 운영 원리에 따라 조직의 설명책임성과 투명성을 증거해야 한다. 아카이브는 시민에게 봉사하고 서비스하는 문화유산기관으로 한 축을 담당하고 있으며, 민주주의 제도의 '파수꾼'으로서 그 기능을 수행하고 있다.

한국에서 아카이브제도가 발달하기 시작한 것은 실로 최근의 일이다. 아직 아카이브 문화는 매우 일천하다. 공공 영역의 아카이브는 국가기록원, 국회 기록보존소, 대법원 기록보존소 등이 존재한다. 그러나 조직, 인적구성, 시설 등으로 보면 국가기록원만이 실질적인 아카이브로서 기능하고 있을 뿐이다. 비록 '공공기록물 관리에 관한 법률'(이하 기록관리법)이 광역 지방자치단체에 지방 아카이브의 설립을 의무화했지만 구현하지 못하고 있다.

민간 영역에서도 아카이브는 몇몇에 지나지 않는다. 주제 아카이브의 성격을 띤 민주화운동기념사업회 사료관, 몇몇 기업의 아카이브 등 극히 제한적이다. 따라서 '다양한 아카이브, 더 작은 아카이브'를 설립하고, 기록관리의 민주적 가치를 전사회적으로 확산하는 작업은 현 단계 기록공동체의 중요한 과제 가운데 하나이다.

사회 각 분야에서 아카이브 문화가 뿌리 내리지 못한 것과 함께 국가 아카이브가 소장한 기록 또한 매우 파편적으로 존재한다. 당대사를 표상하는 기록은 존재하지 않거나, 극히 일부만 남아 있을 뿐이다. 또한 국가 아카이브가 소장한 기록은 행정 행위의 결과만을 알려 줄 뿐 보통사람들 삶의 기록은 거의 없다. 따라서 아카이브가 누구를 위해 존재하는지 묻지 않을 수 없다.

참여정부가 대통령기록관리법을 제정하고, 대통령기록관을 설립한 것은 개인이 관리하거나 아예 대통령기록 자체를 파기했던 지난 시기 잘못된 관행을 바로잡는 일이었다. 또한 국가기록원이 참여정부에서 결정했던 대통령기록관 건립 계획을 추진하고 있는 점도 다행스러운 일이다. 그러나 1000억 원이 넘는 예산이 드는 대통령기록관 건립 사업은 언론의 관심이 쏟아지는 반면,[3] 서민들의 삶을 기록으로 남기려고 하지 않는다. 이는 아카이브 철학의 부재를 드러내는 것이며, 민주주의 시대정신에 맞지 않는 편향된 정책일 뿐이다.

이처럼 아카이브에는 당대사를 표상하는 기록이 매우 분절적으로 존재한다. 아카이브 문화는 사회 내에서 자리 잡지 못하고 있다. 아울러 아카이브가 누구를 위해 존재해야 하며, 어떻게 아카이브 문화를 창출해 갈 것인지에 대한 전략도 없다. 따라서 '보통의 시민들'의 삶과 직결된 아카이브를 만들어 가는 패러다임의 전환이 필요하다. 여기에서는 이와 같은 문제의식을 갖고 일상 아카이브(archives of everyday life)로의 전환에 대해 논의하려 한다. 먼저 밝혀 둘 것은 일상 아카이브에 대한 문제제기가 역사학·사회학을 비롯한 여러 학문 분야의 일상사 연구에 영향 받은바 크다는 사실이다.

일상이란 '사소하고 반복되는' "진부하기 짝이 없는 다양한 행위들로 이루어진 세계"이다.[4] 현대 자본주의사회에서 "우리는 언제나 먹고, 입고, 살고, 물품을 생산하고, 소비가 삼켜버린 부분을 재생산해야만 한다."[5] 그러나 일상은 "그것이 생산하는 욕구를 충족시킴으로써 만족을 공급하지만 동시에 박탈감과 결핍감을 발생시킨다."[6] 따라서 일상성에 대한 발견과 해석은 현대 자본주의 사회를 이해하는 핵심 기제라 할 수 있다. 곧 일상은 "우리 존재의 기반을 이루며, 사회를 총체적으로 재생산하는 생활공간"이며, "국가와 자본의 활동영역과 구분되면서도 국가와 자본의 힘에 의해 조직화되고 변형되는 공간이다."[7] 따라서 일상성은 "하나의 개념일 뿐만 아니라, 우리는 이 개념을 '사회'를 알기 위한 실마리로 간주할 수 있다. 이것은 일상을 전체 속에, 곧 국가·기술·기술성·문화(또는 문화의 해체) 속에 위치시킴으로써 가능하다."[8]

서구에서는 이와 같은 문제의식을 바탕으로 일상사·문화사·미시사 분야의 연구가 진척되었다. 일상사 연구는 "반복과 진부함으로 어떤 변혁의 전망도 삼켜버리는 블랙홀로서의 일상"이나, "온갖 사소하고 자잘한 것들에 대한 골동품 취미나 심심풀이 한담에 적당한 소재주의로서의 일상"[9]만으로 한정하지 않는다. "단순한 사람들의 일상이 결코 단순하지 않았다는 점"[10]을 밝히는 것이며, "작은 사람들이 체제를 어떻게 경험했는가의 역사"[11]를 탐구한다. 곧 "현실적 삶의 생산과 재생산 과정에서 나날의 정치가 중요성을 가진다면, '사사로운 것'과 '정치적인 것'의 상호의존 관계가 역사적 재구성 작업 속에 체계적으로 포함되어야" 한다는 것이다.[12] 따라서 앙리 르페브르(Henri Lefebvre)의 표현에 따르면, "사회 전체의 인식 없이는 일상성에 대한 인식은 없"으며, "일상성과 사회 전체의 비판 없이는 그리고 그들 상호간의 비판 없이는 일상생활에 대한 인식도 사회에 대한 인식도 그리고 사회 전체 속에서의 일상생활의 상황에 대한 인식도 할 수 없는 것"[13]이다. 이러한 의미에서 일상사는 "기존의 역사학 저편에 새로운 연구영역을 개척하는 것"이 아니며,[14] '새로운 전망'인 것이다.

한국에서 일상사 연구는 주로 전근대시기를 다루었으나, 최근 근현대사 분야에서도 일상사에 대한 관심이 높아지고 있는 실정이다. 그러나 아직은 소재주의적이고 담론 분석에 그치고 있다는 비판도 있다. 더욱이 서구 일상사 개념과 이론 틀을 그대로 적용하여 한국 사회의 일상을 재단하는 경향마저 보인다. 이제 현실에 기초한, 그야말로 대중의 일상에 토대를 둔 일상사 연구를 진행하려면 새로운 전기를 만들어야 한다. 그것은 '보통사람들의 삶의 기록'을 수집하고 관리하는 일상 아카이브이다.

이 글은 일상사 이론에 대한 논의에 기초하여 다음과 같이 일상 아카이브를 개념 정의하였다. 곧 일상 아카이브란 '보통사람들의 일상을 미세한 영역으로 범주화하며, 개인(집단)의 행위와 경험을 사회적 맥락에서 해석하고, 아래로부터의 역사를 재구성하기 위해 개인(집단)의 일상적 삶을 기록화하는 것은 물론 인문적 관점에서 기록을 수집·평가·선별하여 보존하는 조직 또는 이를 위한 시설·장소'를 의미한다.

일상 아카이브에 대한 논의는 한국근현대사 전개과정에서 나타난 '보통사람들의 행위와 고통'에 대한 기억과 기록을 재현해 하는 작업이다. 또 이를 바탕으로 자본주의적 일상성 속에 숨겨진 억압적 구조를 밝혀내는 것이다. 이러한 논의는 다양한 일상 아카이브에 대한 구체적인 상을 마련하고, 공공 영역 아카이브의 성격을 변화시키는 계기로 작용할 수 있을 것이다. 현대 자본주의사회에서 인간 삶의 구조를 파악하려면 다양한 형태의 일상 아카이브를 만들어야 한다.

이 글은 일상 아카이브를 고정된 형태로 설정하지 않는다. 일상 아카이브는 공공 영역과 민간 영역 아카이브에서 다양한 형태로 존재할 수 있다. 또한 일상 아카이브에 대한 논의를 진전시키는 것은 궁극적으로 "아카이브란 무엇인가? 아카이브는 누구를 위해 존재해야 하는가?"라는 물음에 답하는 과정으로서의 의미도 지니고 있다.

2. 왜 일상 아카이브인가?

서구에서 '새로운 역사학'으로 등장한 일상사 연구는 "위인·남성·엘리트 위주의 정치적 사건사"를 지양한다. 또 일상사는 "거대한 역사적 흐름 속에 망각되어 온 개인과 소집단들을 역사의 무대에 불러내어 그들의 삶과 그 의미를 조명"하고, "사람의 흔적이 생생하게 살아 있는 역사"[15] 서술을 꾀하고 있다. 아울러 일상사 연구자들은 사회구조를 설명하는 '큰 역사'로부터 사회 구성원의 대부분을 차지하는 보통사람들의 '작은 역사'에 주목하였다.[16] 바로 이러한 일상사 연구의 문제의식은 아카이브의 성격에 대한 논의를 진전시키는 데 많은 시사점을 던져 주고 있다.

이미 1970년대에 미국의 역사학자 하워드 진(Howard Zinn)은 '아키비스트와 신좌파'라는 제목의 글을 통해 아카이브의 성격에 대해 중요한 문제를 제기한 바 있다.[17]

> 기록물의 존속과 보존과 이용가능성은 부와 권력의 분배에 의해 상당부분 결정된다. 즉, 가장 권력 있고 부유한 층이 자료를 찾고 보존하고, 대중에게 유용한지 그렇지 않은지를 결정하는 가장 막강한 힘을 쥐고 있다. 이는 정부, 기업, 군대가 지배적인 힘을 발휘함을 뜻한다.

> 기록물, 문서, 회고록, 구술사의 수집은 사회의 주요 인물들이나 권력자들 위주로 편향돼 있고, 힘없고 무명인 사람은 무시하는 경향이 있다.

> 새로운 자료들을 기록하기보다, 이미 존재하는 기록들을 수집하고 보존하는 데 더 많은 재원을 쏟는다. 베트남 전선에 있는 병사들의 경험을 기록하기 보다, 존 애덤스(미국 제2대대통령—필자 주)의 글

을 수집하고 출판하는 데 더 많은 에너지와 비용을 들일 것이다.

하워드 진은 명망가 · 권력자 등 지배층 중심의 기록으로부터 보통사람들의 삶의 기록을, 오래된 기록으로부터 현재 생산되는 민중의 기록과 구술 증언을 수집하는 아카이브를 주장하고 있다.

이와 같은 문제제기는 한국의 아카이브 성격을 과거 권위주의 정부 시대의 '폐쇄적' · '몰가치적' 아카이브로부터 '아래로부터의 역사' 서술을 위해 일정한 역할을 담당하는 민주적 가치 지향의 민주주의 시대 아카이브로 그 성격을 전환하는 계기를 제공하고 있다. 따라서 서구 일상사 연구의 성과와 아카이브의 성격에 대한 하워드 진의 문제제기를 기록공동체가 적극 수용할 필요가 있다. 또한 최근 일상사 연구에 대한 관심이 고조되고 있는 한국 역사학계의 경향성을 반영하여 아카이브의 성격을 일상 아카이브로 전환하는 논의를 시작할 필요가 있다. 근현대 일상사 연구의 진전을 위해서는 일상 아카이브의 존재가 반드시 요구되기 때문이다. 더 이상 보통사람들의 삶의 기록을 발견할 수 없는 아카이브가 지속되어서는 안 된다. 그들의 기록이 없는 역사 서술이 더 이상 반복되어서는 한국 근현대사 연구의 진전도 없을 것임은 자명한 일이다.

따라서 아키비스트는 하워드 진이 "보통 사람들의 삶 · 욕구 · 필요에 관한 자료들을 모아 기록의 역사를 완전히 새롭게 쓰기 위해 노고를 아끼지 않아야 한다"[18]고 고언했던 문제의식의 정당성을 수용해야 한다. 나아가 보통사람들 삶의 현장의 기록을 낱낱이 수집하고 관리하는 아카이브로 그 성격을 변화시켜야 할 것이다. '거인의 아카이브'에서 '난쟁이의 아카이브'로 전환하는 첫 번째 과제는 보통사람들 삶의 일상을 기록화하고, 아카이브로 이전하는 것이다.

3. 기록공동체 '발전'에 대한 성찰로부터

그동안 기록공동체가 이루어낸 성과는 실로 괄목할 만하다. 주로 그 '발전'은 공공 영역에 집중했다. 외형적으로 이룬 성과만도 기록관리법 제정, 대통령기록관리법 제정과 대통령기록관 설치, 기록연구직의 공공기관 배치, 기록관리 국제표준 수용 등을 들 수 있다. 그러나 한계 또한 명백하다. 참여정부 대통령기록 '유출' 논란으로 비롯된 기록의 '정치화', 여전히 요원한 국가기록원의 정치적 중립성과 독립성 문제, 지방 아카이브의 미설치, 형식만 갖추고 있는 이름뿐인 공공기관의 기록관, 시간제 계약직으로도 배치되는 기록관리 전문가, 기록관리 방법론의 저발전 등 이루 헤아릴 수 없을 만큼 기록관리 개혁 과제는 산적해 있다.

기록학계가 이루어낸 성과도 상당하다. 전문 학회지의 발간과 기록관리학 석사학위자의 양적 성장, 과학적 기록관리 방법론의 소개와 연구 논문의 증가 등을 들 수 있다. 그러나 기록관리 전문 연구자의 빈약함, 기록학 전문 교수의 부족 등 개혁 과제도 분명한 것이 사실이다.

기록관리 제도의 일정한 성과만으로 과연 기록공동체가 '발전'했다고 주장할 수 있을까? 기록에 대한 개념과 제도적 뒷받침이 거의 없던 상태에서 법률을 제정하고, 기록관리 방법론을 제도화했던 것은 국가 행정의 기본적인 틀을 세우는 작업에 지나지 않았다고 폄하할 수도 있다. 그렇다면 그동안 기록공동체가 이루어낸 성과를 과연 '발전'으로 간주할 수 있는가? '발전'을 언급하려면 반드시 그 '발전'의 지향과 방향을 논의해야 한다.

기록공동체는 어디로 가고 있는가? 기록공동체의 한계 가운데 가장 두드러진 점은 기록공동체를 둘러싼 지향과 방향성 논의가 매우 빈약하다는 점이다. 논의 자체가 없다고 해도 지나치지 않다. 그동안 기록학계는 아카이브의 활동에 대해 때때로 비판적인 태도를 보였지만, 어디까지나 제도화의 내용에 대해 문제를 제기했을 뿐이다.

아카이브는 어떤 기록들을 수집하고 있으며, 영구기록을 선별하는 기록관리기준표는 어떤 기준으로 만드는지, 아카이브 활동은 어떤 경향성을 띠는지 등 아카이브의 성격을 드러낼 수 있는 본질적인 측면에 대한 문제제기는 거의 거론한 적이 없다.

대통령기록관은 구술사 프로젝트에 적지 않은 예산을 투입하여 '박정희대통령 관련 인사 구술채록', '노태우대통령 관련 인사 구술채록' 등을 진행했다. 그러나 정작 박정희 정권 시기 보통사람들이 그 체제에 어떤 영향을 받았고, 어떠한 일상적 삶을 살았으며, 어떻게 저항했는지에 대한 구술 증언을 수집하는 사업은 제안된 바 없다. 또 이러한 대통령기록관의 일련의 활동에 대해 비판적 측면에서 접근하지도 않았다.

이제부터라도 기록공동체는 권위주의 시대와 대비되는 민주주의

시대 기록은 무엇이어야 하는지 논의해야 한다. 또 보통사람들의 관점에서 어떤 기록을 생산해야 하는지, 어떤 기록을 선별해야 하는지에 대해 명확한 지향을 갖고 있어야 한다. 기록과 아카이브 내용을 문제 삼음으로써 민주주의시대의 시대정신을 창출해 갈 수 있는 가능성을 마련해야 한다. 이러한 논의는 기록공동체가 민주주의 시대를 한 걸음 앞당기는 데 사회적으로 기여하는 계기가 될 것이다. 결과적으로는 아카이브 성격의 변화를 추동하는 매개 역할을 할 수 있을 것이다.

아울러 기록학계의 시야를 확장할 필요가 있다. 보통사람들의 일상적 삶의 구조와 의미에 대한 문제의식은 인문 사회과학 전 영역에 걸쳐있다. 따라서 학제 간 연구를 활성화할 수 있는 기반을 마련하여,[19] 아카이브에 대한 인식 틀을 새롭게 정립해 가야 한다. 기록공동체가 민주주의를 진전시키는 데 이바지하려면 기록관리의 제도적 '발전'에 대해 전망을 갖는 것도 필요하지만, 근본적인 문제 곧 아카이브의 성격에 대한 성찰과 새로운 모색이 요구되는 것이다.

4. '삶의 생산과 재생산' 영역의 기록화와 '집합표상(collective representations)'

아카이브는 "과거의 기록들을 보존하는 장소일 뿐만 아니라 과거가 구성되고 만들어지는 장소"[20]이다. 동시에 현재 생산되고 있는 기록을 선별하여 미래로 전승하는 문화 전달자로서의 역할도 한다. 따라서 아키비스트는 현재 우리가 살고 있는 세계에 대해 이해해야 하며, 또 당대의 기록 가운데 어떤 기록을 선별해서 어떻게 남길 것인지를 결정해야 한다.

보통사람들의 반복되는 사소한 일상적 삶을 기록화하는 것은 매우 다양한 차원에서 이루어질 수 있다. 하루는 어떻게 보내는가? 그들은 어떻게 노동하는가? 삶의 공간은 어떤 형태인가? 무엇을 먹고, 어떤 옷을 입는가? 여가도 중요하다. 자본주의 사회에서 "여가시간이란 근본적으로 노동력의 재생산에 봉사하기 때문"[21]이다. 삶의 재생산 영역에 대한 기록화는 물론 억눌린 에너지가 분출하는 '축제'와 같은 비일상성의 기록화 또한 보통사람들의 삶을 이해하는 데 필요한 작업이다. 이처럼 일상 아카이브의 기록화 전략은 삶의 생산과 재생산 영역 모두에 걸쳐있음을 알 수 있다.

보통사람들의 일상적 '삶의 생산과 재생산' 과정은 단순히 미시적 영역에만 머물지 않는다. '일상은 개인 차원에서도 일어나지만, 집단과 국가 차원에서도 일상적 행위가 발생한다.'[22] '삶의 생산과 재생산' 영역의 기록화는 개인 차원에서만 이루어지는 것이 아니다. 집단이 공유하는 행동양식 곧 '집합표상(collective representations)'으로서의 기록화 전략도 필요하다. 따라서 자본주의 일상의 총체성으로서 일상 아카이브는 사회 전체의 일상적 구조까지도 시야에 넣지 않으면 안 된다.

개인적인 경험은 부분적으로는 개인사적 인터뷰에 기록되어 있거나, 또는 스스로를 세상에 드러내는 자전적인 스케치에 담겨있다. 우리는 그러한 개별적인 기록을 경찰과 법원의 기록으로 보충하여 재구성할 수 있다. 그러므로 올바른 역사 이해를 위해서는 사회와 정치구조를 겨냥하여 일반화하는 접근 방법과 일상의 모순을 담고 있는 경험을 겨냥하여 개별화하는 접근 방법 모두를 포기할 수 없다.[23]

예를 들어 정부의 공공 기록 가운데에는 노동자문화를 연구하는 데 도움을 주는 기록이 있을 수 있다. 그러나 노동자문화를 더 깊게 이해하려면 정부의 노동행정 기록뿐만 아니라 노동자의 일상적 삶을 포착할 수 있는 기록을 집적해야 한다. 즉 "공장에서, 노동자 사이에서, 협동조합에서, 소모임에서, 학교에서, 선술집에서 그리고 거리에서 실제로 일어나고 있는 일이 무엇인지"[24] 알려면 다양한 노동자계급의 행동양식을 기록화해야 한다.

따라서 기록의 총체성을 확보하려면 '거시적' 아카이브와 '미시적' 아카이브의 결합, 개인과 집단에 대한 기록화, 공적 영역과 사적 영역을 가로지르는 기록화 전략을 수립해야만 한다.

5. 일상 아카이브의 다양한 층위

'국가적 기억'을 보존하는 기관으로서 1969년 설립된 정부기록보존소는 2004년 국가기록원으로 이름을 바꾸었으나, 한국 현대 기록 관리 역사에서 국가 아카이브의 존재 자체는 최근까지도 거의 알려져 있지 않았다. 따라서 한국에서 아카이브 문화의 확산과 아카이브를 통한 민주주의의 진전은 풀어야 할 숙제이다. 정부·시민사회·학계 등이 협력 모형을 만들어 다양한 아카이브를 설립하고, 아카이브 사이의 연대를 통해 문화 인프라를 구축하는 사업은 분명 시급히 추진해야 할 사업 가운데 하나이다. 일상 아카이브로의 패러다임 전환은 궁극적으로 한국적 아카이브 문화를 창달하는 과정으로 규정할 수 있다. 일상 아카이브는 어느 한 기관이 구축해 가는 것도 필요하지만, 다양한 아카이브에서 보통사람들의 일상과 관련한 기록을 수집하는 모형을 개발하는 것이 더 중요하다.

2010년도 국가기록원 계획에 따르면,[25] 인터넷 공모와 지방자치단체와의 연계를 통해 1960·70년대의 '국민생활사 관련 기록 수집'을 추진하고 있다. 예시로 든 주제는 "새마을운동, 근검절약, 저축운동" 등 국가 정책에 관련된 것이었으며, "지역사회 시행자, 참여자" 등에 대한 구술 채록을 계획하였다. 그러나 이 사업에는 보통사람들에게 가해진 "국가에 의한 일상생활의 왜곡"이라는 문제의식은 보이지 않는다. "국가의 공권력에 의한 일상생활의 유린"은 다루어지지 않고 있는 것이다.[26] 비틀린 한국 현대사의 전개과정 만큼이나 그 속에서 살아간 보통사람들의 삶도 왜곡된 것이 사실이다.

국가 아카이브 수준에서 일상 아카이브로 패러다임을 전환할 수 있을까? 전환한다면 어디서부터 시작할 수 있을까? 해방 이후 국가 주도로 이루어진 수많은 잘못된 역사 전개과정에 동원되었던 보통사람들의 삶의 고통에 초점을 맞추는 것이 그 첫 번째 과제일 것이다. 또한 그들의 기록을 수집하여 궁극적으로 아래로부터의 역사를 재구성하는 작업에 기여하는 국가 아카이브로 전환하는 것이다. 이

는 곧 민주주의시대에 걸맞은 국가 아카이브의 모습을 구축하는 과
정이기도 하다.

지방자치단체의 경우에도 보통사람들의 일상의 기록을 수집하는
것이 필요하다. '과거에 생산된 지방기록 가운데 해당 지역에 대해
의미 있는 지식과 정보를 담은 기록은 거의 없다. 과거의 사기록이
나 구술기록, 또는 현재와 미래의 지방행정 기록들이 지방 아카이브
의 주요 보존기록이 될 것이다.'²⁷ 따라서 앞으로 설립될 지방 아카
이브는 과거의 기록을 수집하는 문제의식과 방향전환이 필요하며,
일상 아카이브는 그 대안이 될 수 있다.

공주지역의 '이야기가게' 프로젝트 사례는 앞으로 설립될 지방 아
카이브가 어떤 기록을 수집하고, 보통사람들의 삶의 기록을 어떻게
기록화하고, 소통해야 하는지 잘 보여준다. 곧 "장터를 드나드는 지
역 주민, 특히 토박이 노인이나 아주머니들을 인터뷰"하고, 그들의
삶의 '이야기를 사는 가게'²⁸에 대한 사례는 지방 아카이브가 일상 아
카이브로서의 성격을 띠는 데 시사점을 제공한다. 보통사람들 삶의
기억을 기록화하는 것을 바탕으로 그들의 일상성을 발견해 내는 작
업이야말로 일상 아카이브가 중점적으로 추진할 사업이기 때문이다.

중앙행정기관의 기록관에서도 이러한 정책을 추진할 수 있다. 노
동부 기록관에서는 기록 처분지침을 정할 때 이주노동자 관련 기록
을, 통일부 기록관에서는 북한이탈주민들의 기록 등을 수집할 수 있
다. 곧 공공부문에서 일상 아카이브로의 패러다임 전환은 아카이브
에 대한 철학과 지향의 문제이다. 어떤 기록을 기록화하고, 수집할
것인가를 결정하는 것은 결국 아카이브를 어떻게 만들어 갈 것인가

와 관련이 있지만, 민주주의 시대 아카이브는 보통사람들의 삶의 기록을 요구하고 있다.

아울러 마을과 같은 지역 공동체,[29] 성소수자 공동체 등 공동체 아카이브도 일상 아카이브로서의 성격을 띨 수 있다. 캐나다 토론토에 위치한 CLGA(The Canadian Lesbian and Gay Archives)는 1973년에 설립되어 레즈비언·게이·트랜스젠더·양성애자 등 성소수자 개인과 조직에 대한 기록, 사진·영상 기록, 정기간행물, 각종 기념물 등을 수집하여 그들의 정체성과 역사를 기록으로 남기고 있다.[30] 한국에서 성소수자들이 그들의 상징인 '무지개 깃발'을 앞세워 시위에 참여한 것은 1997년 노동법 날치기 반대 투쟁부터였다.[31] 그들은 「동성애자인권연대」등 각종 단체를 설립하고 공동체운동을 전개하고 있다. 성소수자들의 삶을 기록화하고, 아카이브 설립을 한국사회에서 논의하는 것은 이제 새삼스러운 일이 아니다.[32]

민주주의 시대에는 '거시적' 국가 아카이브에 대비되는 온전한 '일상 아카이브'가 만들어져야 한다. 보통사람들의 삶의 일상을 낱낱이 기록화하고, 수집하여 전시하고, 이벤트를 통해 그들을 아카이브 기록의 주인공으로 등장시키는 것은 곧 자본주의 사회의 일상성을 변혁하는 작업을 의미하기 때문이다.

6. 인문적 아카이브를 위한 아키비스트의 방향 전환

한국사회는 아카이브의 존재가 잘 알려져 있지 않은 것과 마찬가지로 아키비스트에 대한 인식도 미약하다. 다만, 기록관리법에서 '기록물관리 전문요원'의 자격과 배치를 규정하여 전문직으로서 아키비스트의 사회적 필요성이 제기되었을 뿐이다.

서구의 많은 나라에서는 '아키비스트 윤리규약'을 채택하여 전문직으로서의 직업윤리와 행위규범을 정하고 있다. ICA 윤리규약에 따르면,[33] 아키비스트는 보존기록이 신뢰할 수 있는 증거가 되도록 해야 하며, 평가·선별·보존·이용 등 기록관리 과정에서 기록의 원본성과 이용가능성을 보장하도록 그 규범을 정하고 있다. 또한 아키비스트는 전문성을 추구해야 한다고 하여 사회로부터 기록관리에 대한 전문성을 요구받고 있는 직종임을 알 수 있다.

그러나 전문성이라는 것은 효율성, 노동생산성과 관련 있는 자본의 논리이다. 또한 "자신의 전문 기술에 거의 완전히 몰두하고 매일매일 그 기술을 수행하는 데 너무 열중한 나머지 해당 기술이 사회전체의 계획에서 어떤 구실을 하는지 숙고해 볼 시간이나 여력, 의지조차 갖지 못한"[34]다는 비판적 시각이 존재한다.

이와 같은 비판에 동의한다면, 또는 민주주의 사회는 보통사람들이 "생산의 도구가 아니라 자신의 운명을 스스로 개척하는 주체가 되는 자유로운 공동체에서 지혜로운 시민"[35]이 되는 것이라는 인식을 공유한다면, 민주주의시대 아카이브는 무엇인가를 끊임없이 자문해야 할 것이다. 또한 민주공화국의 시민으로서 아키비스트는 비록 법령과 규정이 정한 바에 따라 업무를 수행하지만 아카이브는 무엇을 해야 하는가를 성찰해야만 한다.

한국의 국가 아카이브는 앞에서 말한 것처럼 '온전한 기록 없는 아카이브'라는 특성 말고도 정부 시책에 순응하는 정책과 이벤트를 많이 한다. 이와 같은 현상이 지속된다면 미래에도 국가 아카이브에 보존되는 기록은 정책 결정과 집행 구조의 정점에 있는 '지배계급'의 기록만을 영구적으로 보존할 것이다. 이는 중세의 아카이브와 다를 바 없다.

아키비스트는 보통사람들의 삶의 기록을 기록화하지 않고, 그들의 기록을 남기지 않고, 무엇을 이 시대의 기억으로 전승하려 하는가? 일상 아카이브로의 패러다임 전환은 다양한 수준에서 논의되어야 할 장기적 과제이다. 그러나 한국사회에서 일상 아카이브로 패러다임을 전환하기 위해서는 사람들 삶 중심의 인문적 아카이브로 변화시키고 아카이브를 대중화하는 것, 보통사람들의 기억을 기록으로 남기는 것, 그리고 민주주의 시대정신을 표상할 수 있는 아카이브 사업을 구체화하는 것이 필요하다. 이를 위해 가장 먼저 해야 할 일은 전문성의 틀에 갇힌 전문가로서의 아키비스트가 아닌 인문주의자로서의 아키비스트로 방향전환을 요구하는 것이다. 그것이 가능하다면, 자본주의 사회의 일상성을 극복하기 위한 시도를 아카이브에서도 시작할 수 있을 것이다.

7. 나오며

국가적 수준의 아카이브는 물론 주제 아카이브의 성격을 띠는 몇몇 아카이브를 포함해서 지금까지 우리 사회의 모든 아카이브는 보통사람들의 '삶의 생산과 재생산' 영역을 기록으로 남기지 않았다. 또한 그들 삶의 일상성 속에 감추어진 자본주의적 소외현상을 밝혀내는 데 기여하지 못했다. 따라서 한국사회는 민주주의시대 역사의 주체인 보통사람들의 일상적 삶을 재구성하기 위한 저수지로서 일상 아카이브가 필요하며, 일상 아카이브로의 패러다임 전환은 민주적 가치 지향의 민주주의시대 아카이브를 만드는 과정이다.

일상 아카이브는 다양한 층위를 갖는 만큼 사회 각 분야의 여러 범위에서 구체화할 수 있다. 국가 아카이브 수준에서는 '국가와 일상'을 매개로 일상 아카이브로의 패러다임 전환을 시도할 수 있다. 지역에서는 해당 지역의 대중들이 삶의 현장에서 겪는 애환과 일상을 기록화 하고, 기록을 수집하여 그들을 역사의 전면에 불러낼 수 있다. 노동 아카이브는 노동자 일상의 기억을 기록화 하여 '그들만의 삶의 분위기'를 탐구할 수 있게 하고, 성소수자 공동체 아카이브는 정체성과 역사를 기록으로 남길 수 있다.

기록 매체에 따라서도 일상 아카이브를 만들 수 있다. 사진 아카이브는 근현대 대중의 일상에 주목하여 주거와 의상, 음식, 도시화, 전쟁 속의 일상 등의 사진 기록을 모을 수 있다. 아울러 술 아카이브·놀이 아카이브 등 보통사람들의 의식주와 여가, 문화를 매개로 일상 아카이브를 만들어 갈 수 있다. 곧 '위로부터의 아카이브'는 물론 '아래로부터의 아카이브'에서도 일상 아카이브는 가능하다. 이처럼 대중의 삶과 밀접하게 연관되어 있는 다양한 아카이브는 자본주의 사회 보통사람들의 일상성 속에 은폐된 소외현상을 밝혀내는 데 일정한 기여를 할 수 있다. 이는 곧 인문적 아카이브로의 전환을 의미한다.

일상 아카이브를 구체화하려면 다음과 같은 논의가 필요하다.

(1) 공공 영역, 민간 영역을 포함해서 국가 전체가 보유한 보통사람들 삶과 관련한 모든 기록을 조사하고, 가칭 '보통사람들의 일상 기록 지도'를 만드는 일이다. 이것이 가능하려면 실질적인 민주주의시대 아카이브로의 변화를 추동할 국가 정책의 전환과 재정적 뒷받침이 이었어야 한다.

또한 아카이브를 '아카이브 화(化)'하는 작업, 곧 국가가 보유한 보통사람들 일상의 기록을 서로 연계해야 하며, 이를 바탕으로 한국 근현대사 전개과정에서 나타난 대중들 개인의 삶과 집단의 행동양식을 '집합표상'하는 도큐멘테이션 전략을 수립할 수 있을 것이다.

(2) '보통사람들의 일상 기록하기' 운동을 전개할 필요가 있다. 현대사 전개과정에서 국가의 폭력으로부터 유린당한 보통사람들의 삶을 재구성하는 작업, 이미 사라져 버린 피맛골과 같은 서민들 삶의 공간을 기록화하는 일, 이주노동자의 과거와 현재를 기록으로 남기는 프로젝트 등 그 과제는 사회 각 분야에 걸쳐 있다. 이러한 과제는 기록공동체가 중심이 되어 사회 각 부문과 연대를 통해 풀어가야 할 일이다.

(3) 한국사회에서 일상 아카이브를 구체화하려면 기록공동체뿐만

아니라 인문사회과학 등 여러 학문 분야와의 공동 연구, 다양한 시민사회와 지역 조직, 활동가들과의 연대와 실천을 요구한다. 이를 바탕으로 일상 아카이브에 대한 학제 간 연구를 심화시키고, 일상 아카이브에 대한 구체적인 상을 정립하여 한국 사회 속에 자리 잡는 계기를 마련할 수 있을 것이다.

6장 권력기관의 기록을 국가 아카이브로!

1. 국가 아카이브(National Archives)와 권력기관의 기록

우리나라 기록관리 체계 내에서 국가정보원·검찰청·경찰청 등은 특수한 위치에 있다. 그러한 위치는 국가기록원이 보존하고 있는 이들 기관의 기록에 잘 드러나 있다.

첫째, 정부기관 내에서도 권력기관으로 분류하는 국정원·검찰청·경찰청 등의 기록은 거의 없거나, 몇몇 유형에 편중되어 있다.

〈표 3-28〉 국가기록원 소장 권력기관의 기록 현황

(단위: 권, 점)

생산기관		국가정보원	대검찰청	경찰청
생산시기		1988~1994	1946~1994	1966~1995
생산 매체	문서	-	2,166	287
	오디오테이프	-	610	-
	사진필름	8	2	11
	DVD	-	-	20
	비디오	-	-	7
	비디오 CD	-	-	1
	슬라이드	1	-	-

출전: 국가기록원, 『국가기록원 소장기록물 가이드 I』, 2007 참조.

국가정보원 기록은 '최신 대학가의 일부 좌경화 실태'라는 제목의 슬라이드 1권, 국가정보원장의 활동과 관련한 사진필름 8권에 지나지 않았다.[1] 앞서 언급한 것처럼 기록관리법에 국가정보원의 기록을 계속해서 미룰 수 있도록 제도화되어 있는 상황에서 과연 국가정보원 기록이 국가 아카이브로 이관될 수 있을지 매우 비관적이다.

대검찰청 기록군은 형사사건판결문·형사사건부 등 형사사건 관리 기록(1,203권, 55.5%), 재판사무와 처리 기록(98권, 4.5%) 등이 대부분이다. 공안사건 기록은 대통령선거법 위반사건 등에 관한 내용 등 극히 일부만 보존하고 있다.

경찰청 기록군은 인사관리 기록(125권, 43.6%), 법규 기록(35권, 12.2%), 조직관리 기록(21권, 7.3%) 등 일반 행정기록만을 보존 중이다.

곧 검찰청의 공안사건 기록을 포함한 수사기록, 경찰청의 수사기록은 이관을 계속해서 미룰 수 있도록 예외 규정을 마련하고 있으며, 과거 권위주의 정부에서뿐만 아니라 현재까지도 국가기록원에 이와 같은 기록은 이관되지 않았다.

2003년 8월 대법관 제청 파문으로 촉발된 사법파동과 관련, 소장 법관들의 집단 건의서를 대법원이 불과 며칠 만에 없애버린 것으로 드러났다. 또 김태정 검찰총장의 사임을 요구했던 소장 검사들의 '연판장'파동(1999년) 문서와 '이용호게이트'와 관련된 법무부의 대국민 사과문(2001년)도 사라졌다.[2]

〈표 3-29〉 국가기록원 소장 대검찰청 생산 '공안 사건' 기록

생산기관	기록철명	기록건명	생산연도	비고
대검찰청 공안부 공안기획 담당관	선거사범	대통령선거법 위반	1981	『선거사범』이란 동일한 기록 철명 7권 존재(1981년 5권, 1982년 2권)/ 기록건명도 모 두「대통령선거법 위반」임
	부산 미문화원(1)	부산미문화원 방화사건 제1회 공판진행상황 보고 등	1982	1회~10회까지 공판진행상황 보고 『부산미문화원(2)』제목으로 1권 존재
	좌익출판물 검토회신(1)	충북대교지 검토서 송부 등	1989	기록철 제목은 다르지만, 대체로 대학간행물, 도서 검토보고 내용으로 1989년 4권, 1990년 7권, 1991년 3권 존재
대검찰청 공안부 공안기획관	공안지시 공문서철(1)	좌경이념적 수사지시 등	1990	유사한 제목인 『공안지시』 (1991), 『공안지시사항』(1992) 각 1권씩 존재
대검찰청 공판송무부 집행과	공안사범 기소유예자 명부	-	1972	『공안사범 기소유예자 명부』 란 동일한 기록철명 5권 존재 (생산연도는 1972년 3권, 1975 년, 1976년 각 1권임)
대검찰청 공판송무부 공판송무과	김근태사건 (관련)	김근태 손해 배상청구사건 종결 보고	1992	
대검찰청	추록종합본	강도살인 등	1963	건 중에는「국가보안법위반 (간첩)」이 1건 있으나, 건 제 목 대부분은「강도살인」임
	선거관련사범 색인목록	선거관련사범 색인목록표	1990	
	평택지구 선거 부정에 대한 수사(내사) 기록(상권)	평택지구 선거 부정에 대한 수사보고서	1967	하권도 존재함

출전: http://www.archives.go.kr/next/search/viewSubjectContentMain.do

〈표 3-30〉 대검찰청 공안부의 영구기록 생산 단위업무명

처리 과명	단위업무명	단위업무 설명
공안 기획 관	공안관련회의 운영	공안대책협의회 운영, 전국공안부장검사회의 등 주요행사 개최 업무, 유관기관과의 의견조율, 일선 청 의견수렴, 지시 등을 위하여 반드시 필요한 업무
	공안법령 재개정	공안법령개정 등 소관사항에 대하여 대검찰청 및 일선청의 의견을 수렴, 개진하는 업무로, 고도의 법률적 전문지식이 필요
	공안업무 종합계획 수립	주요업무세부실천계획, 동 추진실적, 심사분석, 국정과제추진계획 등 주요업무 관련 각종 기획 및 추진실적 분석, 보고 등 부내 각과의 보고업무를 통제 조정하는 기능 수행
	공안자료 (카드) 수집 관리	중요공안사건, 반국가사상포지자, 이적단체 등에 대한 자료수집·관리를 통하여 국가안보에 기여하는 업무
	공안통계 관리	공안사범 및 공안관련사범 발생건수, 구속 불구속 등으로 세분하여 통계를 산출한 후 월별, 분기별 통계를 작성하여 각종 공안범죄 분석 자료를 마련하는 업무
	민주이념 연구소운영	대공관련 전문인인 소양을 갖춘 법률가들을 자문위원으로 위촉, 이적표현물 게시 등을 통한 좌익이념확산 차단 등 북한의 대남적화 통일전략 전술에 효과적으로 대처하기 위한 업무
	공안사건 지휘감독	전국 각 검찰청으로부터 공안사건을 접수하여 이를 정리부에 기재 후 존안하는 업무
	공안자료 전산관리	체계적인 공안정보수집 및 효율적인 자료활용을 목적으로 추진 중인 정보화업무로서 인물·단체·사건카드를 중심으로 관리
공 안 제 1 과	공안관련 지침하달	산하청에 지시·지침을 하달하여 일선청 상호 간의 일관성 있는 업무 수행 유도
	국가보안법 위반사범 관리	국가보안법위반사범 구속자에 대한 효율적인 현황파악을 위해 대검에서 일괄 관리. 일선 검찰청으로부터의 정보보고를 토대로 피의자 인적사항, 구속일, 처분일, 범죄사실 등 기본사항을 기재하고 추가사항 변경이 있을시 기재 관리
	정치관련 공안사건 지휘감독	정치단체관련 고소 고발, 진정 내사 사건 등을 접수, 처리하는 업무로 사안에 따라 민원인의 이해분쟁의 소지가 있어 전문지식과 판단력이 필요
	보안관찰	보안관찰대상자에 대하여 보안관찰처분을 청구하거나 기간갱신.면제청구를 하고, 동태파악을 통하여 국가안전보장을 확립하는 업무
공안 제1, 2,3과 공통	공안사건 지휘감독	전국 각 검찰청으로부터 공안사건을 접수하여 이를 정리부에 기재 후 존안하는 업무
	내사사건 처리	민원을 접수, 산하청에 처리지시하여 민원을 해결하는 업무로, 대민봉사차원에서 신속처리해야 하며 업무중요도가 소속부내에서도 상위에 속함
	검찰사무 보고	전국 각 검찰청으로부터 공안사범에 대한 사건의 수리, 처분, 재판결과보고를 접수하여 이를 청별, 사건번호순으로 분류하여 기재 후 공안업무에 참고자료로 활용

출전: 2004년 대검찰청 기록물분류기준표.

둘째, 공안사건 기록을 예로 들어 대검찰청 이관 기록을 살펴보자. 국가기록원 홈페이지에서 공안사건 기록은 '주제별 - 국정분야별 - 공공질서 - 공안사건 지휘, 감독'으로 분류하고 있다. 그 가운데 대검찰청 공안 관련 부서에서 생산한 기록을 살펴보면 〈표 3-29〉과 같다.

대검찰청이 국가기록원에 이관한 공안사건 기록은 37권에 지나지 않았다. 그 가운데 공안부서 기록은 26권이었으며, 기록 유형은 단 4개였다. 특히 『좌익 출판물 검토회신』 기록이 14권으로 대부분을 차지했다. 곧 국가기록원에 이관된 공안사건 기록은 극히 일부를 우연히 보존하고 있을 뿐 본격적인 이관은 이루어지지 않았다.

이는 〈표 3-30〉에서 확인할 수 있다. 곧 2004년 제정된 대검찰청 공안부의 기록물분류기준표에 따르면, 단위업무가 영구기록인 경우는 21개였다. 이 업무에서 다양한 기록이 생산되었을 것이다. 또한 1960년대 이후 민주화운동 과정에서 수많은 공안사건이 발생했던 점을 고려할 때 대검찰청에는 많은 공안 사건 기록과 내사 사건 기록, 수사기록 등이 남아 있을 것이다.

한편 국가기록원은 경찰청 기록의 핵심인 수사기록을 '주제별 - 국정분야별 - 공공질서 - 범죄수사'로 분류하고 있다. '범죄수사'는 다시 범죄사건, 과학수사, 범죄수사 관련 법령으로 분류했다. 〈표 3-31〉에서 보는 것처럼 경찰청 역시 수사기록을 전혀 국가기록원에 이관하지 않았다.

'범죄수사'기록은 대부분 형법, 형사소송법 개정과 관련된 기록뿐이었다. '범죄사건'기록은 첩보사건 내사 종결을 다루고 있는 『수사사건철』1권(동해경찰서 생산)만 존재했다. '과학 수사'로 분류된 기록도 전혀 연관성이 없는 3권만 존재할 뿐이다. 그러나 〈표 3-32〉에서 알 수 있듯이 기록물분류기준표 제정 당시 경찰청 수사국의 단위업무 가운데 영구기록은 13개였다. 많은 수사기록이 생산되었으나, 국가 아카이브로는 이관되지 않고 있음을 짐작할 수 있다.

〈3-31〉 국가기록원 소장 경찰청 생산 '범죄수사' 기록

분류	생산기관	기록철명	기록건명	생산연도	비고
범죄 사건	강원도 지방경찰청 동해경찰서 수사과	수사사건철 (진정, 탄원, 첩보)(1995) 제1호	첩보사건 내사 종결 보고(지존파사건관련) 등	1995	주요 기록건 제목은 상해, 도로교통법 등 위반에 대한 첩보사건 내사종결 보고임
과학 수사	창원 지방검찰청 밀양지청 사무과	1999 과학수사 심사분석	1999 과학수사 심사분석 송부	2000	
	행정자치부 조직혁신과	경찰청과 그 소속기관 등 직제 개정철 2	경찰 과학수사 체제 강화계획 등	1994(?)	
	진실화해를 위한 과거사 정리위원회	이승삼 의문사 사건 (2기 이승삼 사건 기록 4-4)	조사재개 제18호 이승삼 사건 최종 보고서 등	2011	
범죄 수사 관련 법령	총무처 의사과	안건철	형법개정법률안(269호) 등	1992	형법, 형사소송법 등의 안건을 포함하고 있는 『국무회의상정안건철』 등의 제목으로 779권 존재

출전: 〈표 3-29〉와 동일.

〈표 3-32〉 경찰청 수사국의 영구기록 생산 단위업무명

처리과명	단위업무명	단위업무 설명
수사과	수사경찰관련 법령제정 및 개정 검토	수사경찰의 모든 관련 법령 제정 및 개정, 그에 따른 법령검토 및 의견 조회를 실시하고 일선경찰관서에 업무를 지시하고 감독하는 업무
특수 수사과	내사사건관리	범죄에 관한 신문, 출판물의 기사, 신고, 풍설 등이 있을 경우 그 진상을 확인하기 위하여 내사하여 자료를 관리하는 업무로 범죄혐의가 없거나 자료가 미흡하여 수사에 착수하지는 않았으나 수사자료로 활용 가치가 높은 사건이 주관리 대상임
	수사관계 예규지침	범죄수사에 관하여 검찰기타 감독관청의 발전훈령, 예규, 지침, 지시관련법령제.개정 등에 관한 업무로 범죄수사의 지침수립에 필요
	수사종결송치	사건송치서, 기록목록, 의견서의 사본 등을 작성하여 검사에게 사건을 송치하는 업무로 피의자 인적사항, 죄명, 범죄사실, 사법경찰관 의견을 기록하여 사건의 내용확인 및 기소중지 재기사건 처리에 활용
형사과	강력사건 수사지도	중요강력사건 현장에 출장, 사건을 분석하여 범인을 검거토록 수사지도하고 결과 보고서를 작성하여 지도지를 발간, 형사교육자료로 활용토록 함.
	식료품관련이 물질투입사건 수사	음료.음식물 등에 대한 이물질 투입사건에 대한 검거대책 수립 시행과 전국적 범죄에 대한 공조수사 지시와 보고서 작성.전파 및 수사지도 업무.
	안전사고 수사	폭발물 사고, 열차.항공기.선박사고 및 건물붕괴 등의 안전사고와 관련된 범죄에 대한 공조수사 지시와 보고서 작성.전파 및 수사지도 업무.
과학 수사과	범죄수사관련 비디오녹화 테이프관리	입수한 각종 CCTV녹화테이프를 검색 관련 인물, 차량 등 수사에 필요한 부분을 발췌 필름 및 사진으로 기록한 자료를 관리하는 업무
	수사관련 마이크로필름 축사	각종 수사 감식자료(주민등록증 발급신청서, 전과자료)를 마이크로 필름에 축소 촬영하여 비상시 대비 영구보관하고 필요시 변사자 신원확인 전과자 수형사항 등을 열람 활용
마약 수사과	마약류사범 기획수사	마약류관계법(마약법, 대마관리법, 향정신성의약품관리법) 및 유해화학물질관리법 위반사범에 대한 특별단속등 기획수사 계획을 수립하고 추진하는 업무로서, 마약류 및 유해환각사범 동향분석, 주요추진 목적 설정, 세부추진 수사계획 등을 포함함.
사이버 테러대 응센터	내사사건관리	범죄에 관한 신문, 출판물의 기사, 신고, 풍설 등이 있을 경우 그 진상을 확인하기 위하여 내사하여 자료를 관리하는 업무로 범죄혐의가 없거나 자료가 미흡하여 수사에 착수하지는 않았으나 수사자료로 활용 가치가 높은 사건이 주관리 대상임
지능 범죄 수사과	공무원범죄 수사총괄	공무원범죄(금품수수, 직무유기, 직권남용, 업무상횡령, 업무상배임 등)수사로서 업무중요도가 상위에 속함
	기획수사관리	기획수사(경제사범,통화및유가증권위변조사범, 밀수사범, 병무사범, 문화재및천연기념물사범, 불법총기류유통사범, 지적재산권침해사범, 물가사범, 기타경제사범 등)업무로서 기획, 업무중요도가 상위에 속함

출전: 2004년 경찰청 기록물분류기준표.

요컨대 권력기관의 핵심기록은 국가 아카이브로 전혀 이관되지 않았다. 여러 한계가 존재하지만 대통령기록은 대통령기록관리법을 통해 통제되고 있는데 반해 권력기관의 기록은 여전히 국가기록원의 통제 범위 밖에 있다.

2. 권력기관 기록의 통제

기록관리법 제14조는 통일·외교·안보·수사·정보 분야 기록을 생산하는 공공기관은 국가기록원장과 협의하여 특수기록관을 설치할 수 있다고 규정하고 있다. 따라서 특수기록관은 "통일부, 외교부, 국방부 및 국방부장관이 중앙기록물관리기관(국가기록원—필자 주)의 장과 협의하여 정하는 직할 군 기관, 대검찰청·고등검찰청·지방검찰청 및 지청, 방위사업청, 경찰청 및 지방경찰청, 해양경찰청 및 지방해양경찰청, 국가정보원, 육군본부, 해군본부, 공군본부 및 육군·해군·공군 참모총장이 중앙기록물관리기관의 장과 협의하여 정하는 군 기관에 각각 설치할 수 있다."[3]

특수기록관 설치 대상 기관은 3대 권력기관으로 지칭되는 국가정보원, 검찰청, 경찰청 등이 핵심기관이라 할 수 있다. 이들 기관의 기록은 다른 공공기관들과 달리 '특수'한 대우를 받는다.[4] 공공기관에서 생산한 보존기간 30년 이상 기록은 기산일로부터 10년 이내에 국가기록원으로 이관한다. 그러나 특수기록관에서 생산한 비공개기록은 이관시기를 30년까지 연장할 수 있다. 또 "30년이 지난 후에도 업무수행에 사용할 필요가 있는 경우에는" 국가기록원장에게 "이관시기 연장을 요청할 수 있다."[5]

아울러 국가정보원에서 생산한 기록은 이관을 계속해서 미루려는 의도가 기록관리법에 잘 드러나 있다. 곧 "비공개 기록물의 이관시기를 생산연도 종료 후 50년까지 연장할 수 있다." 또 "공개될 경우 국가안전보장에 중대한 지장을 줄 것이 예상되는 정보 업무 관련 기록물의 이관 시기는 대통령령으로 정하는 바에 따라 중앙기록물관리기관의 장과 협의하여 따로 정할 수 있다."[6] 이와 같은 규정에 따르면 국가정보원에서 생산한 기록은 거의 대부분 국가기록원으로 이관하지 않을 것이 자명하다.

최근 필자는 정보공개 청구를 통해 국가기록원과 국가정보원, 검찰청, 경찰청 사이의 이관 연장 협의 내용을 살펴보았다. 첫째, 국가정보원장이 정보업무 관련 기록의 이관 시기를 따로 정하고 국가기록원과 협의했는지에 대해서는 2007년부터 2014년 현재까지 "협의한 내역 없음"(정보 부존재)이라는 답변을 받았다. 곧 국가정보원의 전신인 중앙정보부 초기(1961~1963년) 기록에 대해서 이관 연장 협의가 있어야 했지만, 지금껏 전혀 논의하지 않았음을 알 수 있다.

둘째, 2007년부터 2014년 현재까지 검찰청(지방청, 지청 포함)이 국가기록원에 이관 시기 연장을 요청한 기록은 2011년 17,486권, 2012년 18,339권, 2013년 780권이었다. 기록철명은 모두 "형사사건기록"이었다. 이관 시기 연장 요청 사유는 데이터베이스 구축 사업이었으며, 국가기록관리위원회는 이관 시기 연장을 승인했다.[7] 경찰청(지방경찰청 포함)은 이관 시기 연장 신청 사례가 전혀 없었다. 요컨대 앞서 살펴본 검찰청의 공안사건 기록, 경찰청의 수사기록 등은 이관 연장 요청 절차도 밟지 않았음을 확인할 수 있다. 이관 연장 요청 자료만 본다면, 국가기록원이 이러한 기록의 존재조차 파악 못한 것은 아닌지 의문스럽다.

미국 국립기록청(NARA)은 연방 기관의 영구기록을 이관받는다. 이관대상 기관에는 국방부, 육해공군 기록은 물론이고 연방수사국(FBI), 중앙정보국(CIA)도 포함되어 있다.[8] 앞에서 살펴본 것처럼 현재 기록관리법에도 이관 규정을 두고 있다. 그러나 예외조항을 남용하여 실제로는 권력기관의 핵심기록이 이관되지 않는다.

그 이유는 첫째, 법제화 과정에서 권력기관이 예외 규정을 두도록 문제를 제기하고, 그 규정을 근거로 이관을 연장할 수 있는 장치를 마련했기 때문이다. 둘째, 국가기록원의 위상이 매우 낮기 때문에 이들 권력기관의 기록을 통제할 수 없다. 이는 국가기록원의 독립성을 어떻게 확보할 것인가의 문제로 다시 환원된다.

따라서 과거 권위주의시대와 구분되는 기록을 국가 아카이브가 축적하기 위해서는 권력기관의 기록이 이관될 수 있는 환경을 구축해야 한다. 그 첫 번째 과제는 국가기록원이 독립적 위상을 갖추는 것이다. 그 바탕 위에서 법제도를 개혁하여 권력기관의 기록이 투명하게 관리되고 이관될 수 있도록 통제해야 한다.

주석

1부 기록관리 민주화

1장 빛바랜 서막

1 한국국가기록연구원 엮음, 『기록사료관리와 근대』, 진리탐구, 2005, 18쪽.

2 정부 수립 이후 2000년 기록관리법 시행 직후까지의 국가기록 관리 제도의 전개과정과 성격에 대해서는 곽건홍, 『한국 국가기록 관리의 이론과 실제』, 역사비평사, 2003 참고.

3 국가 아카이브는 1969년 총무처 소속 정부기록보존소로 설치되었고, 2004년 행정자치부 소속 국가기록원으로 개명했다. 현재는 안전행정부 소속기관이다.

4 정부기록보존소, 「기록보존법제정 기본방향 보고」, 1998.1.

5 근대적 의미에서 기록관리 체계의 형성은 '기록관리법 제정, 아카이브의 설립, 기록의 공개, 역사기록의 보존' 등을 지표로 설정할 수 있다(이승휘, 「건국 후 문혁기까지 역사기록물의 보존과 이용 – 정치적 변동과 관련하여」, 『중국학보』 제47집, 2003, 611쪽).

6 행정자치부 국가기록원, 「국가기록물관리 실태조사 및 혁신방안 보고」, 2004.7

7 감사원, 「보도자료」, 2005년 10월 27일.

8 『세계일보』, 2004년 6월 3일자.

9 아래에서는 『세계일보』, 2004년 5월 30일자. 6월 1일자; 행정자치부 국가기록원, 앞의 실태조사 자료를 인용함.

10 참여연대, 「공공기관의 기록물관리에 관한 법률 개정안에 대한 참여연대 의견서」, 2006.2.14.

2장 아래로부터의 개혁운동

1 이 장은 곽건홍,「한국 국가기록 관리 체제 '혁신'의 성격 - 기록관리법 개정안 분석을 중심으로」,『기록학연구』제13호, 2006을 재정리하였다.

2 1998년 6월 창립된 (사)한국국가기록연구원은 우리나라 최초의 기록관리 연구단체이다. 창립 이후 한국의 국가기록 관리 체제 개혁운동을 주도하였다. 기록학 심포지엄 등의 학술활동은 물론 기록학 관련 도서의 번역과 연구 프로젝트 수행 등을 통해 한국사회에 기록학을 정초했다. 자세한 내용은 홈페이지(http://www.rikar.org) 참고.

3 참여연대,「중앙행정기관 회의록 공개 및 작성 성실도 평가」, 2001.

4 참여연대 정보공개사업단,「공공기관 국가기록물 무차별 폐기」, 2003.9.3.

5 「철저한 국정기록과 적극적인 정보공개를 촉구하는 역사연구자 및 교사 선언」, 2003.3.27.

6 한국국가기록연구원,「참여정부 대통령직인수위원회 정책제안서」, 2003.

7 「철저한 국정기록과 적극적인 정보공개를 촉구하는 역사연구자 및 교사 선언」, 2003.3.27.

8 곽건홍,「대통령기록을 제대로 남기자」,『한겨레신문』2003년 2월 20일자.

9 『세계일보』, 2004년 11월 24일자; 국가기록개혁네트워크에는 상기 단체 이외에 경기기록문화포럼, 대전충남 기록문화 발전을 위한 포럼, 성공회대민주자료관, 한국기록관리학교육원, 한국기록관리협회 등이 참여했다.

10 국가기록개혁네트워크,「국가기록개혁네트워크 창립선언문」, 2004.11.23.

11 『세계일보』, 2004년 6월 10일자.

12 http://peoplepower21.org.

3장 관료주의에 포섭된 기록관리 혁신

1 이 무렵 국가 아카이브 내부적으로도 변화하는 기록관리 환경에 대한 대응 방안을 마련하고 있었다. 곧 2004년 1월 정부기록보존소(4월 국가기록원으로 개칭)는 기록관리법 개정시안을 마련하여 자체 검토 과정을 거쳤다. 4월에는 기록학계 간담회, 국가기록물관리위원회 회의를 개최하여 기록관리법 개정 방안을 논의하였다. 정부기록보존소는 기록관리법 개정 필요성을 다

음과 같이 피력했다. (1) 전자정부 추진 등 행정환경 변화에 다른 법률 시행 상의 미비점 개선, (2) 국가 아카이브의 역할 강화, (3) 국내외 주요 기록·대통령기록 등의 수집 관리 방안 보완 등이었다. 기록관리법 개정안은 같은 해 8월까지 국회에 제출할 예정이었다.

2 대통령자문 정책기획위원회, 『국가기록관리 혁신』, 2008, 4쪽.

3 e知園은 '디지털 지식정원' 이라는 의미이다.

4 대통령비서실, 『청와대 업무관리시스템, e지원 개발백서』, 2006, 34~44쪽.

5 노무현 대통령비서실 보고서 품질향상 연구팀, 『대통령 보고서』, 위즈덤하우스, 2007, 233쪽.

6 노무현 대통령비서실 보고서 품질향상 연구팀, 위의 책, 233쪽.

7 노무현 대통령비서실 보고서 품질향상 연구팀, 위의 책, 236쪽.

8 대통령자문 정책기획위원회, 앞의 책, 2쪽.

9 대통령자문 정책기획위원회, 앞의 책, 3쪽.

10 『한겨레신문』, 2004년 8월 18일자.

11 대통령자문 정책기획위원회, 앞의 책, 2쪽.

12 '기록관리 및 정보공개 관련 전문가 간담회'는 2004년 7월 19일부터 9월 13일까지 4차례 개최되었다. '기록관리 및 정보공개 개선 태스크포스'는 2004년 8월 2일 조직되었다. 총무비서관, 국정기록비서관, 업무혁신비서관을 비롯한 관련 행정관이 참여하여 국가기록 관리에 대한 제반 문제를 논의하였다(대통령자문 정책기획위원회, 앞의 책, 5쪽).

13 대통령자문 정책기획위원회, 앞의 책, 2쪽.

14 대통령자문 정책기획위원회, 앞의 책, 3~4쪽.

15 대통령비서실 기록관리 및 정보공개 개선 TF, 「기록관리 및 정보공개 관련 보고」, 2004.8.27.

16 대통령자문 정책기획위원회, 앞의 책, 6쪽.

17 대통령자문 정책기획위원회, 앞의 책, 7쪽.

18 정부혁신지방분권위원회, 『참여정부의 기록관리혁신』, 2005, 47~48쪽.

19 기록관리학·역사학·문헌정보학·컴퓨터공학 등 기록관리 관련 분야의 교

수들이 참여했다. 정부위원으로 행정자치부 정부혁신본부장, 국가기록원장, 국사편찬위원회 편사부장 등이 당연직 위원으로 위촉되었다.

20 정부혁신지방분권위원회, 앞의 책, 52~71쪽.

21 대통령자문 정책기획위원회, 앞의 책, 12쪽.

22 정부혁신지방분권위원회 기록관리혁신전문위원회,『국가기록관리 혁신 로드맵』, 2005.4 참고.

23 대통령자문 정책기획위원회, 앞의 책, 11~12쪽.

24 대통령자문 정책기획위원회, 앞의 책, 13쪽.

25 『세계일보』, 2004년 11월 1일자.

26 정부혁신지방분권위원회, 앞의 책, 72쪽.

27 대통령자문 정책기획위원회, 앞의 책, 14~15쪽.

28 참여연대 정보공개사업단,「참여연대 논평」, 2005.10.5.

29 한국국가기록연구원,「한국국가기록연구원소식」제20호, 2005년 10월, 3쪽.

30 김익한,「기록관리법 10년, 다시 한 번의 도약을 위한 제언」,『기록학연구』제21호, 2009, 421쪽.

31 김익한, 위의 글, 421쪽.

4장 구조 변화 없는 '압축 성장'

1 진본성(authenticity)은 기록의 물리적 특징, 구조, 내용과 맥락을 포함하며, 어떤 기록이 위조되지 않은 원래 그대로의 것이며, 훼손된바 없는 상태를 지칭한다(한국기록학회,『기록학용어사전』, 역사비평사, 2008, 237쪽). 무결성(integrity)이란 기록이 완전하고 변경되지 않은 것을 말한다. 신뢰성(reliability) 있는 기록은 그 내용이 업무나 활동, 사실을 완전하고 정확하게 나타내주는 기록이다. 이용가능성(usability)이란 기록이 소장된 위치가 찾아지고, 검색되고, 해석될 수 있는 것을 의미한다(기록관리 국제표준 ISO 15489 참고).

2 '기록 자치'란 "지역주민과 자치단체가 기록관리(문화)의 소중함을 충분히 인지한 가운데 자기 지역에서 생산된 유의미한 지식과 정보를 전문인력과 시설을 갖춘 아카이브를 설립하여 기록관리 원칙에 따라 자주적으로 관리

하는 제도"이다. "지방분권과 국가균형발전을 제대로 실현하려면 기록 자치가 선행되어야 한다"(지수걸, 「지방기록물관리기관 설립의 방향과 방법」, 『기록학연구』 제21호, 2009, 251~252쪽).

3 기록관리법 제15조, 국가기록관리위원회가 심의하는 사항은 다음과 같다. 1. 기록물관리에 관한 기본정책의 수립 2. 기록물관리 표준의 제정·개정 및 폐지 3. 영구기록물관리기관 간의 협력 및 협조사항 4. 대통령 기록물의 관리 5. 비공개 기록물의 공개 및 이관시기 연장 승인 6. 국가지정기록물의 지정 및 해제 7. 그 밖에 기록물관리와 관련하여 위원회의 위원장이 심의에 부치는 사항 등이다.

4 서울특별시 행정국, 「서울기록원 건립계획」, 2013.6.14.

5 기록관리 표준화 현황에 대해서는 국가기록원 홈페이지 참고(http://www.archives.go.kr/next/data/standardCondition.do).

6 정부혁신지방분권위원회, 『참여정부의 기록관리혁신』, 2005, 121쪽.

7 2005년 10월 감사원은 정책감사를 통해 대통령기록관 설치를 권고한 바 있으며, 2005년 11월 5일 정문헌 의원 등 국회의원 73명은 대통령기록관리를 주요 내용으로 하는 '예문춘추관법안' 제정을 발의했다. '예문춘추관법안'은 대통령기록 관리기구로 국회·대법원장·대통령이 추천하는 9인의 위원으로 구성하는 독립위원회인 '예문춘추관' 설치, 대통령이 특별 지정하는 기록에 대해 퇴임 후 최대 50년까지 공개·열람·제출 요구 불가, 대통령기록관 설치·운영 등이 주요 내용이다. 그러나 '예문춘추관법안'은 법안 명칭의 전근대성 등 비현실적 내용을 포함했다(조영삼, 『한국의 대통령기록관리 제도 연구』, 명지대학교 기록정보과학전문대학원 박사학위논문, 2011, 31쪽).

8 조영삼, 위의 책, 30쪽.

9 조영삼, 「대통령기록관리체제의 형성과 쟁점」, 『지배문화와 민중의식』, 한신대학교 출판부, 2008, 353~354쪽.

10 '대통령지정기록'의 범주는 다음과 같다. ① 법령에 따른 군사·외교·통일에 관한 비밀기록으로서 공개될 경우 국가안전보장에 중대한 위험을 초래할 수 있는 기록, ② 대내외 경제정책이나 무역거래 및 재정에 관한 기록으로서 공개될 경우 국민경제의 안정을 저해할 수 있는 기록, ③ 정무직공무원 등의 인사에 관한 기록, ④개인의 사생활에 관한 기록으로서 공개될 경우 개인 및 관계인의 생명·신체·재산 및 명예에 침해가 발생할 우려가 있는 기록, ⑤ 대통령과 대통령의 보좌기관 및 자문기관 사이, 대통령의 보좌기관과 자문기관 사이, 대통령의 보좌기관 사이 또는 대통령의 자문기관 사

이에 생산된 의사소통기록으로서 공개가 부적절한 기록, ⑥ 대통령의 정치적 견해나 입장을 표현한 기록으로서 공개될 경우 정치적 혼란을 불러일으킬 우려가 있는 기록 등이다('대통령기록물관리에 관한 법률' 제17조).

11 개인의 사생활과 관련된 기록의 보호기간은 30년의 범위 이내로 할 수 있다.

12 미국 대통령기록관리법에서 공개가 제한되는 기록은 다음과 같다. ① 국방 외교의 이익을 위해 대통령명령에 의해 수립된 기준에 따라 특별하게 승인되고, 사실상 그 대통령 명령에 따라 적절하게 비밀로 지정된 경우, ② 연방 정부기관 관직의 임명에 관한 경우, ③ 법령에 의해 특별하게 공개가 제외된 경우로서 그 법령이 그 주제에 관해 어떠한 판단의 재량권도 허용하지 않고 일반 대중에게 그 기록을 공개 유예할 것을 규정하거나 특정한 공개 유예 기준을 수립하거나 공개유예해야 할 특정한 형태의 기록 자료를 언급할 경우, ④ 개인으로부터 특권에 의해 혹은 비밀리에 획득한 무역거래비밀과 상업적 재정적 정보, ⑤ 대통령과 (자문)보좌관간에, 혹은 (자문)보좌관 간에, 요청하고 제출한 비밀 의사소통, ⑥ 개인의 프라이버시를 명백하게 부당하게 침해할 소지가 있는 인사 기록과 의료 기록과 그와 유사한 기록 등이다('미국 대통령기록법', 44 U.S.C. Chapter 22 제2204조 제(a)항).

13 「대통령기록관리위원회」는 대통령기록관리에 대한 기본 정책, 이관 시기 연장, 대통령지정기록 보호조치 해제, 비공개 대통령기록의 재분류, 대통령기록관 설치 등 주요 정책 사항에 대한 심의 기능을 갖고 있었다.

14 이명박 정부는 출범 초 국가기록관리위원회에서 구성한 대통령기록관리위원회 위원(안)을 문제 삼아 위원회 구성을 미루었다. 국가기록관리위원회는 대통령기록관리위원회 위원장으로 박원순 변호사(현 서울시장)를 추천했었다.

15 국회행정안전위원회, 「대통령기록 관리에 관한 법률 일부개정 법률안 검토 보고서」, 2008.12, 11쪽.

5장 '기록 대통령'의 편지

1 『노컷뉴스』, 2008년 3월 7일자.

2 『조선일보』, 2008년 3월 13일자.

3 『동아일보』, 2008년 3월 13일자.

4 『청와대브리핑』, 2008년 1월 31일자(http://16cwd.pa.go.kr).

5 당시 이명박 정부와 언론 등은 "재임 중 모든 기록을 유출한 것으로 간주"했으나, 노무현 전 대통령 측이 반출한 기록은 전자기록 사본이었다. 일반적으로 전자기록은 종이기록과 달리 원본 대신에 전자기록 진본 개념을 사용한다. 곧 대통령비서실에서 대통령기록관으로 정상적으로 이관된 전자기록은 신뢰성을 갖고 있는 진본이며, 노무현 전 대통령 사저에 보관했던 전자기록은 "증거능력이 불충분한" 사본이었다(임수경의원실, 『"알권리 암흑기" 이명박 정부 기록관리·정보공개의 문제점과 정책 대안』, 2012, 9쪽).

6 임수경의원실, 위의 책, 7쪽.

7 임수경의원실, 위의 책, 7~8쪽.

8 이순혁, 「한국 기록문화 사망 사건」, 『한겨레 21』 723호, 2008.

9 당시 대통령기록관리법률 시행령에도 대통령기록관장은 "전직 대통령이 재임 시에 생산한 대통령기록물을 열람하려는 경우에는 열람을 위한 전용 장소 및 시설이나 그 밖의 편의 제공 등의 방법으로 적극 협조하여야 한다"고 규정했다.

10 '대통령기록물관리에관한법률 시행령' 제10조의 3(전직 대통령의 온라인 열람).

11 이순혁, 앞의 글 참고.

6장 멈춰선 혁신과 퇴행

1 이 장은 곽건홍, 「자율과 분권, 연대를 기반으로 한 국가기록관리 체제 구상」, 『기록학연구』 제22호, 2009를 재정리하였다.

2 특히 주요 직위를 개방하여 전문성을 갖춘 외부 인사를 임용할 수 있는 인사제도가 있음에도 불구하고, 안전행정부는 여전히 국가기록원장을 행정직 관료들의 순환 보직 통로로 활용하고 있다. 이는 한국의 관료사회가 스페셜리스트(specialist)를 길러내는 방식이 아니라, 부처 내의 모든 보직을 거치도록 하는 제너럴리스트(generalist)를 양성하기 때문이다.

3 『성남뉴스』, 2009년 3월 13일자.

4 국가기록원, 『국가기록관리 선진화 전략』, 2009.6, 5쪽.

5 이광일, 「파시즘 다시 보기, 파시즘이 올 가능성이 있냐구?」, 『문화과학』 통권58호, 2009년 여름호, 31쪽.

6 국가기록원, 앞의 책, 7~10쪽.

7 『경향신문』, 2008년 1월 3일자.

8 국가기록원, 앞의 책 7~10쪽.

9 국가기록원, 앞의 책, 3쪽.

10 김익한, 「기록관리법 10년, 다시 한 번의 도약을 위한 제언」, 『기록학연구』 제
21호, 2009, 415~416쪽.

11 정부혁신지방분권위원회, 앞의 책, 28쪽.

7장 '謹弔' 대통령기록

1 이 과정에서 국무총리실 공직윤리지원관실 민간인 사찰 관련 기록 45,000장
분량이 무단 파기되었다(전진한, 「MB, 기록에서 노무현을 넘어섰다?」, 2013.
3.13(http://www.opengirok.or.kr/category/이화동광장).

2 임수경의원실, 앞의 책, 3~4쪽.

3 조영삼, 「대통령기록관리의 위기와 제도개선 방안」, 『이명박정부 5년 기록
관리 퇴행과 새 정부의 과제 토론회』 발표문, 2012, 22쪽.

4 민정수석실·사회통합수석실 생산 종이기록 대부분은 민원기록으로 추정된
다(임수경 의원실, 앞의 책, 54쪽). 또한 대통령실의 기록 생산 현황 통보는
생산부서, 곧 처리 부서를 명시해야 했으나, '실장직속 부서', '민정수석실',
'정무수석실' 등으로 표시하여 기록 생산 현황 통보 방식을 자의적으로 해
석하였다(조영삼, 「대통령기록 현황 공개, 혹시나 했더니 역시나」, 『오마이
뉴스』 2009년 6월 15일자).

5 「靑, 재임 중 대통령기록물 사상 첫 공개」, 『연합뉴스』 2009년 6월 14일자.

6 투명사회를 여는 정보공개센터, 「이명박대통령기록, 제대로 남겨질까?」,
2012.11.28(http://www.opengirok.or.kr/category/오늘의정보공개청구).

7 임수경의원실, 앞의 책, 3쪽.

8 조영삼, 앞의 글, 23쪽.

9 개별업무시스템 기록은 "청와대 관람, 식수 관리, 물품관리, 민원ARS 등 반
복적이고 부수적인 업무와 관련해 사용되는 시스템"이며(투명사회를 여는
정보공개센터, 「이명박 전 대통령의 종이기록이 사라졌다?!」, 2013.

5.3(http://www.opengirok.or.kr/category/오늘의정보공개청구), 대통령기록으로서의 가치는 거의 없는 기록이라 할 수 있다.

10 「MB정부, 대통령기록이 거의 다 홈페이지 게시물이라니」, 『중앙일보』, 2013.3.6.

11 투명사회를 여는 정보공개센터, 「이명박 전 대통령의 종이기록이 사라졌다?!」, 2013.5.3(http://www.opengirok.or.kr/category/오늘의정보공개청구).

12 전진한, 「MB, 기록에서 노무현을 넘어섰다?」, 2013.3.13(http://www.opengirok.or.kr/category/이화동광장).

13 전진한, 「이명박만 볼 수 있는 비밀기록, 냄새가 난다」, 2013.3.26(http://www.opengirok.or.kr/category/이화동광장).

14 이 부분은 곽건홍, 「국가기록원 개혁 방향 – '국가기록원법안' 분석을 중심으로」, 『기록학연구』 제40호, 2014를 재정리한 것이다.

15 정진임·박종연, 『NLL 대화록 실종을 둘러싼 기록관리 쟁점들』, 2013, 7쪽.

16 『한겨레신문』 2012년 10월 23일자.

17 『문화일보』 2012년 10월 17일자.

18 정진임·박종연, 앞의 책, 10쪽.

19 정진임·박종연, 앞의 책, 12쪽.

20 '2007 남북정상회담 회의록'은 국가정보원이 2008년 1월 3일 1급 비밀로 분류하였고, 2009년 3월 2급 비밀로 재분류하였다가 2013년 6월 24일 일반문서로 다시 재분류하였다(서울중앙지방검찰청, 「남북정상회담 회의록 폐기 의혹 관련 고발사건 수사결과」, 2013.11.15).

21 정진임·박종연, 앞의 책, 13쪽.

22 「국가정보원의 2007 남북정상회담 회의록 공개 관련 전문가 분석」, 2013.6.25; 기록관리단체들은 한국기록학회, 한국기록관리학회, 한국기록관리학전공주임교수협의회, 한국기록전문가협회, 한국국가기록연구원, 투명사회를 위한 정보공개센터 등이다.

23 기록관리단체협의회, 「21세기 무오사화를 개탄한다」, 2013.7.2.

24 기록관리단체협의회, 「2007 남북정상회담 회의록'의 불법 유출과 공개를 규탄한다」, 2013.7.2.

25 기록관리단체협의회, 「국회의 대통령지정기록물 열람 절차와 방법에 관한 요구」, 2013.7.3.

26 기록관리단체협의회, 「기록물을 이용한 정쟁의 중단과 국가기록관리의 혁신을 요구한다」, 2013.7.24.

27 서울중앙지방검찰청, 앞의 자료 참조.

28 기록관리단체협의회, 「남북정상회담 회의록 관련 검찰 수사결과 발표에 관한 기록관리단체협의회의 입장」, 2013.11.18.

29 서울중앙지방검찰청, 「'2007 남북정상회담 회의록.hwp' 문서관리카드 처리 의견」, 『남북정상회담 회의록 폐기의혹 관련 고발사건 수사결과』, 2013.11.15, 18쪽.

30 김익한, 「'남북 정상회담 회의록' 문제와 대통령 기록물 관리」, 『역사비평』 106, 2014 참조.

2부 민주주의를 위한 기록관리

1장 자율과 분권, 연대의 국가기록 관리 체제 구상

1 이 장은 곽건홍, 「자율과 분권, 연대를 기반으로 한 국가기록관리 체제 구상」, 『기록학연구』 제22호, 2009를 재정리한 것이다.

2 김익한, 「기록관리법 10년, 다시 한 번의 도약을 위한 제언」, 『기록관리법 10년 - 한국 기록관리의 현황과 전망 -』 한국기록학회 제9회 학술심포지움 자료집, 2009.4, 83쪽.

3 김익한, 위의 글, 83쪽.

4 http://www.ica.org

5 이에 대해서는 이영남, 「'마을아르페'(Community Archpe) 시론 - 마을 차원의 책·기록·역사, 그리고 치유와 창업의 커뮤니티를 위한 제언 -」, 『기록학연구』 제18호, 2008 참조.

2장 국가기록원의 독립성

1 이 장은 곽건홍, 「일상 아카이브(Archives of everyday life)로의 패러다임 전환을 위한 소론」, 『기록학연구』 제29호, 2011; 「국가기록원 개혁 방향 – '국가기록원법안' 분석을 중심으로」, 『기록학연구』 제40호, 2014를 재정리한 것이다.

2 '유네스코 세계기록유산 및 우리 기록유산 소개'(기록문화학교 시민강좌), '세계기록유산 조선왕조실록 오백년을 넘어서', '기록유산의 영원한 그릇, 우리의 전통 한지'(기록문화여행 시민강좌), '조선왕조실록 및 반구대 암각화 이야기', '조선왕조실록 편찬과정 맞추기 등 체험학습'(가족과 함께하는 여름 기록문화학교, 역사기록관, 2010년 7월) 등 조선왕조실록과 한지 제작과정에 대한 이해 등 전통시대의 기록관리에 초점을 맞추고 있다 (http://www.archives.go.kr '국가기록원 소식').

3 「국가기록원, 녹색뉴딜사업 전 과정 기록화」, 『충북일보』 2009년 2월 19일자.

4 알라이다 아스만, 변학수·채연숙 옮김, 『기억의 공간』, 그린비, 2011, 472쪽.

5 국가브랜드위원회, 「국가브랜드위원회 제2차 보고 회의자료」, 2009.7.22.

6 이철우의원 대표발의, 「국가기록원법안」(의안번호 6763), 2013.9.10.

7 http://www.archivists.or.kr/629

8 기록관리단체협의회, 「'2007 남북정상회담 회의록'의 불법 유출과 공개를 규탄한다」, 2013.7.2.

9 국가기록 관리 체계 전반을 다루었던 이 보고서는 당시 기록학계에서 제기했던 문제의식을 종합한 것이었으며, 대통령 소속의 독립기관으로 가칭 「국가기록정보관리위원회」를 설치하는 방안이 제시되었다. 동 위원회는 기록관리, 정보공개 등을 주요 업무 범위로 설정하고, 산하 조직으로 국립기록관·역사기록관·대통령기록관 등을 설치하는 방안이었다(대통령비서실 기록관리 및 정보공개 개선TF, 「기록관리 및 정보공개 관련 보고」, 2004.8.27).

10 정부혁신지방분권위원회 기록관리혁신전문위원회, 『국가기록관리 혁신 로드맵』, 2005.4 참조.

11 2009년 7월 6일자 한국기록학회 회장과 한국기록관리학회 회장 명의의 요구사항은 그 밖에도 (1) 대통령기록관리와 관련된 사안의 독립적, 전문적 처리를 위해 조속히 대통령기록관리위원회를 설립 운영하고, 대통령기록법

및 기록관리법 개정안에 대한 공청회를 개최하여 그 적절성 여부를 가릴 수 있도록 조치하라. (2) 기록관리의 전문성을 지속적으로 높여가기 위해 국가기록원의 중간관리자에 연구직을 점진적으로 배치해 갈 것임을 약속하라. (3) 위의 요구사항들을 향후 적극 반영키로 한 2009년 6월 국가기록원, 청와대, 학계 관계자 모임에서의 약속을 반드시 이행할 것을 요구한다. (4) 기록 관련 분야의 발전을 위하여 관련분야 담당자로 구성된 정례적인 모임을 추진키로 한 2009년 6월 국가기록원, 청와대, 학계 관계자 모임에서의 결정을 반드시 실천할 것을 요구한다 등이었다.

12 임혁백, 「시민사회, 정치사회, 민주적 책임성: 민주화 이후 한국 시민사회의 정치개혁 운동」, 『한일공동연구총서』, 고려대학교 아세아문제연구소, 2006, 47~48쪽.

13 최장집, 『민주화 이후의 민주주의』, 후마니타스, 2002, 129쪽.

14 한상일, 「한국 공공기관의 민주적 책임성과 지배구조」, 『한국조직학회보』 제7권 제1호, 2010, 69쪽.

15 임혁백, 앞의 글, 50쪽.

16 최장집, 앞의 책, 138~139쪽.

17 임혁백, 앞의 글, 50쪽.

18 조영재, 「국가기록 관리체계의 개선에 관한 구조적 접근」, 기록관리법령 개선 모임 세미나 자료, 2013.6.

19 '국회법' 제6조의2 참조.

20 샹탈 무페, 이행 옮김, 『민주주의 역설』, 인간사랑, 2006, 31쪽.

21 이진현, 「합당한 다원주의와 경합적 다원주의 - 롤즈(Jhon. Rawls)와 무페(Chantel. Mouffe)를 중심으로 -」, 『동서사상』 15, 2013, 165쪽.

22 최성욱, 「한국의 거버넌스 연구경향에 대한 분석: 신거버넌스 시각에서의 비판적 고찰」, 『한국거버넌스학회보』 제10권, 2003년 겨울, 112~113쪽, 120쪽.

23 이영철, 「거버넌스와 곁길로 빠진 민주적 책임성」, 『한국거버넌스학회 학술대회 자료집』, 2009, 219쪽.

24 최성욱, 앞의 글, 113쪽.

25 이영철, 앞의 글, 217쪽.

26 방송통신위원회의 설치 및 운영에 관한 법률 제5조 참조.

27 '국가기록원법안'은 국가기록관리위원회 산하에 특별위원회와 전문위원회를 구성할 수 있도록 규정하고 있다('국가기록원법안 제14조 참조). 그러나 소위원회는 상설위원회로 법률에 규정하여 명확한 근거를 갖출 필요가 있다.

28 「기록관진흥소위원회」는 공공영역과 민간영역은 물론 아카이브와 공공기관 기록관 진흥에 대한 문제를 논의하는 구조이다.

29 국회, 헌법재판소, 법원 등 영구기록물관리기관과의 협력을 위해서는 국가기록원(중앙기록관)이 별도로 「영구기록물관리기관협의회」 등을 구성하는 방안을 모색할 수 있다.

30 제4조 국가기록원의 소관사무는 다음과 같다. 1. 기록물관리에 관한 기본정책의 수립 및 제도의 개선, 2. 기록물관리 표준화 정책의 수립 및 기록물관리 표준의 개발·운영, 3. 기록물관리 및 기록물관리 관련 통계의 작성·관리, 4. 기록물의 전자적 관리체계 구축 및 표준화, 5. 기록물 관리의 방법 및 보존기술의 연구·보급, 6. 기록물관리 종사자에 대한 교육·훈련, 7. 기록물관리에 관한 지도·감독 및 평가, 8. 다른 기록물관리기관과의 연계·협조, 9. 기록물관리에 관한 교류·협력, 10. 그 밖에 이 법 또는 다른 법률에서 국가기록원의 사무로 정한 사항 등이다.

31 제13조 국가기록관리위원회의 의결사항은 다음과 같다. 1. 기록물관리에 관한 기본정책의 수립, 2. 기록물관리 표준의 제정·개정 및 폐지, 3. 영구기록물관리기관 간의 협력 및 협조 사항, 4. 대통령기록물의 관리에 관한 사항(이하 생략), 5. 비공개 기록물의 공개 및 이관시기 연장 승인, 6. 국가지정기록물의 지정 및 해제, 7. 소관 법령의 제정·개정 및 폐지에 관한 사항, 8. 국가기록원의 예산 편성에 관한 사항, 9. 다른 법률에 따라 국가기록관리위원회의의 심의·의결 사항으로 정한 사항, 10. 그 밖에 기록물 관리와 관련하여 원장이 회의에 부치는 사항 등이다.

32 '2007년 남북정상회담 회의록' 불법 유출과 공개 문제는 비밀기록의 설정과 해제 등의 관리와 보호 등을 내용으로 하는 별도 법률 제정의 필요성을 제기하였고, 정치적 중립성과 독립성을 갖춘 국가기록원이 비밀기록관리 기능을 담당하여 체계화하는 것이 요구된다. 한편 최근 교학사판 『한국사』의 사회적 논란은 역사기록 관리와 편찬 문제에 대한 근본적인 해결책의 필요성이 제기되고 있다. 곧 "국가 공인 지식이자 집단 기억"(지수걸, 「미래세대를 위한 역사교육 - 2011년 한국사 교육과정 논쟁의 실상과 허상 -」, 『역사교육』 123, 2012, 306쪽)인 역사 교과서의 올바른 집필을 위해서도 그 기초가 되는 기록사료가 체계적으로 관리되어야 하며, 나아가 기록관리와 역사편찬 기능의 통합이 요구되고 있는 것이다.

3장 책임지는 정부를 위한 공공기관 기록관 재설계

1 이 장은 곽건홍, 「기록관 체제 재검토」, 『기록학연구』 제27호, 2011을 재정리한 것이다.

2 한국국가기록연구원, 『국가 기록물관리 관련자료 모음집』, 2004 참고.

3 정부기록보존소, 「기록보존법제정 기본방향 보고」, 1998, 2~7쪽.

4 1960년대는 행정의 효율성과 능률을 극도로 강조한 사무관리 관점의 기록관리 체계가 형성된 시기로 규정할 수 있을 것이다(이영남, 『1950~60년대 국가행정체계의 재편과 성격(1957~1963)』, 2004, 서강대학교 박사학위논문, 171쪽).

5 「사무관리규정」(2010.8.4) 제3조; 문서는 처리과에서 접수하여야 하며, 문서과에서 직접 받은 문서는 지체 없이 처리과에 이를 배부하여 접수하게 하되, 이 경우 배부정보는 공공기록물 관리에 관한 법률 시행령 제20조에 따른 등록정보로 관리하여야 한다(「사무관리규정」 제23조).

6 ICA · IRMT, 고선미 역, 『현용기록물관리: 업무편람』, 진리탐구, 2004, 11쪽.

7 국가기록원, 「2007년도 기록관리현황 평가 결과」, 2008.

8 곽건홍, 『한국 국가기록 관리의 이론과 실제』, 역사비평사, 2003, 106쪽.

9 기록 처분 지침은 기록을 생산하는 공공기관이 영구보존하기로 정한 기록을 국가 아카이브로 이관하거나 폐기할 수 있는 권한을 부여하는 제도를 의미한다(한국기록학회, 『기록학용어사전』, 역사비평사, 2008, 246~247쪽.

10 정부는 기록관리 국제표준에 부합하는 기록관리 환경을 구축하는 방향에서 기록관리법을 개정했다. 또한 기록관리 국제표준 ISO 15489를 수용하여 기록관리 국가표준 KS X ISO 15489를 제정했다.

4장 기록의 공개와 소통, 그리고 투명사회

1 국가기록원, 『기록관리 국제표준 KS X ISO 15489 해설』, 2006.

2 정부혁신지방분권위원회, 『기록관리 혁신 로드맵』, 2005. 4; 기록관리 혁신 로드맵 초안에서 기록 생산 시점, 업무 종결 시점, 기록관 이관 시점, 아카이브 이관 시점 등 매 단계마다 비공개 기록을 검토하고, 공개하는 방향을 제안했으나, 최종안에는 반영되지 않았다. 그러나 공공기관의 특성을 반영한 비공개 세부기준 작성하도록 하고, 공개 기록은 생산 즉시 온라인 서비

스로 제공하는 등 적극적으로 기록 공개를 확대하려 하였다. 아울러 업무 이전 단계부터 그 업무에 대한 정보를 공개하여 국민의 의견을 업무에 반영하려 하였다(정부혁신지방분권위원회, 『참여정부의 기록관리혁신』, 2005, 94~95쪽).

3 『월간중앙』 2012년 9월호 참조.

4 『연합뉴스』 2012년 7월 12일자.

5 서울시 정보공개정책과, 「정보소통 혁신 종합계획」, 2013.3.15.

6 서울시 정보공개정책과, 위의 자료, 7~8쪽.

7 『조선일보』 2011년 11월 25일자.

8 행정자치부 국가기록원, 「국가기록물관리 실태조사 및 혁신방안 보고」, 2004.7.

9 『연합뉴스』 2012년 7월 12일자.

10 http://opengov.seoul.go.kr(정보소통광장); 2013년 1월1일부터 2014년 8월 10일까지 전체 문서 1,869,025건 중에서 공개문서 1,199,759건, 비공개문서 457,065건, 부분공개문서 212,201건이었다. 서울시는 비공개 결정 제로화를 추진하고 있으며, 정보공개 처리 평가시스템을 도입하였다.

11 http://data.seoul.go.kr(서울 열린 데이터 광장).

12 서울시 정보공개정책과, 앞의 자료, 16쪽; 서울시는 2014년까지 공공 데이터 150여 종으로 확대할 계획을 갖고 있다.

13 서울특별시장, 「서울특별시 기록물관리에 관한 조례안」, 2013.11.1.

14 서울시 정보공개정책과, 앞의 자료, 24쪽.

15 기억과기록경영연구원·명지대학교 디지털아카이빙연구소, 『서울기록원 건립 추진을 위한 학술연구용역 연구보고서 1권』, 2013, 11쪽.

5장 문화유산기관의 협력

1 이 장은 곽건홍, 「문화유산기관의 발전전략 비교 연구」, 『기록학연구』 제36호, 2013을 재정리한 것이다.

2 문화유산기관은 "도서관이나 기록관, 박물관 등 인류의 문화유산을 수집하

여 정리함으로써 당대의 인류가 이용할 수 있도록 지원하고, 잘 보관하였다가 후대의 인류에게 전승하는 책무를 갖고 있는 기관"(이소연, 「함께 만드는 미래: 디지털 융합과 문화유산기관의 협력」, 『정보관리학회지』 제29권 제3호, 2012, 238쪽)이다. 이와 유사한 용어로는 기억기관 등이 있다.

3 Paul F. Marty, 「An introduction to digital convergency: libraries, archives, and museums in the information age」, 『Archival Science』 8(4), 2008, p.247.

4 이소연, 앞의 글, 236쪽.

5 김유승, 「국회 라키비움의 전망에 관한 연구 - 문화유산기관 협력 정책에 관한 논의를 중심으로 -」, 『한국기록관리학회지』 제12권 제2호, 2012, 97쪽.

6 설문원, 「디지털 환경에서 도서관과 기록관의 협력방안」, 대학기록관협의회 정기세미나, 2009.5.7; 이소연, 앞의 글, 245쪽에서 재인용.

7 서혜란, 「기록유산의 보존과 활용을 위한 도서관과 기록관의 협력」, 『한국비블리아학회지』 제16권 제2호, 2005, 27쪽.

8 최재희, 「국가차원의 문화유산기관 협력체 구성사례 및 시사점-영국 MLA를 중심으로-」, 『한국기록관리학회지』 제8권 제2호, 2008, 67~68쪽.

9 외국의 다양한 협력 사례에 대해서는 서혜란, 앞의 글, 29~36쪽 참조.

10 이소연, 앞의 글, 250쪽.

11 서혜란, 앞의 글, 38쪽; 이소연, 앞의 글, 250쪽.

12 서혜란, 앞의 글, 36쪽.

13 '도서관종합발전계획'은 "도서관정책 관련 모든 부처 및 도서관의 전 관종을 포괄하는 국가도서관 전체의 종합적인 발전을 위한 …… 국가 중장기계획" (차성종, 「도서관발전종합계획(2009~2013)에 대한 평가모형 개발 및 적용에 관한 연구」, 『한국문헌정보학회지』 제44권 제4호, 2010, 304쪽)이다.

14 「안전행정부와 그 소속기관 직제」 제34조.

15 「문화체육관광부와 그 소속기관 직제」 제30조, 제43조.

16 국가기록원 정책기획과, 「제7차 국가기록관리위원회 정기회의 결과 보고」, 2009.3.

17 http://www.clip.go.kr/intro/intro_03.jsp; 당연직 위원은 문화체육관광부장관·기획재정부장관 등 중앙행정기관의 장으로 구성되어 있다.

18 『내일신문』, 2013년 3월 5일자.

19 『뉴시스』, 2012년 9월 7일자; 문화체육관광부는 1990년 박물관 정책 부서인 박물관과를 설치한 바 있으며, 1994년 박물관과 도서관 관련 정책을 포괄하는 도서관박물관과로 변경했다. 2004년에는 국립중앙박물관에 박물관정책과를 설치해 정책 기능을 이관했으나, 2008년 다시 문화체육관광부 문화여가정책과로 이관했다.

20 http://www.archives.go.kr/next/organ/cheif.do

21 윤희윤, 「국가도서관장의 전문성 확보방안 연구」, 『한국문헌정보학회지』 제45권 제3호, 92쪽.

22 국립중앙박물관, 『국립중앙박물관 60년: 1945~2005』, 2006, 부록 7 참조.

23 국가기록원 정책기획과, 「국가기록관리 선진화 전략 수립 추진계획」, 2008.9.

24 국가기록원 정책기획과, 「제7차 국가기록관리위원회 정기회의 결과 보고」, 2009.3.

25 도서관정보정책위원회, 『도서관발전종합계획(2009~2013)』, 2008, 10~11쪽.

26 문화체육관광부 문화여가정책과, 「박물관 발전계획 수립 자문회의(1차~5차)」, 2012 참조.

27 한국문화관광연구원, 『중장기 박물관정책 추진방향』, 2012 참조.

28 대통령소속 도서관정보정책위원회, 앞의 책, 10쪽.

29 『연합뉴스』, 2008년 8월 7일자.

30 대통령소속 도서관정보정책위원회, 앞의 책, 7쪽.

31 국가기록원 정책기획과, 「국가기록관리 선진화 전략 수립 추진계획」, 2008.9.

32 『성남뉴스』, 2009년 3월 13일자.

33 『연합뉴스』, 2012년 5월 23일자.

34 문화체육관광부, 「박물관 발전 기본구상」, 2012, 1쪽.

35 '품격 있는 문화국가, 대한민국'을 목표로 한 이명박 정부의 문화정책은 2008년 수립된 '문화비전 2012'에 잘 나타나 있다. 주요 목표는 "문화가 펼쳐지는 나라, 콘텐츠로 부유한 나라, 이야기가 있는 관광의 나라, 스포츠로 신명나는 나라" 등이다. 추진방향은 "수요자 중심의 정책 추진, 선택과 집중의 지원체계, 실용과 효율의 문화행정 전략, 상생하는 문화와 산업의 육성 전

략, 문화를 통한 녹색 성장 전략" 등이었다(박광무, 「이명박 정부의 문화정
책: 정책기조와 초기 정책성과를 중심으로」, 『사회과학』 제42권 제 2호,
2009, 183~184쪽).

36 도서관정보정책위원회, 『도서관종합발전계획(2009~2013)』, 2008, 134~137쪽.

37 문화체육관광부 박물관정책과, 「'박물관 발전 기본구상'에 따른 실행계획」,
2012, 13~15쪽.

38 문화체육관광부 박물관정책과, 위의 글, 4쪽.

39 도서관정보정책위원회, 앞의 책, 149~151쪽.

40 도서관정보정책위원회, 앞의 책, 180쪽.

41 최근 '공공기록물 관리에 관한 법률'을 '기록물관리에 관한 법률'로 개정하여
민간기록 관리를 국가기록관리 체계에 포함하자는 논의는 주목할 만한 제
안이다(안병우 외, 「한국 공공기록관리의 쟁점과 전망 – 2013년 기록관리체
제를 위하여」, 『기록학연구』 제34호, 2012, 20쪽). 그러나 독자적 발전 전망
의 틀에서 벗어나지 못한 한계를 지닌다.

42 문화유산기관의 복합 기능에 대한 연구는 최영실, 「기록관, 도서관, 박물관
의 복합 기능을 구현한 라키비움의 공간 기능에 관한 연구」, 『문화산업연구』
12(2), 2012 참조.

3부 민주주의시대 기록

1장 권위주의 정부가 남긴 기록들

1 김왕배, 「일상생활의 철학적 의미와 생활정치」, 한국공간환경연구회 엮음,
『세계화 시대 일상공간과 생활정치』, 도서출판 대윤, 1994, 35~36쪽.

2 최종욱, 「앙리 르페브르의 '일상생활비판'에 대한 비판적 소론」, 『어문학논
총』 12, 1993, 307쪽.

3 1960·70년대에 생산된 기록 가운데 영구기록은 인허가 관계 등 증빙성 기
록이 72.6%로 대부분을 차지했으며, 법률공포 원부 등 법규성 기록 7.5%,
국무회의록 등 정책성 기록 3.7%, 기타 16.2% 등이었다(곽건홍, 『한국 국가
기록 관리의 이론과 실제 – 기록이 없으면 역사도 없다』, 역사비평사, 2003,
31쪽).

4 이에 대해서는 "생산기관별로 기록물의 유형 및 구조를 일목요연하게 살펴볼 수 있도록 구성"된 『국가기록원 소장기록물 가이드Ⅰ』(2007)·『국가기록원 소장기록물 가이드Ⅱ』(2008)를 통해 확인할 수 있다. 국가기록원 소장기록물가이드 1은 "국가기록원에서 소장하고 있는 중앙행정기관 문서 1,080,000여 권과 시청각기록물 550,000여 점, 간행물 277,000여권" 등에 대한 기록군과 컬렉션 기술서이다.

5 국가기록원, 『국가기록원 소장기록물 가이드Ⅰ』, 2007, 37쪽.

6 감사원, 「보도자료」, 2005년 10월 27일.

7 감사원, 「보도자료」, 2005년 10월 27일.

8 경제 분야에 경제장관회의록 등이 일부 남아 있지만, "회의 참석자들이 발언한 내용이 전혀 기술되지 않고, 정책결정 과정"을 남기지 않은 회의록이 대부분이다(곽건홍, 앞의 책, 141쪽).

9 감사원, 「보도자료」, 2005년 10월 27일.

10 『세계일보』, 2004년 5월 30일자.

11 아래에서는 국가기록원, 「주요 기록 보존실태 조사결과 보고」, 2006 을 정리하였다.

12 국가기록원 5,384건, 국방부 2권.

13 국방부 31권, 대검찰청 62권, 국가기록원 2권.

14 국방부 29권, 국가기록원은 문서 9권과 개별 문건 249건.

15 국방부는 문서 470권, 마이크로필름 32롤, 외교부 15권, 국가기록원 203권.

16 검찰청 35권, 국가기록원 19건.

17 국방부 473권, 법무부 3권, 국가기록원 9권.

18 국방부 243권, 법무부 6권, 행자부 1권, 대검찰청 226권, 국가기록원 23권.

19 국가기록원이 문서 12권, 개별 문건 343건 보존.

20 교육인적자원부 52권, 국가기록원 개별문건 85건.

21 재정경제부 17권, 국가기록원 2권.

22 재정경제부 6권, 국가기록원 4권.

23 국가기록원 271권, 건설교통부 6권, 국방부 1권.

24 건설교통부 13권, 경기도 24권, 국가기록원 4권.

25 국가기록원 438권, 산업자원부 76권.

26 국가기록원 2권, 국방부 12권.

27 국가기록원 109권, 외교통상부 52권.

28 통일부 164권, 국가기록원 174건.

29 소방방재청 6권, 행정자치부 3권, 서울시 327권.

30 소방방재청 92권, 행정자치부 6권, 대구시 431권.

2장 권위주의 정부 기록의 재조직 - 노동청 기록을 중심으로

1 이 장은 곽건홍,「노동청 기록의 재조직에 관한 연구 - 국가기록원 소장 기록을 중심으로」,『기록학연구』제23호, 2010을 재정리한 것이다.

2 최장집,『한국의 노동운동과 국가』, 나남출판, 1997, 248쪽.

3 국가기록원에서 간행한『공개재분류 중요기록 해제집Ⅰ(국무총리실)』(2009년)은 중요 기록의 존재형태를 보여주는 사례이다.

4 김익한,「불균형 잔존 행정기록의 평가방법 시론 - 조선총독부 공문서의 평가절차론 수립을 위하여 -」,『조선총독부 도시계획 공문서와 기록평가론』, 한국국가기록연구원 엮음, 진리탐구, 2008, 101~104쪽.

5 업무분석방법론과 기능분류에 대한 연구 성과는 다음을 참조. 이소연 · 오명진,「기록관리를 위한 업무분석 방법론 연구」,『기록학연구』제12호, 2005; 최관식,「업무기능에 기반한 기록분류체계 개발에 관한 연구」,『한국기록관리학회지』제6권 제2호, 2006.

6 노동청 노정국 노동조합과,『훈령 및 예규』, 1974.

7 이 시기 근로기준 업무 가운데 중요한 부분은 중소기업에서 만연한 체불임금의 청산 문제를 처리하는 일이었다. "응당 근로기준법에 의하여 기업주는 건강진단을 시켜야 함에도 불구하고 법을 기만합니다. 한 공장의 30여명 직공 중에서 겨우 2명이나 3명 정도를 평화시장주식회사가 지정하는 병원에서 형식상의 진단을 마칩니다"라는 전태일의 글은 노동청에서 수행했던 근로기준법 준수여부 감시 기능이 생산현장에서 실제로 관철되지 못하고 있음을 말해주고 있다(전태일기념관건립위원회 엮음,『어느 청년노동자의 삶

과 죽음 -전태일평전-』, 돌베개, 1983, 169쪽).

8 1963년부터 1986년까지 생산된 인사기록은 문서 73권, 카드 36권이 남아 있다.

9 '노동·원호'로 분류된 기록건 가운데 「금요회 회의 결과보고」기록이 전체 9건으로 다수를 차지하고 있으나, 금요회가 어떤 조직인지 알 수 없다. 문서를 확인하면 '사회노동문제연구회'가 금요회임을 알 수 있다. 즉 구체적인 내용을 알 수 없는 제목으로 기록건명이 정해져 있기 때문에 이용자의 입장에서는 상당한 곤란을 겪을 수 있다.

10 곽건홍, 「한국에서의 노동통제 이데올로기 비교 연구-1940년대와 1970년대의 '노사협조주의'를 중심으로-」,『사림』제25호, 2006, 311쪽.

11 노동청,『노동행정 10년사』, 1974, 100쪽.

12 최장집, 앞의 책, 250~251쪽.

13 1973년 6월 현재 노동청에서 보유하고 있던 주요 시청각 교재는 안전사고의 유형과 작업방법을 해설한 "300만의 안전"(20분, 칼라), 채탄시 분진 제거 방법과 분진에 의한 진폐를 해설한 "항상 생각하라"(40분, 흑백), 방직공장에 설치된 기계의 안전장치와 안전 작업 방법을 설명한 "방직공장의 안전"(9분, 흑백) 등 15종이었다(노동청, 앞의 책, 105쪽).

14 노동청이 수행한 시청각 계몽 실적은 1968년부터 1973년까지 전체 1,629개소 사업장, 시청자 수 254,721명에 이르렀다(노동청, 앞의 책, 104쪽).

15 국가기록원,『국가기록원 소장기록물 가이드Ⅰ』, 2007, 382~385쪽.

16 국가기록원, 「2010년도 주요업무 추진계획」, 2010.

17 국가기록원, 앞의 책, 발간사.

18 국가기록원, 앞의 책, 382~386쪽.

3장 노동조합이 남긴 기록들 – 전국노동조합협의회를 중심으로

1 이 장은 곽건홍, 「노동 아카이브(Labor Archives) 설립 환경에 관한 연구」,『기록학연구』제20호, 2009를 재정리한 것이다.

2 구해근은『한국 노동계급의 형성』(창작과비평사, 2002) 연구에서 노동자 수기(김경숙 외,『그러나 이제는 어제의 우리가 아니다』, 돌베개, 1986; 석정남,『공장의 불빛』, 일월서각, 1984 등), 노동단체 간행물(울산노동정책교육

협회, 『울산지역 노동운동의 역사, 1987~1995』, 1995 등) 등에 한정하여 노동자계급 주체의 기록을 이용하고 있다. 또 전순옥은 『끝나지 않은 시다의 노래』(한겨레신문사, 2004)에서 동일방직지부의 내부문서와 반도상사 부평 공장 지부의 노사협의회 기록 등을 일부 인용하고 있다.

3 정경원, 「노동자 자기 역사 쓰기 – 백서작업을 중심으로」, 『노동자, 자기 역사를 말하다』, 서해문집, 2005, 68쪽.

4 전국노동조합협의회 백서 발간 위원회, 「전국노동조합협의회 백서발간 경과」, 『전국노동조합협의회 백서 제8권 노동해방 그날에(1995년)』, 논장, 2003, 582쪽.

5 http://hannae.org

6 이하 노동조합의 기록관리 관련 규정은 다음 자료를 인용하였다. 전국민주노동조합총연맹 제주지역본부, '사무처운영세칙', 2005.2.19; 전국민주노동조합총연맹 부산지역본부, '문서처리세칙', 2005.1.25; 사무금융연맹, '사무처운영규정', 2002.4.23; 전국공무원노동조합, '사무관리규칙', 2004.9.20; 대한화재노동조합, '처무규정', 1997.4.23; 기아자동차노동조합, '처무규정', 2000.2.21; 대우자동차노동조합, '처무규정', 2004.4.9; 전국교직원노동조합, '처무규정', 2004. 11.3; 현대자동차노동조합, '처무규정', 1997.5.15; 전국철도노동조합, '처무규정', 2005.7.28; 전국공공운수사회서비스노동조합연맹, '자료실 운영내규', 1999.3.29.

7 전국민주노동조합총연맹 부산지역본부, '문서처리세칙', 2005.1.25.

8 전국공무원노동조합, '사무관리규칙', 2004.9.20.

9 전국민주노동조합총연맹 제주지역본부, '사무처운영세칙', 2005.2.19.

10 전국민주노동조합총연맹 부산지역본부, '문서처리세칙', 2005.1.25.

11 전국민주노동조합총연맹 제주지역본부, '사무처운영세칙', 2005.2.19.

12 전국공무원노동조합, 대한화재노동조합. 민주노총 부산지역본부는 본부장, 민주노총 제주지역본부는 사무처장의 승인으로 폐기할 수 있다.

13 사무금융연맹 '사무처운영규정', 2002.4.23.

14 전국노동조합협의회(이하 전노협)는 1987년 노동자대투쟁의 흐름으로 결성된 민주노조와 지역 노동조합협의회를 기틀로 1990년 1월 22일 창립되어 산업별 노동조합 건설을 위해 활동했으며, 1995년 12월 3일 해산하였다.

15 전국노동조합협의회, 「사무총국 처무규정」, 1991.

16 전국노동조합협의회, 「전노협 자료실 추진 계획서」, 1993.10.

17 전국노동조합협의회, 「자료전산화와 통신망구축 사업계획서」, 1994.8.

18 전국노동조합협의회 백서 발간위원회, 「전국노동조합협의회 백서발간 경과」, 『전국노동조합협의회 백서 제8권 노동해방 그날에(1995년)』, 논장, 2003, 567~568쪽.

19 전국노동조합협의회 백서 발간위원회, 위의 책, 571쪽.

4장 노동 아카이브와 노동자 삶의 기록화

1 이 장은 곽건홍, 「노동 아카이브(Labor Archives) 설립 환경에 관한 연구」, 『기록학연구』 제20호, 2009를 토대로 재정리한 것이다.

2 이하 '노동자역사 한내' 홈페이지 참조(http://hannae.org); 한내는 "작은 내들이 하나로 모여 큰 내를 이룬다"는 의미이다.

3 아래에서는 노동자역사 한내, 『노동자역사 한내 정기총회 자료집』, 2009.1을 토대로 작성하였다.

4 도큐멘테이션 전략(documentation strategy)은 "특정한 지역, 주제, 사건 등에 관한 적절한 정보를 기록 생산자, 아카이브, 기록 이용자의 상호 협력을 통해 선별하여 수집하는 평가·선별 방법론"이다(한국기록학회, 『기록학 용어 사전』, 역사비평사, 2008, 85쪽).

5 http://82.71.77.169/contents.htm

5장 일상(everyday life) 아카이브로의 전환 — '거인의 기록'부터 '난쟁이의 기록'까지

1 이 장은 곽건홍, 「일상 아카이브(Archives of everyday life)로의 패러다임 전환을 위한 소론」, 『기록학연구』 제29호, 2011을 재정리한 것이다.

2 알라이다 아스만, 변학수·채연숙 옮김, 『기억의 공간 - 문화적 기억의 형식과 변천 - 』, 그린비, 2011, 472쪽.

3 「2014년 세종시에 문 여는 '대통령기록관'」, 『아시아경제』, 2011년 6월 16일자 참조.

4 김왕배, 「일상생활의 철학적 의미와 생활정치」, 한국공간환경연구회 엮음, 『세계화 시대 일상공간과 생활정치』, 도서출판 대윤, 1994, 41쪽.

5 앙리 르페브르, 박정자 옮김, 『현대세계의 일상성』, 기파랑, 2005, 98쪽.

6 도정일, 「문화, 상징질서, 일상의 삶 – 비판이론의 현대적 전개: 루이 알튀세르와 앙리 르페브르」, 『문화과학』 창간호, 1992년 여름, 130쪽.

7 김왕배, 앞의 글, 46쪽.

8 앙리 르페브르, 앞의 책, 85쪽.

9 해리 하르투니언, 윤영실·서정은 옮김, 『역사의 요동』, 휴머니스트, 2006, 337쪽.

10 데틀레트 포이케르트, 김학이 옮김, 『나치시대의 일상사』, 개마고원, 2003, 10쪽.

11 데틀레트 포이케르트, 위의 책, 401쪽.

12 알프 뤼트케, 「일상생활의 역사서술: 사사로운 것과 정치적인 것」, 『문화와 이데올로기와 정치』, 청계연구소, 1985, 81쪽.

13 박재환, 「일상생활에 대한 사회학적 조명」, 『일상생활의 사회학』, 한울아카데미, 1994. 31~32쪽.

14 데틀레트 포이케르트, 앞의 책, 27쪽.

15 곽차섭, 「새로운 역사학'의 입장에서 본 생활사의 개념과 방향」, 『역사와 경계』 45, 2002, 170~171쪽.

16 김기봉, 『'역사란 무엇인가'를 넘어서』, 푸른역사, 2000, 240쪽.

17 하워드 진, 『하워드 진, 역사의 힘』, 위즈덤하우스, 2009, 213~216쪽.

18 하워드 진, 위의 책, 221쪽.

19 카메로 감바코르타, 「일상생활의 경험」, 『일상생활의 사회학』, 한울아카데미, 1994, 287쪽.

20 알라이다 아스만, 앞의 책, 25쪽.

21 최종욱, 「앙리 르페브르의 '일상생활비판'에 대한 비판적 소론」, 『어문학논총』 12, 1993, 314쪽.

22 김상우, 「'일상생활의 사회학'의 현황과 전망」, 『문화와 사회』, 1권, 2006, 115쪽.

23 데틀레트 포이케르트, 앞의 책, 93쪽.

24 레온 트로츠키 지음, 김진업 옮김, 「습관과 풍속」, 『실천』 31호, 2009, 123쪽.

25 국가기록원, 「2010년도 주요업무 추진계획」, 2010.

26 강수택, 『일상생활의 패러다임』, 민음사, 1998. 263쪽.

27 지수걸, 「지방기록물관리기관 설립의 방향과 방법」, 『기록학연구』 제21호, 2009, 271쪽.

28 지수걸, 「'구술사 하기'와 지역문화운동」, 『역사연구』 19, 2010, 229쪽.

29 강원도 사북청년회의소에서는 2001년 『탄광촌의 삶과 애환』을 발간하고, 그 역사를 정리한 바 있다(사북청년회의소 편, 『탄광촌의 삶과 애환』, 선인, 2001). 1970·80년대 광산노동자의 생활, 탄광촌에서 여성으로 살아가기 등 탄광촌의 사람들의 삶에 대한 이야기는 단순히 책자 발간으로 그칠 문제가 아니다. 예를 들어 사북면에 '탄광 아카이브'를 설립하고, 그들의 삶의 기록을 모으는 작업은 더 이상 미뤄서는 안 되는 과제 가운데 하나이다.

30 http://www.clga.ca/collections/index.shtml

31 김조광수, 「여섯빛깔 무지개엔 희망 가득」, 『한겨레신문』 2011년 7월 15일자.

32 기록학계에서 최초로 성적 소수자를 다룬 논문은 다음과 같다. 홍설아, 「성적 소수자 아카이브 구축 모형 연구」, 한남대학교 대학원 기록관리학과 석사학위논문, 2014.

33 이상민, 「ICA 아키비스트 윤리규약」, 『기록보존』 제12호, 정부기록보존소, 1999, 263~276쪽 참조.

34 하워드 진, 앞의 책, 206쪽.

35 노암 촘스키, 강주헌 옮김, 『지식인의 책무』, 황소걸음, 2005, 58쪽.

6장 권력기관의 기록을 국가 아카이브로!

1 국가기록원, 『국가기록원 소장기록물 가이드 Ⅰ』, 2007, 54쪽.

2 『세계일보』, 2004년 6월 2일자.

3 '공공기록물 관리에 관한 법률 시행령' 제11조.

4 본문에서 언급한 비공개기록 이관시기 연장 문제 이외에 공공기관과 다른 기준을 규정한 것은 다음과 같다. "수사·재판·정보·보안 관련" 기록은 "소관 중앙행정기관의 장이 중앙기록물관리기관의 장과 협의하여 보존기간

의 구분 및 그 책정기준을 달리 정할 수 있다"('공공기록물 관리에 관한 법률 시행령'제26조 제1항). 가치 있는 기록의 선별과 폐기 등을 심의하는 공공기관 기록평가심의회 위원은 5명 이내로 구성한다. 기록평가심의회는 5명 이내로 구성하며, 민간 전문가 2명 이상을 포함해야 한다. 그러나 통일·외교·안보·수사·정보 등의 기록을 생산하는 기관은 민간 전문가를 1명 이상으로 할 수 있다('공공기록물 관리에 관한 법률 시행령'제43조 제4항). 국가기록원장은 공공기관의 기록관리 상태를 수시로 또는 정기적으로 점검해야 하는데, 국가정보원 소관 기록은 "국가정보원장과 협의하여 그 방법 및 절차 등을 따로 정할 수 있다"('공공기록물 관리에 관한 법률' 제19조 제7항).

5 '공공기록물 관리에 관한 법률' 제19조 제4항.

6 '공공기록물 관리에 관한 법률' 제19조 제5항.

7 국가기록원 정책기획과, 「제29회 국가기록관리위원회 정기회의 결과 보고」, 2013.12.

8 국가기록원, 『주요 외국의 기록관리 현황』, 2005, 36쪽.

참고문헌

단행본

강수택, 『일상생활의 패러다임』, 민음사, 1998
곽건홍, 『한국 국가기록 관리의 이론과 실제』, 역사비평사, 2003
구해근, 『한국 노동계급의 형성』, 창작과비평사, 2002
국가기록원, 『기록관리 국제표준 KS X ISO 15489 해설』, 2006
국가기록원, 『국가기록원 소장기록물 가이드 I』, 2007
국가기록원, 『공개재분류 중요기록 해제집 I (국무총리실)』, 2009
국가기록원, 『국가기록관리 선진화 전략』, 2009
국립중앙박물관, 『국립중앙박물관 60년: 1945~2005』, 2006
김기봉, 『'역사란 무엇인가'를 넘어서』, 푸른역사, 2000
노동자역사 한내, 『노동자역사 한내 정기총회 자료집』, 2009
노동청, 『노동행정 10년사』, 1974
노무현 대통령비서실 보고서 품질향상 연구팀, 『대통령 보고서』, 위즈덤하우스, 2007
노암 촘스키, 강주헌 옮김, 『지식인의 책무』, 황소걸음, 2005
대통령비서실, 『청와대 업무관리시스템, e지원 개발백서』, 2006
대통령자문정책기획위원회, 『국가기록관리 혁신(참여정부정책보고서 3-07)』, 2008
도서관정보정책위원회, 『도서관발전종합계획(2009~2013)』, 2008
데틀레트 포이케르트, 김학이 옮김, 『나치시대의 일상사』, 개마고원, 2003
박재환, 『일상생활의 사회학』, 한울아카데미, 1994

샹탈 무페, 이행 옮김, 『민주주의 역설』, 인간사랑, 2006

알라이다 아스만, 변학수 · 채연숙 옮김, 『기억의 공간』, 그린비, 2011

앙리 르페브르, 박정자 옮김, 『현대세계의 일상성』, 기파랑, 2005

역사학연구소, 『노동자, 자기 역사를 말하다』, 역사학연구소, 서해문집, 2005

임수경의원실, 『"알권리 암흑기" 이명박 정부 기록관리 · 정보공개의 문제점과
　　정책 대안』(2012 국정감사 정책자료집 1), 2012

전국노동조합협의회 백서 발간위원회 · 노동운동역사자료실, 『전노협 · 노동운
　　동 관련단체 발간자료 색인 모음』, 논장, 2003

전국노동조합협의회 백서 발간 위원회, 『전국노동조합협의회 백서 제8권 노동
　　해방 그날에(1995년)』, 논장, 2003

정부 기록보존소, 『대통령기록물목록집 I - 박정희대통령 문서편』, 2002

정부혁신지방분권위원회 기록관리혁신전문위원회, 『국가기록관리 혁신 로드
　　맵』, 2005.4

정부혁신지방분권위원회, 『참여정부의 기록관리혁신』, 2005

전순옥, 『끝나지 않은 시다의 노래』, 한겨레신문사, 2004

정진임 · 박종연, 『NLL 대화록 실종을 둘러싼 기록관리 쟁점들』, 2013

조영삼, 『한국의 대통령기록관리 제도 연구』, 명지대학교 기록정보과학전문대
　　학원 박사학위논문, 2011

최장집, 『한국의 노동운동과 국가』, 나남출판, 1997

최장집, 『민주화 이후의 민주주의』, 후마니타스, 2002

하워드 진, 『하워드 진, 역사의 힘』, 위즈덤하우스, 2009

한국기록학회, 『기록학용어사전』, 역사비평사, 2008

한국공간환경연구회 엮음, 『세계화 시대 일상공간과 생활정치』, 도서출판 대
　　윤, 1994

한국국가기록연구원, 『국가 기록물관리 관련자료 모음집』, 2004

한국국가기록연구원 엮음, 『기록사료관리와 근대』, 진리탐구, 2005

한국국가기록연구원 엮음, 『조선총독부 도시계획 공문서와 기록평가론』, 진리
　　탐구, 2008

한국공간환경연구회 엮음, 『세계화 시대 일상공간과 생활정치』, 도서출판 대
　　윤, 1994

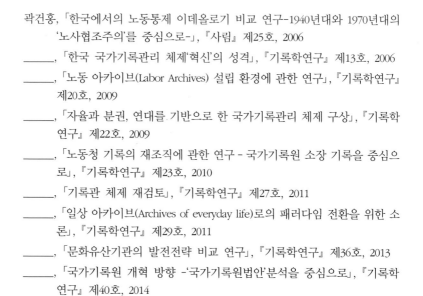

한국문화관광연구원, 『중장기 박물관정책 추진방향』, 2012

해리 하르투니언, 윤영실·서정은 옮김, 『역사의 요동』, 휴머니스트, 2006

ICA·IRMT, 고선미 역, 『현용기록물관리: 업무편람』, 진리탐구, 2004

논문

곽건홍, 「한국에서의 노동통제 이데올로기 비교 연구-1940년대와 1970년대의 '노사협조주의'를 중심으로-」, 『사림』 제25호, 2006

_____, 「한국 국가기록관리 체제'혁신'의 성격」, 『기록학연구』 제13호, 2006

_____, 「노동 아카이브(Labor Archives) 설립 환경에 관한 연구」, 『기록학연구』 제20호, 2009

_____, 「자율과 분권, 연대를 기반으로 한 국가기록관리 체제 구상」, 『기록학연구』 제22호, 2009

_____, 「노동청 기록의 재조직에 관한 연구 - 국가기록원 소장 기록을 중심으로」, 『기록학연구』 제23호, 2010

_____, 「기록관 체제 재검토」, 『기록학연구』 제27호, 2011

_____, 「일상 아카이브(Archives of everyday life)로의 패러다임 전환을 위한 소론」, 『기록학연구』 제29호, 2011

_____, 「문화유산기관의 발전전략 비교 연구」, 『기록학연구』 제36호, 2013

_____, 「국가기록원 개혁 방향 -'국가기록원법안'분석을 중심으로」, 『기록학연구』 제40호, 2014

곽차섭, 「새로운 역사학'의 입장에서 본 생활사의 개념과 방향」, 『역사와 경계』 45, 2002

김유승, 「국회 라키비움의 전망에 관한 연구 - 문화유산기관 협력 정책에 관한 논의를 중심으로 -」, 『한국기록관리학회지』 제12권 제2호, 2012

김익한, 「기록관리법 10년, 다시 한 번의 도약을 위한 제언」, 『기록학연구』 21, 2009

김익한, 「남북 정상회담 회의록' 문제와 대통령 기록물 관리」, 『역사비평』 106, 2014

김상우, 「'일상생활의 사회학'의 현황과 전망」, 『문화와 사회』, 1권, 2006

도정일, 「문화, 상징질서, 일상의 삶 – 비판이론의 현대적 전개: 루이 알튀세르와 앙리 르페브르」, 『문화과학』창간호, 1992년 여름

레온 트로츠키 지음, 김진업 옮김, 「습관과 풍속」, 『실천』 31호, 2009

박광무, 「이명박 정부의 문화정책: 정책기조와 초기 정책성과를 중심으로」, 『사회과학』 제42권 제 2호, 2009

박미애, 「기록관리 '혁신'로드맵의 법제화연구」, 『기록학연구』 제25호, 2010

서혜란, 「기록유산의 보존과 활용을 위한 도서관과 기록관의 협력」, 『한국비블리아학회지』 제16권 제2호, 2005

설문원, 「디지털 환경에서 도서관과 기록관의 협력방안」, 대학기록관협의회 정기세미나, 2009.5.7

안병우 외, 「한국 공공기록관리의 쟁점과 전망 – 2013년 기록관리체제를 위하여」, 『기록학연구』 제34호, 2012

윤희윤, 「국가도서관장의 전문성 확보방안 연구」, 『한국문헌정보학회지』 제45권 제3호

이광일, 「파시즘 다시 보기, 파시즘이 올 가능성이 있냐구?」, 『문화과학』 통권 58호, 2009년 여름호

이상민, 「ICA 아키비스트 윤리규약」, 『기록보존』 제12호, 정부기록보존소, 1999

이소연 · 오명진, 「기록관리를 위한 업무분석 방법론 연구」, 『기록학 연구』 제12호, 2005

이소연, 「함께 만드는 미래: 디지털 융합과 문화유산기관의 협력」, 『정보관리학회지』 제29권 제3호, 2012

이승휘, 「건국 후 문혁기까지 역사기록물의 보존과 이용 – 정치적 변동과 관련하여」, 『중국학보』 제47집, 2003

이영남, 『1950~60년대 국가행정체계의 재편과 성격(1957~1963)』, 2004, 서강대학교 박사학위논문

이영남, 「'마을아르페'(Community Archpe) 시론 – 마을 차원의 책 · 기록 · 역사, 그리고 치유와 창업의 커뮤니티를 위한 제언 –」, 『기록학연구』 제18호, 2008

이영철, 「거버넌스와 곁길로 빠진 민주적 책임성」, 『한국거버넌스학회 학술대

회 자료집』, 2009

이진현, 「합당한 다원주의와 경합적 다원주의 - 롤즈(Jhon. Rawls)와 무페 (Chantel. Mouffe)를 중심으로 -」, 『동서사상』 15, 2013

임혁백, 「시민사회, 정치사회, 민주적 책임성: 민주화 이후 한국 시민사회의 정치개혁 운동」, 『한일공동연구총서』, 고려대학교 아세아문제연구소, 2006

지수걸, 「지방기록물관리기관 설립의 방향과 방법」, 『기록학연구』 21, 2009

지수걸, 「'구술사 하기'와 지역문화운동」, 『역사연구』 19, 2010

지수걸, 「미래세대를 위한 역사교육 - 2011년 한국사 교육과정 논쟁의 실상과 허상 -」, 『역사교육』 123, 2012

차성종, 「도서관발전종합계획(2009~2013)에 대한 평가모형 개발 및 적용에 관한 연구」, 『한국문헌정보학회지』 제44권 제4호, 2010

최관식, 「업무기능에 기반한 기록분류체계 개발에 관한 연구」, 『한국기록관리학회지』 제6권 제2호, 2006

최성욱, 「한국의 거버넌스 연구경향에 대한 분석: 신거버넌스 시각에서의 비판적 고찰」, 『한국거버넌스학회보』 제10권, 2003년 겨울

최영실, 「기록관, 도서관, 박물관의 복합 기능을 구현한 라키비움의 공간 기능에 관한 연구」, 『문화산업연구』 12(2), 2012

최재희, 「국가차원의 문화유산기관 협력체 구성사례 및 시사점 - 영국 MLA를 중심으로 -」, 『한국기록관리학회지』 제8권 제2호, 2008

최종욱, 「앙리 르페브르의 '일상생활비판'에 대한 비판적 소론」, 『어문학논총』 12, 1993

한상일, 「한국 공공기관의 민주적 책임성과 지배구조」, 『한국조직학회보』 제7권 제1호, 2010

보고서 · 성명 등

기록관리단체협의회, 「21세기 무오사화를 개탄한다」, 2013

기록관리단체협의회, 「'2007 남북정상회담 회의록'의 불법 유출과 공개를 규탄한다」, 2013

기록관리단체협의회, 「국회의 대통령지정기록물 열람 절차와 방법에 관한 요구」, 2013

기록관리단체협의회, 「기록물을 이용한 정쟁의 중단과 국가기록관리의 혁신을 요구한다」, 2013

기록관리단체협의회, 「남북정상회담 회의록 관련 검찰 수사결과 발표에 관한 기록관리단체협의회의 입장」, 2013.11.18

대통령비서실 기록관리 및 정보공개 개선 태스크포스, 「기록관리 및 정보공개 관련 보고」, 2004.8

국가기록개혁네트워크, 「국가기록개혁네트워크 창립선언문」, 2004

국가기록원, 「주요 기록 보존실태 조사결과 보고」, 2006

국가기록원, 「2007년도 기록관리현황 평가 결과」, 2008

국가기록원, 「2010년도 주요업무 추진계획」, 2010

국가기록원 정책기획과, 「국가기록관리 선진화 전략 수립 추진계획」, 2008

국가기록원 정책기획과, 「제7차 국가기록관리위원회 정기회의 결과보고」, 2009

국가브랜드위원회, 「국가브랜드위원회 제2차 보고 회의자료」, 2009

국회행정안전위원회, 「대통령기록 관리에 관한 법률 일부개정 법률안 검토보고서」, 2008

문화체육관광부, 「박물관 발전 기본구상」, 2012

문화체육관광부 박물관정책과, 「'박물관 발전 기본구상'에 따른 실행계획」, 2012

서울특별시 행정국, 「서울기록원 건립계획」, 2013.6.14

서울시 정보공개정책과, 「서울기록원 건립 보완대책 및 향후계획 보고」, 2013

서울중앙지방검찰청, 「남북정상회담 회의록 폐기의혹 관련 고발사건 수사결과」, 2013

전국노동조합협의회, 「전노협 자료실 추진 계획서」, 1993

전국노동조합협의회, 「자료전산화와 통신망구축 사업계획서」, 1994

정부기록보존소, 「기록보존법제정 기본방향 보고」, 1998

참여연대, 「중앙행정기관 회의록 공개 및 작성 성실도 평가」, 2001
참여연대 정보공개사업단, 「공공기관 국가기록물 무차별 폐기」, 2003
참여연대, 「공공기관의 기록물관리에 관한 법률 개정안에 대한 참여연대 의견
　　　서」, 2006
행정자치부 국가기록원, 「국가기록물관리 실태조사 및 혁신방안 보고」, 2004

법률·규정

공공기록물관리에 관한 법률
대통령기록물관리에 관한 법률
도서관법
문화체육관광부와 그 소속기관 직제
박물관 및 미술관 진흥법
이철우의원 대표발의, 「국가기록원법안」(의안번호 6763), 2013
기아자동차노동조합, 「처무규정」, 2000
대우자동차노동조합, 「처무규정」, 2004
대한화재노동조합, 「처무규정」, 1997
사무금융연맹, 「사무처운영규정」, 2002
전국공공운수사회서비스노동조합연맹, 「자료실 운영내규」, 1999
전국공무원노동조합, 「사무관리규칙」, 2004
전국교직원노동조합, 「처무규정」, 2004
전국노동조합협의회, 「사무총국 처무규정」, 1991
전국민주노동조합총연맹 부산지역본부, 「문서처리세칙」, 2005
전국민주노동조합총연맹 제주지역본부, 「사무처운영세칙」, 2005
전국철도노동조합, 「처무규정」, 2005
현대자동차노동조합, 「처무규정」, 1997

웹사이트

국가기록원 홈페이지 http://www.archives.go.kr
노동자역사 한내 홈페이지 http://hannae.org
대통령기록관 홈페이지 http://www.pa.go.kr
도서관정보정책위원회 http://www.clip.go.kr
서울시정보소통광장 홈페이지 http;//gov20.seoul.go.kr.
성공회대학교 민주자료관 http://www.demos-archives.or.kr
참여연대 홈페이지 http://peoplepower21.org
투명사회를 여는 정보공개센터 http://www.opengirok.or.kr
한국기록전문가협회 홈페이지 http://www.archivists.or.kr
ICA 홈페이지 http://www.ica.org
Canadian Lesbian+Gay Archives 홈페이지 http://www.clga.ca

찾아보기

저자소개

곽 건 홍

ㅣ 고려대학교 사학과에서 문학박사학위를 받았다.

행정자치부 정부기록보존소에 학예연구관으로 입사, 참여정부 대통령
비서실에 근무하면서 기록관리 혁신에 참여했다.

친일반민족행위진상규명위원회 기록관리과장, 국가기록원 대통령기
록관 기록수집과장 등을 역임하고 현재 한남대학교 문과대학 사학과
부교수로 재직 중이다. 한국기록학회 회장을 역임했으며 현재 국가
기록관리위워회 위원장을 맡고 있다.

아카이브와 민주주의, 문화유산기관과 문화정치, 기록학의 대중화에
관심을 갖고 연구하고 있으며 저서로는『동아시아의 아카이브 비교
연구』,『일제의 노동정책과 조선노동자』,『한국 국가기록 관리의 이
론과 실제』,『일상 아카이브의 발견』(공저),『한국노동운동사 1』(공
저) 등이 있다.